國家古籍整理出版專項經費資助項目

清·傅山 著
尹協理 主編

傅山全書

第十五册

山西出版傳媒集團
山西人民出版社

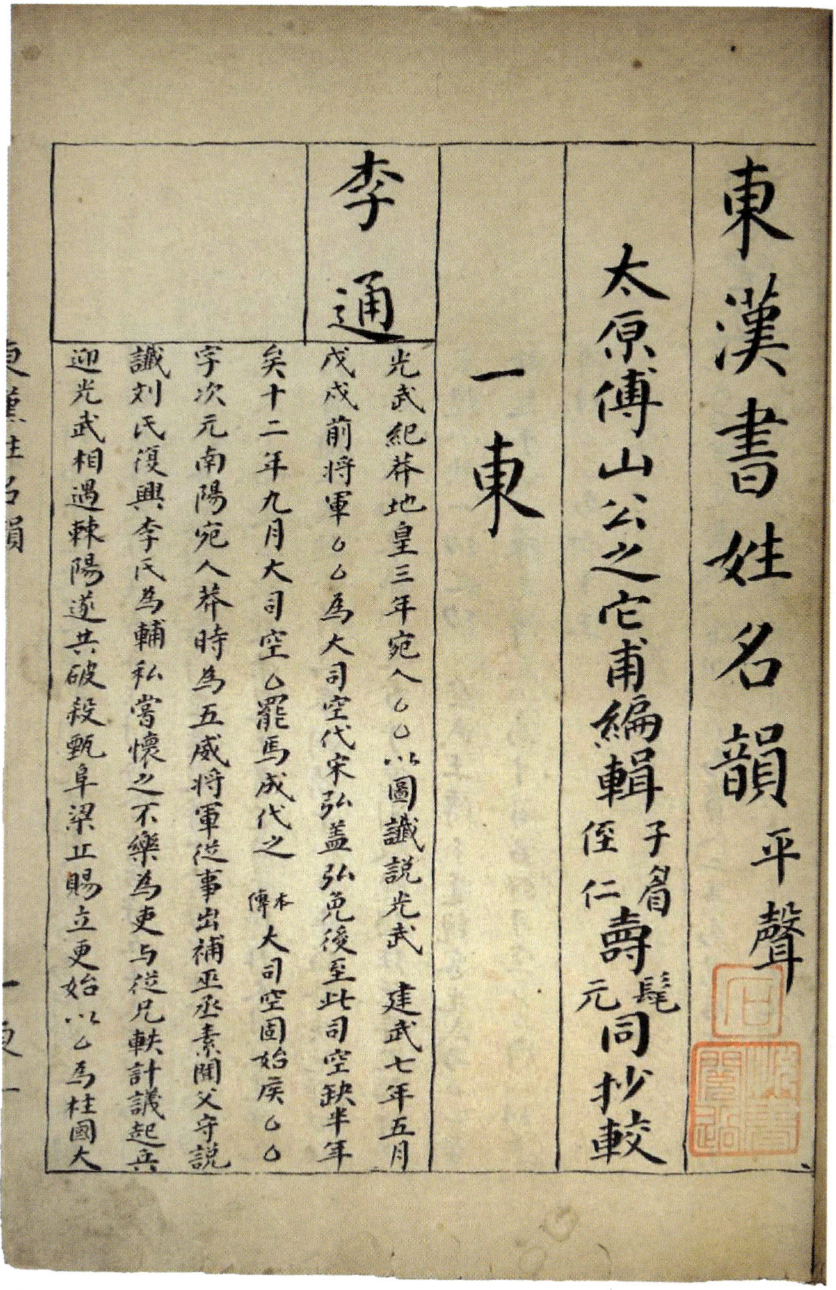
東漢書姓名韻 平聲
太原傅山公之它甫編輯 子眉壽髦 姪仁壽元 同抄較
一東
李通
光武紀莽地皇三年宛人〻〻以圖讖說光武 建武七年五月
戊戌前將軍〻〻為大司空代宋弘蓋弘免後至此司空缺半年
矣十二年九月大司空〻罷馬成代之 本傳 大司空固始侯〻〻
字次元南陽宛人莽時為五威將軍從事出補巫丞素聞父守說
讖劉氏復興李氏為輔私嘗懷之不樂為吏與從兄軼計議起兵
迎光武相遇棘陽遂共破殺甄阜梁丘賜立更始以〻為柱國大
東漢姓名韻 一東 一

傅山父子編著東漢書姓名韻手稿（山西博物院藏）

出河西曰守ㄙ辭穰鉅鹿ㄙ為言更始乃得張掖屬國都尉

兒萌

趙孝傳齊國ㄙㄙ字子明兄弟見執乞以身代賊两釋之

逢萌

逸民傳字子慶北海都昌人家貧給事縣為亭長時尉行過亭ㄙ候迎拜謁既而擲楯歎曰大丈夫安能為人役哉遂去之長安學通春秋莽殺子宇ㄙ曰三綱絕矣不去禍将及人掛冠東都城門将家屬客於遼東光武徵託以老耄不起以壽終

必待莽殺子而後去三綱
豈耶子蒙何譏處也

第十五册　目錄

卷一百七十四　東漢書姓名韻〔一〕（一）

平聲

一東

1 李　通　光武紀，莽地皇三年，宛人李通以圖讖説光武。建武七年五月戊戌，前將軍李通爲大司空，代宋弘。蓋弘免後至此司空缺半年矣。十二年九月，大司空通罷，馬成代之。本傳，大司空固始侯李通字次元，南陽宛人。莽時，爲五威將軍從事，出補巫丞，素聞父守説讖「劉氏復興，李氏爲輔」，私嘗懷之。不樂爲吏，與從兄軼計議起兵，迎光武，相遇棘陽，遂共破殺甄阜、梁丘賜。更始立，〔二〕以通爲柱國大將軍，封西平王，使還鎮荆州。光武即位，徵通爲衛尉。二年，〔三〕封固始侯，拜大司農。帝每征討，每令通居守。五年，代王梁爲前將軍。六年夏，領破姦將軍侯進等十營擊漢中賊，還屯田順陽。天下略定，通欲避榮寵，上書乞身。不聽，拜大司空。連年乞骸骨，積二歲，聽，

〔一〕東漢書姓名韻，傅山全書初版本據山西書局一九三六年排印本收錄，此次修訂前，山西博物院已購得此書手稿，故又按手稿校勘一過。此書前十卷由曹玉琪重校，後十卷由王愛國重校。手稿署：「太原傅山公之它甫編輯，子眉壽髦、侄仁壽元同抄較。」

〔二〕「更始立」，手稿作「立更始」，據後漢書改。

〔三〕「二」，手稿作「三」，據後漢書改。

以特進奉朝請。十八年卒，謚恭侯。范曄曰：「通豈知所欲而未識以道者乎！億測微隱，猖狂無妄之福，汙滅親宗，〔二〕以觖一切之功！」齊武王傳，分遣親客光武與李通、李軼起于宛。陳元傳，元以高才著名，辟司空李通府。劉玄傳，封李通爲西平王。

2 郭后聖通　光武后，眞定槀城人。帝即位，以爲貴人。二年，爲皇后。十七年，廢爲中山王太后。二十年，徙爲沛太后。二十八年，薨，葬北邙。

3 茅　通　順烈梁后紀，后十三，選入掖庭，相公茅通見之，〔三〕再拜賀，此所謂日角偃月之相。

4 馬　通　馬援傳，曾祖父通，以功封重合侯，坐兄何羅反，被誅。

5 郭季通　蘇竟傳，注：「三輔決錄注曰：班叔皮與京兆郭季通書曰：劉孟公藏器於身，用心篤固，實瑚璉之器，宗廟之寶也。」

6 臯伯通　梁鴻傳，至吳，依大家臯伯通，居廡下。通察而異之，曰：「彼傭能使其妻敬之如此，非凡人也。」乃舍之於家。鴻疾困，告主人愼勿令子持喪歸去。及卒，伯通爲求葬地於吳要離冢旁。

7 任聖通　循吏傳，任延。

8 邳　彤　光武紀，更始二年正月，莽和戎卒正邳彤舉郡降。太常靈壽侯邳彤字偉君，信都人。初爲莽和戎卒正。注：「莽分鉅鹿爲和戎郡，在下曲陽。」世祖狥河北，至下曲陽，彤

〔二〕「親宗」，手稿作「宗親」，據後漢書改。

〔三〕「相公」，中華書局標點本後漢書作「相工」。

舉城降，後以爲和戎太守。王郎起，唯和戎、信都堅守不下。彤使張萬、尹綏緣路迎世祖，與世祖會信都。彤言西還長安非計。即日拜爲後大將軍，和戎太守如故，使將兵居前。北至堂陽，堂陽已反屬王郎，彤使張萬等譬喻，即開門出迎。引兵擊白奢賊于中山。信都復反爲王郎，捕繫彤父弟妻子。會更始將拔信都，家屬得免。及拔邯鄲，封武義侯。建武元年，更封靈壽，行大司空事。帝入洛陽，拜太常，轉少府，免。爲左曹侍中。六年，就國，卒。

9 吳　彤　吳漢傳，初，漢兄尉爲將軍，從征戰死，封尉子彤爲安陽侯。

10 殷　彤[一]　律曆志，元和元年，待詔候鍾律殷彤上言：「官無曉六十律以準調音者。」

11 辛　彤　竇融傳，時敦煌都尉辛彤等並州郡英俊云云，融以彤爲敦煌太守。七年夏，[二]酒泉太守竺曾去，融更以辛彤代之，嚻破，封扶義侯。

12 繆　彤　字豫公，[三]汝南召陵人，兄弟四人，同財產。及各娶，諸婦遂求分異，彤掩戶自撾。兄弟諸婦聞之，皆謝罪，更爲敦睦。

13 祭　彤　建武二十五年，句麗寇右北平、漁陽、上谷、太原，遼東太守祭彤以恩信招之，皆復款塞。祭遵傳，從弟彤，字次孫，早孤，以至孝稱。天下大亂，野無烟火，而獨在家側。光武初以遵故，拜爲黃門侍郎。遵卒無子，帝追傷之，以彤爲偃師長，令近遵墳

[一]「殷彤」之「彤」，與以下「辛彤」、「繆彤」、「祭彤」之「彤」，手稿均作「肜」，據後漢書改。
[二]「夏」，手稿作「更」，據後漢書改。
[三]「豫公」，手稿作「豫章」，據後漢書改。

墓，遷襄賁令。十七年，拜遼東太守。彤能貫三百斤弓。虜每犯塞，〔一〕常爲士卒鋒。二十一年，鮮卑寇遼東，彤窮追出塞，自後鮮卑不敢復闚塞。彤以匈奴、鮮卑、赤山、烏桓三虜連和，卒爲邊害，二十五年，招呼鮮卑，示以財利云云。永平十二年，徵爲太僕。彤在遼東三十年，衣無兼副。十六年，將萬騎與單于左賢王信北伐匈奴，坐畏懦下獄免。自恨見詐無功，出獄數日，嘔血死。又竇融傳。南匈奴傳，明帝永平十六年，南匈奴遣左賢王信隨祭彤出朔方高闕，攻皋林温禺犢王於涿邪山。彤坐不至涿邪山免。鮮卑傳，建武二十一年，擊破鮮卑。

14 謝　躬

光武紀，更始二年，吳漢、岑彭襲殺謝躬于鄴。劉永傳，更始冀州牧龐萌將兵屬尚書令謝躬。吳漢傳，初，更始遣尚書令謝躬率六將軍攻王郎，不能下。會光武至，共定邯鄲，而躬裨將虜掠不相承稟，光武忌之。雖在邯鄲，分城而處，每有以慰安之。既而率兵還鄴。時光武南擊青犢，謂躬曰：「尤來在山陽者，勢必驚走。以君威力，擊此散虜，必成擒。」躬曰：「善。」留劉慶等守鄴，自率諸將擊之。躬大敗，死者數千人。光武因躬在外，使吳漢、岑彭襲鄴。陳康收劉慶及躬妻子，開門内漢兵。躬從隆慮歸，與數百騎入城。漢伏兵收之，手擊殺躬。躬字子張，南陽人。其妻常戒躬，躬不納。又岑彭傳。

15 李　躬

明帝紀，永平二年，幸辟雍詔舊：三老李躬，年耆學明，以二千石祿養厥終身。

16 陰　躬

陰識傳，識封原鹿侯，卒，子躬嗣。

〔一〕「犯」，手稿作「把」，據後漢書改。

17 郭　躬　字仲孫，潁川陽翟人，〔一〕爲郡吏，辟公府。顯宗時，爲廷尉正。元和三年，爲廷尉。家世掌法，務在寬平，及典理官，多依矜恕，條諸重文可從輕者四十一事奏之，事皆施行，著于令。章和元年，赦係囚在四月丙子以前減死罪一等，勿笞，詣金城，而文不及亡命未發覺者。躬上封事。肅宗善之，詔赦焉。永元六年，卒官。陳寵代爲廷尉。

18 陳　躬　陳寵傳，建武初，欽子躬爲廷尉左監，早卒。躬生寵。

19 秦　豐　光武紀，秦豐自號楚黎王。建武五年六月，朱祐獲秦豐。鄧禹傳，延岑敗于東陽，遂與秦豐合。岑彭傳，是時南郡人秦豐掠黎丘，自稱楚黎王，略十有二縣。注：「豐，邔縣人，〔二〕少學長安，受律令，爲縣吏。更始元年起兵。」吳漢傳，漢引兵南，與秦豐戰黃郵水上，破之。傅俊傳，與征南岑彭擊破秦豐。朱祐傳，率侯進等圍秦豐於黎丘。帝自至黎丘，璽書招豐，豐出惡言，不肯降。祐盡力攻之。明年，豐肉袒降。祐檻車傳送洛陽，斬之。蘇竟傳，與劉龔書曰：「五月甲申，天有白虹，自子加午，廣可十丈，長可萬丈，正臨倚彌。」倚彌卽黎丘，秦豐之都也。〔三〕公孫述傳，見田戎下。

20 王　豐　光武紀，建武元年，光武順水之敗，自投高岸，遇突騎王豐，下馬援光武。

21 王　豐　馬武傳，顯宗初，以中郎將王豐副武，將烏桓、黎陽營、三輔募士，擊西羌。

22 張　豐　光武紀，建武三年十一月，涿郡太守張豐反。耿弇傳，弇請北收上谷兵未發者，定彭

〔一〕「陽」，手稿脱，據後漢書補。
〔二〕「邔」，手稿作「卽」，據後漢書改。
〔三〕「都」，手稿作「部」，據後漢書改。

寵於漁陽，取張豐於涿郡。祭遵傳，涿郡太守張豐反，自稱無上大將軍，與寵連兵。初，豐好方術，有道士言豐當爲天子，以五綵囊裹石係豐肘，云石中有玉璽云。朱浮傳，涿郡太守張豐亦舉兵反。

23 謝　豐

光武紀，建武十二年九月，吴漢破述將謝豐於廣都，斬之。公孫述傳，吴漢破斬其大司徒謝豐。吴漢傳，述果使其將謝豐、袁吉將十許萬，分爲二十餘營，并出攻漢。使别將萬餘劫劉尚，令不得相救。漢與大戰一日，兵敗，走入壁，豐圍之。漢閉營三日，多樹旛旗，使烟火不絶，夜銜枚引兵與尚合軍。豐等不覺。明日，分兵拒江北，自將攻江南。漢迎戰，大破之。斬豐、吉。傅山曰：〔二〕吴漢僥幸此遭。

24 陰　豐

明帝紀，永平三年十二月，少府陰就子豐殺酈邑公主。光武皇女綬，〔三〕適新陽侯世子陰豐。陰豐害主，誅死。陰興傳，就子豐，尚光武女酈邑公主。公主嬌妒，豐亦猾急。永平二年，遂殺主，被誅，父母當坐，皆自殺。

25 樊　豐

安帝紀，延光四年，中常侍樊豐、侍中謝惲等，坐相阿黨，下獄死。順紀，中常侍樊豐與王聖等共搆陷太子。閻后紀，常侍樊豐等謀廢太子保，顯又風有司奏耿寶黨與常侍樊豐等，豐下獄死。來歙傳，中常侍樊豐與大將軍耿寶、侍中周廣、謝惲等共陷太尉楊震。杜根傳，成翊世上疏言樊豐、王聖誣罔之狀。帝既不從，而豐等陷翊世以重

〔二〕「傅山曰」三字，爲編者所加。因批語爲青主墨迹，故加此三字，以示區别。以下同。

〔三〕「綬」，手稿作「緩」，據後漢書改。

罪。虞詡傳，詡奏張防曰：「昔孝安帝任用樊豐，遂交亂嫡統，〔一〕社稷幾亡。」孫程傳，江京、李閏與中常樊豐等煽動內外，後閻顯爭權，諷奏誅之。又楊震傳、李固傳。

26 孔　豐　五行志，章帝章和二年，旱。注：「古今注：建初元年，大旱。」侍御史孔豐上疏曰：陛下即位日淺，視民如傷，而不幸耗旱，時運之會耳。昔成湯遭旱，自責。陛下未爲成湯之事耳」云云。納言而雨降，拜豐黃門郎。

27 梁　豐　律曆志，安帝延光二年，河南梁豐言當復用太初。

28 甄　豐　彭寵傳，朱浮引莽時語曰：「夜半客，甄長伯。」

29 萬　豐　萬修傳，永初七年，〔二〕鄧太后說封修曾孫豐曲平亭侯。

30 馬　豐　馬成傳，棘陵侯香卒，子豐嗣。

31 田　豐　馮衍傳，注：「東觀記曰：田邑父豐爲王莽著威將軍。」

32 田　豐　荀彧傳，孔融曰：「田豐等智謀之士爲其謀。」彧曰：「豐剛而犯上。」〔三〕注：「先賢行狀：豐字元皓，鉅鹿人。天姿瓌傑，〔四〕權略多奇。」鉅鹿田豐，以正直不得志於韓馥。紹用爲別駕。注：「先賢行狀：田豐字元皓。」槃河之戰，瓚散兵二千餘騎卒至，圍紹數重，射矢雨下。豐扶紹，使卻入空垣。後豐勸紹圖許，奉迎天子，紹不從。後

〔一〕「嫡」，手稿作「嫣」，據後漢書改。
〔二〕「永初」，手稿作「初元」，據後漢書改。
〔三〕「剛」，手稿作「罔」，據後漢書改。
〔四〕「姿」，手稿作「海」，據後漢書改。

攻許，以豐爲謀主。劉備殺許州刺史車胄，據沛。曹操自將征備。田豐說紹曰：「與公爭天下者，曹操也。操今東擊劉備，兵連未可卒解，舉軍襲其後，可一往而定。紹辭以子疾，未得行。豐舉杖擊地曰：「嗟乎，事去矣！遭難遇之機，而以嬰兒疾失其會，惜哉！」紹聞而怒，從此遂疏焉。曹操畏紹過河，乃急擊備。備奔紹，紹於是進軍攻許。田豐以爲既失前機，不宜便行，諫曰：「操既破備，則許下非復空虛。」云云。紹不從。田豐强諫，紹以爲沮衆，遂械繫之。官渡之敗，軍還，或謂豐曰：「君必見重。」豐曰：「公貌寬而内忌，不亮吾忠，而吾數以至言迕之。若勝而喜，必能赦我，戰敗而怨，内忌將發。今既敗矣，吾不望生。」紹還，曰：「吾不用田豐之言，果爲所笑。」遂殺之。注：「先賢行狀曰：紹謂逢紀曰：冀州人聞吾軍敗，皆當念吾；唯田別駕前諫止吾，與衆不同，吾亦慚之。紀復曰：田豐聞將軍之敗，拍手大笑，喜其言之中也。紹於是有害豐意。」

33 彭　豐　鮑永傳，董憲别帥彭豐、虞休、〔二〕皮常等各千餘人，稱「將軍」，不肯下。永會人衆，修鄉射禮，請豐等共會。豐等亦欲圖永，持牛酒勞饗，而潛挾兵器。永覺之，手格殺豐等，餘擒破還。

34 桓　豐　桓郁傳，注：「華嶠書：郁六子，一曰豐。」

35 陳　豐　陳寵傳，咸子豐。

〔二〕「休」，手稿作「林」，據後漢書改。

36 左豐　盧植傳，帝遣小黃門左豐詣軍觀賊形勢，或勸植賂豐，植不肯。豐還言：「廣宗賊易破，而盧中郎固壘息軍，以待天誅。」

37 周生豐　馮衍傳，令狐略爲司空長史，讒之於尚書令王護、尚書周生豐：「衍所以求見者，欲毀君也。」護等懼，即共排閒，衍遂不得入。注：「風俗通曰：周生，姓也。豫章舊志：豐字偉防，太山南武陽人。」

38 田戎　光武紀，田戎起夷陵。述傳，戎，汝南人。初起兵夷陵，轉寇郡縣，與秦豐合，豐以女妻之。豐敗，降述。述以戎爲翼江王。六年，述遣戎與任滿出江關，論阻、夷陵閒，招其故衆，因欲取荊州諸郡，竟不能尅。互詳延岑下。又遣田戎等將兵下江關，岑彭攻，戎等大敗，戎走保江州。岑彭傳，時田戎擁衆夷陵，聞秦豐被圍，欲降。妻兄辛臣諫曰：「洛陽地如掌」云云。四年春，戎留臣等守夷陵，自將兵沿江泝沔止黎丘。刻期當降，而辛臣于後盜戎珍寶，閒道先降于彭，以書招戎。戎疑賣己，遂不敢，反與秦豐合。彭出兵攻戎，數月，大破，戎亡歸夷陵。帝使彭與傅俊南擊田戎，大破，拔夷陵。戎數十騎亡入蜀，盡獲其妻子士衆數萬人。注：「東觀記：戎，西平人，與同郡陳義客夷陵，爲羣盜。更始元年，戎、義將兵陷夷陵，義自稱黎丘大將軍，戎掃地大將軍。襄陽舊記曰：戎號周成王，義稱臨江王。」又見任滿下。又見魯奇下。傅山曰：好妻兄。傅山曰：其實來可質於臣，岑舞陰亦當不疑。〔一〕

〔一〕「陰」，手稿作「陽」，岑彭爲舞陰侯，非舞陽侯，據改。

39 卓　戎　卓茂傳，光武以卓長子戎爲太中大夫。

40 譚　戎　和帝永元四年冬，漊中、澧中蠻譚戎等反，郡兵擊破降之。

41 于寘王子　戎　西域傳，位侍子戎亡，降漢，封守節侯。

42 樊　崇　光武紀，注：「尤來渠帥樊崇。」

43 樊　崇　玄傳，注：「東觀記曰：崇等入至弘農枯樅山下，與更始將軍蘇茂戰。崇北至務鄉，轉至湖。」劉盆子傳，琅琊人樊崇起兵於莒，衆百餘人，轉入太山，一歲間至萬餘人。初，崇等以困窮爲寇，無攻城徇地之計。衆既浸盛，乃相與爲約：殺人者死，傷人者償創。以言辭爲約束，無文書、旌旗、部曲、號令。其中最尊者號三老，次從事，次卒吏，汎相稱曰臣人。劉攽注：「吏當作史，臣當作巨。」莽遣平均公廉丹、太師王匡擊之。〔二〕崇等恐其衆與莽兵亂，乃皆朱其眉以相識別。〔三〕更始都洛陽，遣使降崇。崇等聞漢室復興，卽留其兵，自將渠帥二十餘人至洛陽降更始，皆封爲列侯。崇等既未有國邑，而留衆稍有離叛，乃遂亡歸其營，將兵入潁川，分其衆爲二部，崇與逢安爲一部，徐宣、謝祿、楊音爲一部。崇、安攻拔長社，南擊宛，斬縣令；而宣、祿等亦攻拔陽翟，引之梁，擊殺河南太守。赤眉衆雖數戰勝，而疲弊厭兵，皆日夜愁泣，思欲東歸。崇等計議，東向必散，不如西攻長安。更始二年，崇、安自武關，宣等從陸渾

〔二〕「師」，手稿作「史」，據後漢書改。
〔三〕「以相」二字，傅山全書初版本脫，據手稿補。

關，兩道俱入。三年正月，俱至弘農，連戰尅勝，衆遂大集。乃分萬人爲一營，凡三十營，營置三老、從事各一人。進至華陰，軍中常有齊巫鼓舞祠城陽景王，〔二〕以求福助。相議既立盆子爲帝。崇雖起勇力而爲衆所宗，〔三〕然不知書數，爲御史大夫。後劉恭教盆子辭讓云云。崇等皆避席頓首曰：「臣無狀，負陛下。請自今已後，不敢放縱。」後崇將盆子及丞相徐宣以下三十餘人肉袒降。尋與逢安謀反，誅死。傅山曰：此樊能爲賊也，非尋常人矣。又能與莽兵戰，大强人意，又知降漢，益發醒事。

44 樊　崇　鄧禹傳，以樊崇爲驍騎將軍。又王匡等合軍十餘萬，攻禹，禹軍不利，樊崇戰死。此與赤眉樊崇同姓名。

45 郝　崇　章帝紀，建初二年六月，金城太守郝崇討燒當叛羌，敗績。西羌傳，章帝建初二年，迷吾叛出塞。金城太守郝崇追之，戰於荔谷，崇兵大敗，輕騎得脱。

46 杜　崇　和帝紀，永元六年九月，使匈奴中郎將杜崇等討逢侯。七年正月，下獄死。南匈奴傳，和帝永元六年，時單于與中郎將杜崇不相平，崇與度遼將軍朱徽上言：「單于安國將叛之，後與鄧鴻追擊逢侯。」後帝知杜崇、朱徽失胡和，又禁其上書，以致反叛，皆徵下獄死。

47 嚴　崇　殷彤言：「故待詔嚴崇以準法教子男宣。」又注引薛瑩書曰：「馬防奏鮑鄴，願與待詔嚴崇及能作樂器者共作治。」

〔二〕「齊」，手稿作「齋」，據後漢書改。
〔三〕「宗」，手稿作「尊」，據後漢書改。

48 臺　崇　獻紀，建安元年八月，曹操殺侍中臺崇。
49 李　崇　律曆志中，章帝使賈逵問治曆者李崇等。
50 姚　崇　賈逵論歷如傳安言。問待詔姚崇、井畢等十二人，皆曰「星圖有規法，日月實從黄道，官無其器，不知施行。」
51 劉　崇　城陽恭王傳。
52 劉　崇　劉隆傳，安衆侯崇。
53 任城王崇　貞王安卒，子節王崇嗣。順帝時，數上錢帛佐邊費。帝崩，復上錢三百萬助山陵，朝廷加而不受。立三十一年薨，無子，國絶。
54 陳頃王崇　懷王薨，絶。永寧元年，立敬王子安壽亭侯崇爲陳王，是爲頃王。立五年薨。
55 樂成哀王崇　靖王薨，子哀王崇嗣，立，二月薨。無子，國絶。
56 徐　崇　來歙傳，歷要結城門司馬徐崇。
57 徐　崇　徐防傳，防卒，子衡讓爵于弟崇。
58 董　崇　寇恂傳，恂同門生茂陵董崇説恂曰：「上新即位，四方未定，而君侯以此時據大郡，内得人心，外破蘇茂。昔蕭何守關中，悟鮑生之言而高祖悦」云云。
59 董　崇　杜詩傳，詩爲潁川太守，數進知名士魯陽董崇等。
60 谷　崇　寇恂傳，恂求從軍，帝不聽，乃遣兄子寇張、姊子谷崇將突騎願爲軍鋒。帝善之，皆以爲偏將軍。及賈復過潁川，恂不與見。谷崇曰：「得帶劍侍側。卒有變，足以相當」云云。

61 卓　崇　卓茂傳，光武以卓次子崇爲中郎，〔一〕給事黄門。茂卒，崇嗣爲褒德侯，徙封汎鄉侯，官至大司農。

62 陳　崇　侯霸傳，王莽初，五威司命舉霸德行，遷隨宰。

63 宮　崇　襄楷傳，疏曰：「臣前上琅琊宮崇受干吉神書，不合明聽。」〔二〕注：「卽今道家太平經也。」

64 鄭　崇　鄭玄傳，八世祖崇，哀帝時尚書僕射。

65 周　崇　周景傳，長子崇嗣爲安陽侯，至甘陵相。

66 韓　崇　周磐傳，太守韓崇召蔡順爲東閣祭酒。順母平生畏雷，每有雷，順輒環塚泣，曰：「順在此。」崇聞之，每雷輒爲差車馬到墓所。

67 閻　崇　孫程傳，樊登勸顯，以太后詔召虎賁中郎將閻崇等，禦程。

68 壺　崇　注引袁宏紀曰：「誅侍中壺崇，討有罪也。」上見碩祈下。

69 段　崇　西羌傳，安帝永初三年，羌攻褒中，漢中太守鄭勤欲擊之。主簿段崇諫，堅守待之。勤不從，出戰，大敗，段崇以身扞刃，與勤俱死。

〔一〕「卓」，傅山全書初版本誤作「茂」，據手稿改。
〔二〕「聽」，手稿作「德」，據後漢書改。

70 淳于松　淳于恭傳，恭兄崇爲盜所亨，〔一〕恭請代，得與俱免。崇卒，恭養幼孤，教誨學問，有不如法，輒用杖自箠，以感悟之，兒慙而改過。

71 李　松　光武紀，建武元年，劉嬰立爲天子，更始遣丞相李松擊斬之。玄傳，松自長安傳送乘輿服御。二年，更始自洛陽而西。〔二〕初發，李松奉引，馬驚奔，觸北宮鐵柱，三馬皆死。又後以李松爲丞相。又與蘇茂擊斬方望、弓丹。赤眉立盆子，更始遣松軍掫拒之。王匡與張卬合。松還從更始，與趙萌共攻卬、匡于城内。〔三〕又會朱鮪戰于務鄉，松大敗。又赤眉至高陵，更始守城，松出戰，赤眉生得松。鄭興傳，李松行丞相事，以興爲長史令。又李通傳。

72 梁　松　明帝紀，永平四年十二月，陵鄉侯梁松下獄死。公主義王，尚光武女武陽主，坐誹謗誅。馬援傳，援出屯襄國，百官祖道。援謂黄門郎梁松、竇固曰：「凡人貴，當使可賤，如卿等欲不可復賤，居高堅自守，勉思鄙言。」援嘗有疾，松來候之，拜牀下，援不答。松去後，諸子問曰：「梁伯孫帝壻，貴重朝廷，大人奈何獨不爲禮？」援曰：「我乃松父友也。」松由是恨之。後征王語不利，帝使梁松乘驛責問援，因代監軍。會援病卒，松宿懷不平，遂因事陷之。梁統傳，子松嗣，字伯孫，少爲郎，尚光武女舞

〔一〕「亨」，手稿作「烹」，據後漢書改。
〔二〕「西」，手稿脱，據後漢書補。
〔三〕「趙」，手稿作「鮪」，據後漢書改。

陰長公主，〔一〕再遣虎賁中郎將。與諸儒脩明堂、辟雍、郊祀、封禪禮儀。永平元年，遷太僕。數爲私託郡縣，發覺免官。四年，飛書下獄死，國除。鄭衆傳，〔二〕皇太子及山陽王荆，因虎賁中郎將梁松以帛聘衆。第五倫傳，是時，方案梁松事，亦多爲松訟者。帝患之。伏恭傳。楊政傳。廣靈王荆傳。

73 劉　松

劉寬傳，寬封逯鄉侯，卒。子松嗣，官至宗正。

74 張　松

劉焉傳，曹操加劉璋振威將軍。璋因遣別駕從事張松詣操，操不相禮。松懷恨還，勸璋絕操，結好劉備。後說璋迎備拒操。松又說備于會襲璋，璋知，收斬之。

75 臧　松

臧宫傳，朗陵侯震卒，子松嗣。元初四年，與母別居，國除。

76 樂　松

劉陶傳，時張角妖惑小民，陶與奉車都尉樂松、議郎袁貢上議言：請重募張角等。楊賜傳，虹霓晝見，賜書對言，如驩兜、共工更相薦說，樂松處常伯，任芝居納言云云。又見「芝」下。蔡邕傳，侍中祭酒樂松、賈護，多引無行趣勢之徒，並待制鴻都門下，喜陳方俗閭里小事。楊球傳，案樂松、江覽等，斗筲小人，依憑世戚，託附權豪，讒眉承睫，或獻賦一篇，或鳥篆盈簡，而位陞郎中，形圖丹青。亦有筆不點牘，辭不辨心，〔三〕假手請字，妖僞百品云云。

77 公孫松

張霸傳，霸爲會稽太守，表用郡人處士公孫松，松後爲司隸校尉。

〔一〕「陰」，傅山全書初版本誤作「陽」，據手稿改。
〔二〕「鄭」字上，傅山全書初版本衍一「梁」字，據手稿删。
〔三〕「辭」，手稿作「時」，據後漢書改。

78 藥崧　鍾離意傳，帝以事怒郎藥崧，以杖撞之。崧走入牀下。帝怒甚，曰：「郎出！郎出！」崧曰：「天子穆穆，諸侯皇皇。未聞人君，自起撞郎。」崧者，河内人，家貧爲郎，常獨直台上，無被，枕杫，食糟糠。帝每夜入台，見問其故，自此詔太官賜尚書以下朝夕餐，給帷被皁袍，及侍史二人。崧官至南陽太守。

79 丁恭　光武紀，建武二年正月，博士丁恭議：「封諸侯不過百里。今封諸侯四縣，不合法制。」字子然，山陽東緡人。習公羊嚴氏春秋，教授常數百人。建武初，爲諫議大夫、博士，封關内侯，遷少府。又見鍾興傳，二十年，拜侍中祭酒，卒于家。樊儵傳，就侍中丁恭受公羊嚴氏春秋。杜林傳，代丁恭爲少府。

80 伏恭　明帝紀，永平四年十月丙辰，太僕伏恭爲司空，代馬魴。十二年七月乙亥，司空伏恭罷，牟融代之。牟融傳，永平十二年，代伏恭爲司空。注：恭字叔齊，湛同產兄子也。儒林傳，字叔齊，琅琊東武人，司徒湛之兄子也。性孝，事繼母甚謹。少傳其父黯學，後任爲郎。建武四年，除劇令。太守試經第一，拜博士，遷常山太守。教授不輟，由是北州多爲伏氏學。永平二年，代梁松爲太僕。四年，拜司空。父黯章句繁，恭省，定二十萬言。肅宗建初二年，爲三老。元和元年，年九十卒。王景傳，辟司空伏恭府。

81 魯恭　和帝紀，永元十三年十二月丁丑，光祿勳魯恭爲司徒，代呂蓋，十六年七月辛酉，司徒恭免，張酺代之。安帝紀，永初元年五月甲戌，長樂衞尉魯恭爲司徒。代梁鮪，于是恭再爲司徒矣。三年三月，恭免，夏勤代之。字仲康，扶風平陵人。其先出于魯傾

82 魯恭 公。始爲郡吏。舉直言，待詔恭，拜中牟令。復拜侍御史，諫伐匈奴。後拜爲魯詩博士，遷樂安相。徵拜議郎。再爲司徒，疏書論季夏案薄刑。永平三年，老罷。卒于家，年八十一。張酺傳，代魯恭爲司徒。循吏傳序。

83 魯恭 李恂傳，恂訪洛陽，魯恭饋糧。

84 虞恭 漢安論曆，太史令虞恭、治曆宗訢等議：「建曆之本，必先立元，元正然後定日法，法定然後度周天」云云。

85 虞恭 虞詡傳，詡臨終，謂其子恭曰：「吾事君直道，行己無愧，所悔者爲朝歌長時殺賊數百人，其中何能不有寃者。自此二十餘年，家門不增一口，斯獲罪於天也。」恭有俊才，官至上黨太守。

劉恭 玄傳，初，侍中劉恭以赤眉立其弟盆子，自繫詔獄；聞更始敗，乃出，步從至高陵，止傳舍。後更始遣劉恭請降，赤眉立更始庭中，將殺之。劉恭等請不能得，追呼曰：「臣誠力竭，請先死。」拔劍欲自刎，赤眉帥樊崇救止之，乃赦更始，爲畏威侯。恭復爲固請，竟得封更始爲長沙王。謝祿使從兵縊殺更始，恭收葬之。盆子傳，初，赤眉過式，掠盆子及二兄恭、茂，皆在軍中。恭少習尚書，略通大義。及隨崇等降更始，〔二〕即封爲式侯。以明經數言事，拜侍中，從更始在長安。及盆子西入長安。恭見赤眉衆亂，知其必敗，自恐兄弟俱禍，密教盆子歸璽綬，爲辭讓之言云云。後赤眉敗出關南

〔二〕「等」，傅山全書初版本脫，據手稿補。

向，帝自將幸宜陽，盛兵以邀其走路。赤眉忽遇大軍，驚震不知所爲，乃遣劉恭乞降，曰：「盆子將百萬衆降，陛下何以待之？」帝曰：「待汝以不死耳。」後恭爲更始報殺謝祿，自繫獄，赦不誅。沛獻王輔傳，更始子劉鯉報怨，殺盆子兄故式侯劉恭。傅山曰：劉恭之於更始，〔一〕賢于張卬遠矣。

86 劉　恭　任成王傳，延熹四年，桓帝立河間孝王子劉恭爲參戶亭侯。

87 劉　恭　羊陟傳，荐涼州刺史劉恭。

88 彭城靖王恭　孝明八王傳，永平九年，賜號靈壽王。十五年，封爲鉅鹿王。建初三年，徙封江陵王。元和二年，三公言：「江陵在京師正南，不可封。」乃徙爲六安王。肅宗崩，遺詔封彭城王。其年，就國。恭敦厚威重。元初三年，以事怒子酺，酺自殺。立四十六年薨。又見劉酺、趙牧下。

89 谷　恭　隗囂傳，囂亡歸天水，自稱州上將軍，以前王莽平河大尹長安谷恭爲掌野大夫。

90 耿　恭　字伯宗，國弟廣之子。少孤。多大略。永平十七年，從劉張破降車師，始以恭爲戊己校尉，屯後王部金蒲城。恭至部，移檄烏孫，示漢威德，大昆彌遣子入侍。明年三月，北單于擊車師，攻金蒲。恭發强弩射之，解去。五月，引兵拔疏勒城。七月，匈奴復來攻，擁絕澗水，吏士渴乏，恭拜，井水奔出。虜以爲神，引去。顯宗崩，車師叛，與匈奴共攻恭，欲降之。恭炙其使城上云云。後還雒陽，鮑昱奏恭節過蘇武。于是拜

〔一〕「劉」，傅山全書初版本脱，據手稿補。

恭爲騎都尉，遷長水校尉。遣將校士三千人，〔二〕副馬防討西羌，屯枹罕。燒當羌降。明年，燒何等十三種皆降。謁者李譚承馬防旨奏恭，坐徵下獄，免官歸，卒于家。馬防傳，以長水校尉恭副防討叛羌。西羌傳。

91 萬　恭　萬修傳，延熹二年，桓帝紹封修玄孫恭爲門德亭侯。

92 梁　恭　梁竦傳，與弟恭坐兄松事，徙九眞。

93 梁　恭　范升傳，升上書讓曰：「臣與博士梁恭、山陽太守呂羌俱修梁丘易。二臣年並耆艾，經學深明」云云。

94 吳　恭　郭鎮傳，吳雄三孫。詳見雄下。

95 和　恭　班超傳，建初九年，復遣假司馬和恭等四人將兵八百詣超。

96 段　恭　龐參傳，參被奏，稱疾不得會茂才孝廉。上計掾廣漢段恭上疏曰：「參以直道不能曲心，孤立羣邪之間云，願卒寵任，以安社稷。」書奏，卽遣小黃門視疾，太醫置羊酒。

97 具　恭　蔡衍傳，衍爲冀州刺史，具瑗託其弟恭舉茂才，衍收賷書者案之。單超傳，具瑗兄恭爲沛相，後司隸校尉，韓演奏恭贓罪。

98 夏　恭　文苑傳，字敬公，梁國蒙人也。習韓詩、孟氏易。王莽末，盜賊縱橫，攻沒郡縣，恭以恩信爲衆所附，擁兵固守，獨安全。光武嘉其忠果，召拜郎中，再遷太山都尉。和

〔二〕「將」，傅山全書初版本脫，據手稿補。

集百姓。恭善爲文，著賦、頌、詩、勵學凡二十篇。〔一〕四十九卒官，諸儒共謚曰宣明君。

99 張恭　張讓傳，中常侍張恭。

100 田恭　祚都夷傳，朱輔上疏曰：有犍爲郡掾田恭與之狎習，頗曉其言，輒令訊其風俗，譯其辭語。與從事史李陵護送白狼唐菆詣闕。〔二〕

101 淳于恭　字孟孫，北海淳于人。善説老子，不慕名利。家有山田菓樹，人或侵盜，輒助收採。偷刈禾隱伏草中，偷去乃起。兄崇爲盜所烹，〔三〕請代，得俱免。建武中，舉孝廉，司空辟，皆不應，客隱琅琊黔陬山數十年。建初元年，肅宗賜帛，遣詣公車，除議郎，遷侍中騎都尉。五年，病，卒于官。丁鴻傳，侍中淳于恭。見魏應下。魏應傳，諸儒令講白虎觀，應掌問難，侍中淳于恭奏之。

102 公緒恭　黨錮傳，序，朱並告公緒恭爲「八顧」。

103 劉終　光武紀，建武二年六月丙午，封宗子劉終爲淄川王〔四〕。泗水王傳，歙子終，與光武少相親愛。漢兵起，終誘殺湖陽尉。〔五〕更始立，終爲侍中。更始敗，東奔洛陽。建武二年，立終爲淄川王。歙薨，終居喪哀泣二十餘日，亦薨。

〔一〕「二十」，手稿作「二十四」，據後漢書改。
〔二〕「史」，傅山全書初版本脱，據手稿補。
〔三〕「烹」，中華書局本後漢書作「亨」。
〔四〕「淄」，手稿作「緇」，據後漢書改。
〔五〕「湖陽尉」，手稿作「湖南尉」，據後漢書改。

104 劉　終　城陽恭王傳，注：「東觀記曰：敞爲嫡子終娶翟宣子女習爲妻。」

105 楊　終　靈紀，中平四年，張純等殺遼東太守楊終。劉虞傳。張純殺遼東太守楊終等。

106 楊　終　字子山，蜀郡成都人。年十三，爲郡小吏，太守遣詣京師受業，習春秋。顯宗時，徵詣蘭臺，拜校書郎。建初元年，大旱穀貴，上疏以爲由於廣陵、楚、淮陽、濟南之獄，徙者萬數，又遠屯絕域，吏民怨曠，疏再上，帝從之，聽還徙者，悉罷邊屯。又言：宜博徵羣儒，論定五經。于是詔諸儒於白虎觀論攷異同，令終掌之。坐事係獄，博士趙博、校書郎班固、賈逵以終深曉春秋，表請之，卽日貰出，復與白虎觀。後受詔刪太史公書爲十餘萬言。蜀郡太守廉范爲州所攷，〔二〕遣終兄鳳候終，終爲范遊說，坐徙北地。帝東巡狩，鳳凰黃熊並集，終贊頌嘉瑞，上述祖宗鴻業，凡十五章，奏上，詔貰還故郡。著春秋外傳十二篇。〔三〕永元十二年，徵拜郎中，病卒。故謂「章句之徒，破壞大體」，深中訓詁之弊。

107 嚴　終　寇恂傳，時潁川人嚴終、趙敦聚衆萬餘，與密人賈期連兵爲寇。又馮異傳，異擊楊翟賊嚴終，破之。

108 鄧　終　祭遵傳，引兵南擊鄧奉弟終于杜衍，破之。注：「杜衍，故城在今鄧州南陽縣西南。」

109 殤帝名隆　和帝少子，延平一年，年二歲。

110 伏　隆　光武紀，建武二年十一月，使大中大夫伏隆持節安輯青徐之州，招張步降之。三年二

〔二〕「廉范」，手稿作「范廉」，據後漢書改。

〔三〕「十二」，手稿作「十三」，據後漢書改。

月，步殺隆。張步傳，建武三年，光武遣光祿大夫伏隆持節使齊，拜步爲東萊太守。劉永聞隆至劇，乃馳遣立步爲齊王，步卽殺隆而受永命。伏湛子，字伯文，仕郡督郵。建武二年，詣懷宮。時張步兄弟擁據齊地，拜隆太中大夫，使青徐二州，招降郡國。隆移檄之，獲索右師郎等六校卽時降。步遣使隨隆，詣闕上書，獻鰒魚。冬，拜光祿大夫，復使于步云云。拜步爲東萊太守。步貪利永王爵，執隆殺之。

111 劉　隆

光武紀，建武二十年，左中郎將劉隆爲驃騎將軍，行大司馬事，代吳漢。二十七年，改大司馬爲太尉，隆卽日罷，以趙熹爲太尉。驃騎將軍愼侯劉隆，南陽安衆侯宗室也。莽居攝中，隆父禮與安衆侯崇起兵。事泄，隆以年未七歲，免。及壯，學于長安，更始拜爲騎都尉。謁歸，迎妻子置洛陽。追及世祖于射犬，以爲騎都尉，與馮異共拒鮪、軼等，軼遂殺隆妻子。〔一〕建武二年，封亢父侯。四年，拜誅虜將軍，討李憲。憲平，屯田武當。十一年，守南郡太守，歲餘，上將軍印綬。十三年，更封竟陵侯。明年，坐墾田事，下獄，免爲庶人。明年，復封爲扶樂鄉侯，以中郎將副馬援征交趾蠻夷徵側，隆別于禁溪口破之，獲其帥徵貳。〔二〕還更封大國，爲長平侯。吳漢薨，隆爲驃騎將軍，行大司馬事。三十年，定封愼侯。中元二年，卒，謚靖。馬援傳，扶樂侯劉隆副援討交趾。

112 張　隆

律曆中，賈逵論曆：永平中，詔書令故太史待詔張隆以四分法署弦、望、月食加時。

〔一〕「軼」，傅山全書初版本脫，據手稿補。
〔二〕「獲」，手稿作「扶」，據後漢書改。

113 張　隆　隆言能用易九、六、七、八支知月行多少。今案隆所署多矣。

114 張　隆　公孫述傳，述以帝書賜所親光祿勳張隆。隆等勸降。述曰：「豈有降天子哉！」隆與常少勸述降，不從，憂死。帝下詔追謚爲光祿勳，並以禮收葬之。

115 鄧　隆　安成孝侯傳，桂陽太守張隆，擊破劉信者。岑彭傳，桂陽太守張隆等遣使貢獻。注：「續漢書：隆遣子曄將兵詣彭助征伐。」

彭寵傳，寵攻朱浮於薊，帝遣遊擊將軍鄧隆救薊。隆軍潞南，浮軍雍奴，遣使奏狀。帝謂使者曰：「營相去百里，勢豈可得相及？」寵果大破隆軍。耿純傳，遣騎都尉陳副、遊擊將軍鄧隆徵劉揚，揚閉門不納。

116 左　隆　馮異傳，異薦邑子左隆等，皆以爲掾史。

117 卓　隆　卓茂傳，汎鄉侯訢卒，子隆嗣。無子，國除。

118 王　隆　張輔傳，郡吏王青，父隆，建武初爲都尉功曹，從行縣，遇賊，以身衛都尉死。

119 王　隆　文苑傳，字文山，馮翊雲陽人。王莽時，以父仕爲郎，後避難河西，爲竇融左護軍。建武中，爲新汲令。能文章，所著詩、賦、銘、書凡二十六篇。

120 九　隆　哀牢夷，九子見龍驚走，獨小子不去，背龍而坐。其母鳥語，謂背爲九，謂坐爲隆，因名子。後推以爲王。

121 竇　融　光武紀，建武五年四月，河西大將軍竇融始遣使貢獻。十三年三月甲寅，冀州牧竇融爲大司空，代馬成。二十年四月庚辰，大司空融免，朱浮代之。大司空安豐侯，字周公，扶風平陵人。早孤，莽居攝中，爲强弩將軍王俊司馬，東擊翟義，〔一〕還攻槐里，以功封建武男。莽末，爲太師王匡助軍。漢兵起，復從王邑，敗於昆陽下，歸長安。漢兵入關，邑薦融，爲波水將軍。莽敗，降更始大司馬趙萌，以爲校尉，薦爲鉅鹿太守，辭得爲張掖屬國都尉。及更始敗，行河西五郡大將軍事。決策東向。光武授融爲涼州牧。八年夏，車駕西征，融率五郡太守及羌虜小月氏等，會高平第一。囂破，封安豐侯。隴、蜀平，詔與五郡太守奏事京師，上涼州牧、張掖屬國都尉、安豐侯印綬。詔還印綬，拜冀州牧，〔二〕十餘日，遷大司空。〔三〕數辭讓爵位。二十年，免。明年，加位特進。二十三年，行衛尉事，又兼領將作大匠。永平二年，乞骸骨，詔歸第養病。歲餘，聽上衛尉印綬。五年，穆等得罪，歸故郡，獨留融京師。卒，年七十八，謚戴侯。蔡茂傳，避難歸融。趙憙傳，永平三年，谷代竇融爲衛尉。西域傳，建武五年，河西大將軍竇融承制，〔四〕立莎車王康爲漢莎車建功懷德王。張純傳，大司空竇融與大司徒戴涉議廟叙。班彪傳，爲融從事畫策，事漢拒囂。又竇武傳。王隆傳。

122 竇　融

竇后章德后。

123 牟　融

明帝紀，永平十二年七月乙未，大司農牟融爲司空，代伏恭。章帝紀，詔司空融典職六年，勤勞不怠。以爲太尉，並録尚書事，建初四年二月庚寅，太尉融薨。字子優，

〔一〕「義」，傅山全書初版本誤作「夷」，據手稿改。
〔二〕「拜」字下，傅山全書初版本衍一「兼」字，據手稿刪。
〔三〕「大」，傅山全書初版本作「太」，據手稿改。
〔四〕「河西」，手稿作「西河」，據後漢書改。

北海安丘人也。以大夏侯尚書教授，司徒舉茂才，爲豐令。永平五年，入代鮑昱爲司隸校尉。八年，代包咸爲大鴻臚。十一年，代鮭陽鴻爲大司農。顯宗以其才堪宰相。明年，代伏恭爲司空，舉動方正，〔二〕甚得大臣節。肅宗即位，代趙熹爲太尉，與熹參錄尚書事。建初四年，薨。鮑永傳，代牟融爲太尉。江革傳，太尉牟融舉革賢良方正。第五倫傳，肅宗初，代牟融爲司空。樂恢傳，辟司空牟融府。楊終傳，太尉牟融難第五倫。楊倫傳，中興，北海牟融習大夏侯尚書。

124 趙　融　助軍左校尉。何進傳，議郎趙融爲助軍校尉。袁紹傳，八校尉融爲助軍左校尉。

125 韓　融　獻紀，初平元年六月，大鴻臚韓融等安集關東，唯融獲免。袁紹傳，董卓聞紹起山東，遣大鴻臚韓融等譬解紹等，紹殺諸人，惟韓融以明德免。

126 韓　融　韓韶傳，子融，字元長，少能辨理而不爲章句學，獻帝初，至太僕。董卓傳，卓忍性矯情，擢用羣士。其染黨錮者陳紀、韓融之徒，皆爲列卿。又遣太僕韓融至弘農，與傕等連和。

127 韓　融　荀彧傳，董卓之亂，同郡韓融將宗親千餘家，〔三〕避亂密西山中。曰：「密雖小固，不足以扞大難，宜亟避之。」

128 韓　融　西域傳，明帝永平三年，莎車大人休莫霸復與漢人韓融等殺都末弟兄。

129 霍　融　律曆中，永元十四年，待詔太史霍融上言：「官漏刻率九日增減一刻，不與天相應，

〔二〕「正」，中華書局本作「重」。

〔三〕「家」，手稿作「宗」，據後漢書改。

130 孔　融

或時差至二刻半，不如夏曆密。」詔書下太常，令史官與融以儀較天，課度遠近。

獻紀，建安十三年八月壬子，曹操殺大中大夫孔融。字文舉，孔子二十世孫。幼有異才。年十歲，隨父詣京師。故造李膺，是有孔、李累世通家之對。十三喪父，哀毁著孝。好學，博涉該覽。十六歲，留張儉爭死，由是顯名焉，平原陶丘洪、陳留邊讓齊聲。州郡禮命，皆不就。辟司徒楊賜府。何進爲大將軍，辟融，舉高第，爲侍御史。託病歸。後辟司空掾，拜中軍侯。遷虎賁中郎將。會董卓廢立，融以言忤卓，轉爲議郎。卓諷三府同舉爲北海相。爲賊張饒所敗，收散兵保朱虛縣。更置城邑，立學校，表顯儒術。黃巾復來侵，融出屯都昌，爲賊管亥所圍。劉備救之，賊走。在郡六年，劉備表領青州刺史。建安元年，爲袁譚所攻，自春至夏，戰士所餘纔數百人，流矢雨集，融隱几讀書，談笑自若。城夜陷，奔東山，[一]妻子爲袁譚所虜。及獻帝都許，徵爲將作大匠，遷少府。議不宜加馬日磾禮，不宜復肉刑，詔書班下。劉表僭僞郊祀之事，融上疏以爲宜隱郊祀之事，以崇國防。後以發辭偏宕乖忤。曹操、郗慮承風旨，以微法奏免融官。歲餘，復拜大中大夫。曹操既積嫌忌，而郗慮復搆成其罪，遂令路粹枉狀奏融，下獄棄市。時年五十六。范生曰：「文舉高志直情，足以動義概而忤雄心。故使移鼎之迹，事隔於人存；代終之規，啓機於身後。夫嚴氣正性，覆折而已。豈有員园委曲，[二]可以每其生哉！凜凜焉，皜皜焉，其與琨玉秋霜比質可也。」融駁復肉刑

[一]「東山」，手稿作「山東」，據後漢書改。
[二]「园」，傅山全書初版本誤作「圓」，據手稿改。

議，與隱劉表郊祀事疏，眞名士之文。鄭玄傳，國相孔融告高密縣特立一鄉，曰：「鄭公鄉」，廣開門衢，號爲「通德門」。〔二〕楊彪傳，將作大匠孔融，不及朝服，往見操曰：「楊公四世清德。」孔融，魯國男子，便當拂衣而去，不復朝矣。陳紀傳，注：「孔融才高倨傲，年在羣、紀之間，先與紀友，後與羣交，更爲紀拜。」王允傳，爲豫州辟荀爽、孔融爲從。荀悅傳。趙岐傳。邊讓傳。禰衡傳。謝該傳，上書薦該曰：「臣聞高祖創業，韓、彭之將征討暴亂，陸賈、叔孫通進說詩書。光武中興，吳、耿佐命，范升、衛宏脩述舊業，故能文武並用。成長久之計。陛下聖德欽明，同符二祖，勞謙戹運，三年乃讙。今尚父鷹揚，方叔翰飛，王師震鷙，羣凶破殄，始有櫜弓臥鼓之次，宜得名儒，典綜禮紀。竊見故公車司馬令謝該，體曾、史之淑性，兼商、偃之文學，博通羣藝，周覽古今，物來有應，事至不惑，清白異行，敦悅道訓。求之遠近，少有儔匹。若乃巨骨出吳，隼集陳庭，黄能入寢，〔三〕亥有二首，非夫洽聞者，莫識其端。雋不疑定北闕之前，夏侯勝辨常陰之驗，然後朝士益重儒術。今該實卓然比跡前列，間以父母老疾，棄官欲歸，道路險塞，無由自致。猥使良才抱璞而逃，踰越山河，沉淪荆楚，所謂往而不反者也。後日當更饋藥以釣由余，尅像以求傅說，豈不煩哉？臣愚以爲可推錄所在，召該令還。楚人止孫卿之去國，漢朝追匡衡於平原，尊儒貴學，惜失賢也。」

〔二〕「號」，手稿作「早」，據後漢書改。
〔三〕「能」，手稿作「熊」，據後漢書改。

131 馬　融　字季長，扶風茂陵人，將作大匠嚴之子。美辭貌，有俊才。永初二年，大將軍鄧隲聞融名，召爲舍人。非其好也，遂不應命，客于涼州武都、漢陽界中。羌亂，穀貴，往應隲召。四年，拜爲校書郎中，詣東觀典校祕書。時鄧太后臨朝，隲兄弟輔政。俗儒以爲文德可興，武功宜廢，融以爲文武之道，聖賢不墜。元初二年，上廣成頌以諷諫。頌奏，忤鄧氏，滯于東觀，十年不得調。因兄子喪，自劾歸。太后怒，謂融羞薄詔除，欲仕州郡，遂令禁錮之。太后崩，安帝親政，召還郎署，出爲河間王廄長史。〔一〕車駕東巡，上東巡頌。帝奇其文，召拜郎中，及北鄉侯即位，融移病去，爲郡功曹。陽嘉二年，詔舉敦樸，城門校尉岑起舉融，徵拜議郎。梁商表爲從事中郎，轉武都太守，上疏：「願請馬賢所不可用關東兵五千，征西羌。」朝廷不能用。桓帝時爲南郡太守。梁冀諷有司奏在郡貪濁，髡徒朔方。自刺不殊，赦還，復拜議郎，重在東觀著述，以病去官。才高博洽，善鼓琴，好吹笛，達生任性，不拘儒者之節。堂施絳帳，前授生徒，後列女樂，涿郡盧植、北海鄭玄，皆其徒也。嘗欲訓左氏春秋，見賈逵、鄭衆注，曰：「逵精而不博，衆博而不精。既精且博，吾何加焉！」但著三傳異同說。注孝經、論語、詩、易、三禮、尚書、列女傳、老子、淮南子、離騷。初，融懲於鄧氏，不敢復忤勢家，遂爲梁冀草奏李固，又作大將軍西第頌，以此爲正直所羞。年八十八，延熹九年卒于家。馬嚴傳，嚴七子，融知名。梁冀傳，融自刺不殊。見田明下。鄭玄傳，西入關，因涿郡盧植事扶風馬融。梁慬傳，校書郎馬融上書訟慬與龐參。龐參傳，融

〔一〕「史」，手稿脫，據後漢書補。

疏請龐參、梁慬。吳祐傳，祐于冀座爭李固事，謂融何面目見天下之人。延篤傳，范冉游三輔，就馬融通經。矯愼傳，愼與馬融鄉里並時，融以才博顯名。孫期傳。又衞宏傳，融作毛詩。劉珍傳，鄧太后論與馬融及經博士校定東觀五經。王符傳。趙岐傳。盧植傳。崔瑗傳，與交好。曹大家傳，漢書始出，多未能通者，同郡馬融伏於閣下，從昭受讀。鄧騭傳，鳳屬馬融于張龕，謂宜在臺閣。

132 儲　融　趙熹傳，注：「東觀記曰：勑熹從騎都尉儲融受兵二百人，〔二〕通利道路。熹曰，不願受融兵，單車馳往，度其形況。許之。」

133 鄧　融　郭丹傳，坐攷隴西太守鄧融事無所據，策免。馮魴傳，坐攷隴西太守鄧融聽任姦吏，策免。廉范傳，隴西太守鄧融謁范爲功曹，會融爲州所舉案，范辭病去，爲廷尉、獄卒云云。

134 何　融　欒恢傳，恢飲藥。後竇氏誅，門生何融等上書陳恢忠節。

135 尹　融　李業傳，公孫述使大鴻臚尹融持毒酒，奉詔命以劫業，若起，則受公侯之位；不起，賜之以藥。尹融譬旨曰：「方今天下分崩，孰知是非，而以區區之身試於不測之淵乎」云云。

136 樊　融　樊曄傳，子融，有俊才，好黃老，不肯爲吏。

137 笮　融　陶謙傳，謙同郡人笮融，聚衆庶反，往依于謙，謙使督廣陵、下邳、彭城運粮。遂斷三郡委輸，大起浮屠寺。上累金盤，下爲重樓，又堂閣周迴，可容三千餘人，作黃金

〔二〕「二」，手稿作「三」，據後漢書改。

塗像，衣以錦綵。每浴佛，輒多設飲飯，布席於路，其有就食及觀者且萬餘人。及曹操擊謙，徐方不安，融乃將男女萬口、馬三千匹走廣陵。太守趙昱待以賓禮。融利廣陵資貨，遂乘酒酣殺昱，放兵大掠，因過江，南奔豫章，殺郡守朱皓，入據其城。後爲揚州刺史劉繇所破，走入山中，爲人所殺。

138 符　融

仇覽傳，覽入太學，同郡符融有高名，與覽比宇，賓客盈室。覽常不與融言。融奇之，曰：「與先生同郡壤，鄰房牖。今京師英雄四集，志士交結之秋，雖務經學，守之何固？」覽正色曰：「天子設太學，豈但使人游談其事！」高揖而去。融告林宗，林宗就謁之，拜牀下。郭泰傳，字偉明，陳留俊儀人。少爲都官吏，恥之。後游太學，師事少府李膺。郭林宗始入京師，時人莫識，融一見嗟服，因以薦于李膺，由是知名。州郡禮請，舉孝廉，公府辟，皆不應。太守馮岱有名稱，到官，請融相見。融一往，薦郡士范冉、韓卓、孔伷三人，因辭病絕。會黨事，亦遭禁錮。妻亡，無殯殮，鄉人欲爲具棺服，融不受。曰：「古之亡者，棄之中野。妻子可以行志，即土埋藏而已。」

139 王　宗

安帝紀，永初四年正月，遣御史中丞王宗督青州刺史法雄討劉文河等，破之。法雄傳，張伯路、劉文河衆浸盛，〔一〕遣中丞御史王宗持節發幽、冀諸郡兵，共力討之。

140 王　宗

西羌傳，永初三年，與段崇、原展俱以身扞刃死鄭勤之難。

141 周　宗

隗囂傳，隗、崔與冀人周宗謀起兵應漢，爲雲旗將軍。更始使召囂，囂因會客王道周宗等勒兵自守。囂死，周宗等立隗純爲王。來歙等攻破落門，周宗、行巡等將純降。

〔一〕「浸」，傅山全書初版本誤作「侵」，據手稿改。

142 賈　宗　周宗、趙恢及諸隗分徙京師以東。來歙傳，囂支黨周宗降。岑彭傳，鼓壅谷水灌西城，囂將行巡、周宗將蜀救兵到，囂得出還冀。賈復傳，肅宗封邯弟宗爲即墨侯。字武孺，少有操行，多智略。初拜郎中，建初中爲朔方太守。舊內郡徙人在邊者，率多貧弱，爲居人所僕役，不得爲吏。宗擢用其任職者，與邊吏參選，轉相監司，以擿發其奸，或以功次補長吏，故各願盡死。匈奴畏之，不敢入塞。徵爲長水校尉。兼通儒術，每燕見，常使與少府丁鴻等論議於前。章和二年卒。陳寵傳，元和年，旱，長水校尉賈宗言，以爲斷獄不盡三冬，招致災旱。

143 張　宗　字諸君，南陽魯陽人。莽時，爲縣陽泉鄉佐。義兵起，陽泉民三四百人略地，至長安，更始以爲偏將軍。更始政亂，收家屬客安邑。鄧禹定河東，往歸之。禹表爲偏將軍。禹去栒邑，宗爲後拒戰，卻赤眉。及禹徵還，光武以宗爲京輔都尉，共馮異擊關中諸營堡，遷河南都尉。六年，都尉官省，拜大中大夫。八年，擊定潁川桑中羣盜，後青、徐盜屯山澤，以謁者督諸郡兵平之。十六年，復督琅琊、北海郡兵討二郡盜賊，設方略，購賞，沛、楚諸賊懼之，相捕斬者數千人。遷琅琊相，敢殺伐。永平二年，卒官。馬援傳，遣謁者張宗將兵討李廣，爲廣所敗。王扶傳，國相張宗謁者不應。劉平傳。

144 張　宗　陰興傳，與同郡張宗、上谷鮮于裒不相和，知其有用，獨稱所長而達之。

145 郎　宗　郎顗傳，父宗，字仲綏，學京氏易，善風角、星算，六日七分，能望氣占吉凶，常賣卜自奉。安帝徵之，對策爲諸儒表，拜吳令。時卒有暴風，占京師當有大火，記識時日，遣人參候，果如其言。諸公表上，以博士徵。宗恥以占驗見知，聞徵書到，夜懸印綬于縣庭遁去，終身不仕。注：「易稽覽圖曰：甲子卦氣起於中孚，六日八十分日之七。鄭玄注云：六以候也。八十分爲一日之七者，六日七分也。」樊英傳，建光元年，詔徵北海郎宗。注：「字仲綏，安丘人，善京氏、風角、星算，推步吉凶」云云。

146 富　宗　虞延傳，去官還鄉，太守富宗聞名，召署功曹。宗性奢靡，車服器物，多不中節。延諫之，宗不悦，延卽辭退。有頃，宗果以侈從被誅，臨當伏刑，歎曰：「恨不用虞延之諫！」

147 馮　宗　馮勤傳，勤卒，長子宗嗣，爵關内侯，官至張掖屬國都尉。

148 陳　宗　班固傳，與前睢陽令陳宗、長陵令司隸從事孟畢共成世祖本紀。

149 曹　宗　西域傳，元初六年，燉煌太守曹宗上遣行長索班將千餘人屯伊吾，以招撫之，于是車師前王及鄯善王來降。數月，北匈奴復率車師後部攻沒班等，遂走其前王。鄯善逼急，求救于曹宗，因請出兵，報索班之恥，復欲進攻西域。鄧太后不許。又見班勇傳。傅山曰：梁曹景宗卽景此宗也，以景爲仰行之義久矣。

150 竇會宗　竇融傳，安豐侯萬全卒，子會宗嗣。

151 劉景宗　華佗傳，注：「山陽太守廣陵劉景宗，説數見佗，療病平脈之候，其應若神。」

152 劉伯宗　朱穆傳，注：「穆與劉伯宗絶交書及詩『昔我爲豐令，足下不遭母憂乎？親解衰絰，來入豐寺。及我爲侍書御史，足下親來入臺。足下今爲二千石，我下爲郎，乃反因計吏以謁相與。足下豈丞尉之徒哉？我豈足下部民，欲以此謁爲榮寵乎？咄！劉伯宗于仁義道何其薄哉！』其詩曰：『北山有鴟，不潔其翼。飛不正向，寢不定息。饑則木啄，〔一〕飽則泥伏。饕餮貧沔，臭腐是食。塡腸滿嗉，嗜欲無極。長鳴呼鳳，謂鳳無德。鳳之所趨，與子異域。永從此訣，各自努力！』蓋因此而著論也。」

153 郭林宗　序顧范滂傳，〔二〕林宗讓陳蕃曰：「范孟博豈宜以公禮格之」云云。王允傳，見允，奇之，曰：「王生一日千里，王佐才也。」遂與定交。范冉傳，冉詣郭林宗。蘇章傳。仇覽傳。徐穉傳，林宗有母憂，穉往弔之，置生芻一束而去。林宗曰：「此必南州高士也。」又黃憲傳。申屠蟠傳。

154 鄧廣宗　鄧訓傳，封悝子廣宗爲葉侯，及悝、弘被誣，廢爲庶人，皆自殺。

155 陸宮　質紀，丹陽賊陸宮等圍城燒亭寺，丹陽太守江漢擊破之。

156 丁宮　靈紀，中平四年五月，光祿勳沛國丁宮爲司空，代許相也。五年八月，司空丁宮爲司徒，代許相也。六年，皇子辯立。七月，司徒丁宮罷。

157 臧宮　城門校尉朗陵侯臧宮字君翁，潁川人。少爲縣亭長、游徼，後率賓客入下江兵中爲校尉，從光武征伐，至河北，以拜偏將軍，卽位爲侍中、騎都尉。建武二年，封成安侯。明年，將突騎擊更始將左防、韋顏于阻陽、酈，降之。五年，〔三〕將兵徇江夏，擊代鄉、鍾武、竹里，皆下之。拜輔威將軍。七年，更封期思侯。擊梁郡、濟陰，平之。十一年，將兵至中廬，屯駱越。越渠帥奉牛酒勞軍。與岑彭破荊門，乘鵲山，通道出姊歸，

〔一〕「啄」，傳山全書初版本誤作「琢」，據手稿改。
〔二〕「序顧」二字，疑爲「黨錮」之誤。
〔三〕「五」，手稿作「三」，據後漢書改。

至江州。將降卒五萬，從涪水上平曲。嬌制取謁者詣彭之馬七百匹，擊延岑，岑奔成都，衆悉降。軍至平陽鄉，蜀將王元舉衆降。進拔綿竹，破涪城，斬公孫恢。復攻拔繁、郫，乘兵入小雒郭門，歷成都城下，至吳漢營，飲酒高會。復路而歸，賊不敢近。進軍咸門，與漢共滅公孫述，拜廣漢太守。傅山曰：「平蜀之功。」十三年，更封酇侯。十五年，徵還，定封朗陵。十八年，拜大中大夫。將北軍及黎陽營，圍妖巫單臣等，擊還，遷城門校尉，轉左中郎將。擊武溪賊，降之。二十七年，與馬武上書請擊匈奴，詔報黃石公記云云。永平元年，卒，謚愍。傅山曰：「不曾仕莽。」

158 承宮

字少子，琅琊姑幕人。少孤，年八歲爲人牧豕。鄉里徐子盛以春秋教授，宮過息廬下，樂其業，因就聽經，遂請留門下，爲諸生拾薪。執苦數年，經典既明，歸家教授。遭喪亂，將諸生避地漢中，後與妻子之蒙陰山，肆力耕種。禾黍熟，有認之者，宮不與計，推之而去。永平中，徵詣公車，拜博士，遷左中郎將，名播匈奴。時北單于遣使求得見宮，宮曰：「臣狀醜，不可示遠。」乃以大鴻臚魏應代之。十七年，拜侍中祭酒。建初元年，卒。丁恭傳，侍中承宮受業。劉平傳，平薦達名士承宮。樊儵傳，北海周澤、琅琊承宮並海内大儒，儵皆以爲師友而致之于朝。

159 陳宮

呂布傳，興平元年，曹操東擊陶謙，令其將武陽人陳宮屯東郡。宮說張邈，迎呂布爲兗州牧。後爲操得，死，指布曰：「是子不用宮言，以至於此」云云。注：「典略曰：字公臺，東郡人。」荀彧傳。

160 秦宮

梁冀傳，冀愛監奴秦宮，到太倉令，得出入壽所。壽見宮，輒屏御者，託以言事，因與私焉。宮内外兼寵，威權大震，刺史、二千石皆謁辭之。

161 汜宮　杜喬傳，奏：「濟陰太守汜宮贓罪等千萬以上。」宮，梁冀所善。又冀屬喬舉汜宮爲尚書，喬不肯。

162 句驪王宮　生而開目能視，國人懷之。及長勇壯，數犯邊。安帝永初五年，宮遣使貢獻，求屬玄菟。元初五年，復寇玄菟，攻華麗城。建元元年，死。

163 李嵩　光武紀，建武二十四年七月，謁者李嵩及中山太守馬成討蠻，不克。南蠻傳，建武二十四年，南蠻相單程等下攻臨沅，遣謁者李嵩等擊之，不能剋。

164 曹嵩　靈紀，中平四年十一月，大司農曹嵩爲太尉，代崔烈也。五年四月，太尉曹嵩罷，樊陵代之。曹騰傳，騰卒，養子嵩嗣費亭侯。靈帝時，貨中官輸西園錢一億萬，位至太尉。子操起兵，與少子疾避亂琅琊，爲陶謙所殺。陶謙傳，初，曹操父嵩避難琅琊，時謙別將守陰平，士卒利嵩財寶，遂襲殺。袁紹傳，紹檄操父嵩，乞丐攜養，因贓買位。注：「嵩以貨得爲大司農。」荀彧傳，注：「陳琳檄嵩乞丐攜養。」應劭傳。

165 郭嵩　郭后紀，竟子嵩嗣。卒，追坐楚事，國廢。

166 皇甫嵩　獻紀，初平三年五月丁未，征西將軍皇甫嵩爲車騎將軍。八月，車騎將軍皇甫嵩爲太尉，代馬日磾也。十二月，太尉皇甫嵩免，周忠代之。字義眞，安定朝那人，度遼將軍規之兄子。少有文武志介，好詩書，習弓馬。初舉孝廉、茂才。大將軍陳蕃、竇武連辟，並不到。靈帝公車徵爲議郎，遷北地太守。嵩以爲宜解黨禁，益出中藏錢、西園廄馬，以班軍士。從之。以嵩爲左中郎將，與朱儁共發五校、三河騎士及募精勇，合四萬餘人，討黃巾。破賊波才，封都鄉侯。後拜車騎將軍，領冀州牧，封槐里侯。黃巾平，改年爲中平。嵩奏冀州一年田租，以贍飢民，從之。會邊章等亂，明年，詔嵩迴鎮長安，以衛園陵。章等入寇三輔，使嵩討之。趙忠等奏嵩無功，秋徵還，收左車騎將軍印綬，更封都鄉侯。五年，〔二〕復拜左將軍，討王國。國圍陳倉，前將軍董卓請救，嵩不救。國疲敝自解去。卓曰：「勿追。」嵩追之，連戰大破，國走死。卓由是忌嵩。明年，卓拜并州牧，詔使以兵委嵩，卓不從。嵩上疏以聞。帝讓卓，卓增怨嵩。及秉政，初平元年，乃徵嵩爲城門校尉，因欲殺之。嵩就徵，有司承旨，奏嵩下吏。嵩子堅壽請之，免嵩囚。復拜議郎，遷御史中丞。及卓還長安，風御史中丞以下皆拜以屈嵩，既而抵首言曰：「義眞犕未？」嵩笑謝之。卓誅，以嵩爲征西將軍，又遷車騎將軍。秋，拜太尉。冬，以流星策免。後拜光祿大夫，遷太常，病卒。前後上表陳諫有補益者五百餘事，皆手書毁草，不宣于外。而折節下士，門無留客。又見董卓傳、周景傳、應劭傳、王允傳。傅燮傳，與左中郎將皇甫嵩共討賊張角。蓋勳傳，左將軍皇甫嵩精兵三萬，屯扶風，勳密相要結，以討卓。盧植傳，皇甫嵩討平黄巾，盛稱植行師方略，嵩皆資用規謀，濟成其功。

167 白牛侯嵩　安成孝侯傳，三十年，復封閔弟嵩爲白牛侯，坐楚事，語相連，國除。〔三〕

168 列侯嵩　濟南王傳，孝王香上書分爵土，封西平昌侯昱子嵩爲列侯。

169 宋嵩　宋弘傳，弟嵩以剛彊孝烈著名，官至河南尹。

170 孫嵩　鄭玄傳，與同郡孫嵩等四十餘人俱被禁錮。

〔二〕「五」，手稿作「元」，據後漢書改。
〔三〕「除」，手稿作「降」，據後漢書改。

171 孫嵩　趙岐傳，岐賣餅北海市中。時安丘孫嵩年二十餘，游市見岐，非常人，停車共載，曰：「我北海孫賓石，闔門百口，勢能相濟」云云，遂俱歸。嵩入白母曰：〔二〕「出行，乃得死友。」藏岐複壁中。後嵩寓于劉表，表不爲禮，岐稱嵩篤烈，因共薦爲青州刺史。

172 粟嵩　張讓傳，中常侍粟嵩。

173 陰嵩　馮魴傳，永平七年，代陰嵩爲執金吾。

174 陰嵩　陰興傳，與從兄嵩不相能，然敬其威重。興病，帝臨，問及郡臣能否，對曰：「伏見議郎席、重謁者陰嵩，並經行明深」云云。興歿後，帝思其言，擢嵩爲中郎將，監羽林十餘年，以謹勅見幸。

175 孔嵩　范式傳，式友人南陽孔嵩，家貧親老，乃變姓名，傭爲新野縣阿里街卒。式行部到新野，而縣選嵩爲導騎迎式。式見而識，把臂謂曰：「子非孔仲山耶」云云。後官至河南太守。

176 韓嵩　劉表傳，曹、袁持官渡，紹遣人求助，表許之，不至，亦不援曹，且欲觀天下之變。從事中郎南陽韓嵩、別駕劉先說表曰：「舉荊州以附操。」〔三〕表遣詣操觀望，對曰：「嵩觀操，必得志于天下。若嵩至京師，天子假嵩一職，不獲辭命，則成天子之臣，將軍之故吏耳」云云。至許，果拜零陵太守。表怒，欲斬嵩，嵩不爲動，但囚之。注：

〔二〕「白」，手稿作「伯」，據後漢書改。
〔三〕「操」，傅山全書初版本誤作「曹」，據手稿改。

「字德高，義陽人，好學，貧不改操。後琮降，乃釋嵩之囚，以爲大鴻臚，以交友禮待之。」

177 張鴻

明帝紀，謁者張鴻討叛羌于允吾，敗沒。西羌傳，光武中元二年，燒當羌寇隴西，遣謁者張鴻領諸郡兵擊之，戰于允吾、唐谷，〔一〕鴻敗沒。

178 鄧鴻

和帝紀，永元元年六月，度遼將軍鄧鴻出棝陽塞。六年九月，鴻行車騎將軍事，討南單于逢侯。七年正月，下獄死。鄧禹傳，禹少子鴻，好籌策。永平中，以爲小侯。引入與議邊事，拜將長史，率五營士屯鴈門。肅宗時，爲度遼將軍。永元中，與大將軍竇憲擊匈奴，有功，徵行車騎將軍。出塞追畔胡逢侯，坐逗留，下獄死。又見竇憲傳。竇融傳，度遼將軍鄧鴻，及緣邊義從羌胡八千騎，與左賢王安國出棝陽塞，皆會涿邪山。梁慬傳，初，爲車騎將軍鄧鴻司馬。南匈奴傳，章帝建初元年，張掖太守鄧鴻行度遼將軍事。肅宗崩，竇太后臨朝，匈奴屯屠何請遣度遼將軍鄧鴻等幷力而北云云。和帝永元二年春，鄧鴻遷爲大鴻臚。六年，遣行車騎將軍鄧鴻等討逢侯。七年，鄧鴻還京，坐逗留失利，下獄死。

179 丁鴻

和帝紀，永元四年閏三月丁丑，太常丁鴻爲司徒，代袁安。六年正月己卯，司徒鴻薨，劉方代。綝子，字孝公，潁川宣陵人。十三，從桓榮受歐陽尚書，三年而明章句。布衣擔荷，不遠千里。綝卒，讓爵與弟盛，遂逃封。後因鮑俊之言還，就國召見說文侯之命篇，廩食公車。頃之，拜侍中。永平十三年，兼射聲校尉。建初四年，徙封魯陽

〔一〕「唐」，手稿作「庚」，據後漢書改。

鄉侯。詔與諸儒論定五經異同白虎殿，時人曰：「殿中無雙丁孝公。」遂代成封爲少府。元和三年，徙封馬亭鄉侯。和帝卽位，遷太常。永元四年，代袁安爲司徒，竇太后臨政，憲兄弟擅權。鴻因日食，上封事。書奏十餘日，以鴻行太尉兼衞尉，屯南、北宮。于是收憲大將軍印綬，及諸弟皆自殺。與司空劉方定議，郡國率二十萬口舉孝廉一人，四十萬二人，六十萬三人，八十萬四人，百萬五人，〔一〕百二十萬六人。不滿二十萬二歲一人，不滿十萬三歲一人。從之。六年，薨。桓郁傳，永元四年，代丁鴻爲太常。袁安傳，太常丁鴻議阿佟事，可許。歐陽歙傳，陳弇從受歐陽尚書。馬嚴傳，坐與少府丁鴻等更相屬託。馬援傳，王磐與丁鴻事相連坐。見王磐下。又楊倫傳、劉愷傳、賈復傳。

180 鮑鴻　靈紀，注：「八校尉：屯騎校尉鮑鴻爲下軍校尉。」中平五年，遣下軍校尉鮑鴻討葛陂黃巾。六年三月，下軍校尉鮑鴻下獄死。又何進傳、袁紹傳。

181 鮑鴻　董卓傳，卓與扶風鮑鴻等幷兵，大破邊章、韓遂。

182 韓鴻　彭寵傳，更始使謁者韓鴻持節徇北州，鴻至薊，以彭寵、吳漢並鄉閭故人，相見甚歡，卽拜寵將軍，行漁陽太守事，漢安樂令。吳漢傳，更始立，使使者韓鴻徇河北。或謂鴻曰：「吳子顔，奇士也，可與計事。」鴻召見漢，甚悅，承制拜漢爲安樂令。

183 田鴻　岑彭傳，彭留都尉田鴻軍夷陵。

184 堅鴻　堅鐔傳，鐔卒，子鴻嗣。

〔一〕「百萬」，手稿作「百十萬」，據後漢書改。

185 郭　鴻　郭鎭傳，僖子鴻，至司隸校尉，封城安鄉侯。

186 李　鴻　李恂傳，太守潁川李鴻請署功曹，未及到，而州辟爲從事。會鴻卒，〔一〕恂不應州命，而送鴻喪還鄉里。既葬，留起冢墳，持喪三年。

187 慶　鴻　廉范傳，范與洛陽慶鴻爲刎頸交，時人稱曰：「前有鮑、管，後有范、慶。」〔二〕鴻慷慨友義，位至瑯琊、會稽二郡太守，所在有異跡。

188 鄭　鴻　哀牢賢栗傳，建武二十七年，率種戶詣越巂太守鄭鴻降。

189 潘　鴻　度尚傳，桂陽宿賊潘鴻等徙入山谷，尚燒營激吏士，大破平之。

190 梁　鴻　字伯鸞，扶風平陵人。仰慕前世高士，爲四皓以來二十四人作頌。因東出關，過京師，作五噫之歌曰：「陟彼北邙兮，噫！顧覽帝京兮，噫！宮室崔嵬兮，噫！人之劬勞兮，噫！遼遼未央兮，噫！」又自齊適魯、吳，將行，作詩曰：「逝舊邦兮遐征，〔三〕將遙集兮東南。心惙怛兮傷悴，志菲菲兮升降。欲乘策兮縱邁，疾吾俗兮作讒。競舉枉兮措直，咸先佞兮唌唌。固靡慙兮獨建，冀異州兮尚賢。聊逍遙兮遨嬉，纘仲尼兮周流。〔四〕儻云覩兮我悅，遂舍車兮即浮。過季札兮延陵，求魯連兮海隅。雖不察兮光貌，幸神靈兮與休。惟季春兮華阜，麥含含兮方秀。哀茂時兮逾邁，愍芳香兮日臭。悼吾心兮不獲，長委結兮焉究！口囂囂兮余訕，嗟恇恇兮誰留？」

〔一〕「鴻」，手稿作「會」，據後漢書改。
〔二〕「范」，手稿作「廉范」，據後漢書改。
〔三〕「逝」，手稿作「遊」，據後漢書改。
〔四〕「尼」，手稿作「居」，據後漢書改。

191 勃海王鴻　章帝八王傳，夷王寵薨，子鴻嗣。鴻生質帝。質帝立，梁太后下詔以安樂國土卑濕，租委鮮薄，改封勃海王。立二十六年，薨，是爲孝王。無子，太后立蠡吾侯悝爲勃海王，奉鴻嗣。

192 鮭陽鴻　牟融傳，永平十一年，代鮭陽鴻爲大司農。

193 鮭陽鴻　洼丹傳，時中山鮭陽鴻字孟孫，亦以孟氏易教授，有稱，永平中爲少府。

194 上官鴻　西羌傳，金城長史上官鴻上開置歸義、建威屯田二十七部。

195 顧季鴻　黄瓊傳，徵聘之士，顧季鴻，見胡元安下。

196 龐雄　安帝紀，永初三年七月，遣侍御史龐雄討海賊張伯路。〔一〕法雄傳，海賊張伯路寇濱海郡。初，遣侍御史龐雄擊之，乞降，尋復屯聚。梁慬傳，中郎將龐雄副何熙，雄與耿夔共擊匈奴奥鞬日逐王，破之。明年三月，何熙軍到五原曼柏，暴疾，不能進，遣雄與慬等攻虎澤。日逐王降。雄還，爲大鴻臚。雄，巴郡人，有勇略，稱名將。南匈奴傳，永初三年冬，遣副中郎將龐雄擊南單于檀，檀乞降。單于脱帽徒跣，對龐雄等拜，稱死罪。

197 吳雄　桓紀，元嘉元年，光祿勳吳雄爲司徒，代張歆也。永興元年十月，司徒吳雄罷，黄瓊代之。郭鎮傳，順帝時，廷尉河南吳雄季高，以明法律，斷獄平，起自孤宦，致位司徒。雄少時家貧，喪母，營人所不封土者，擇葬其中。喪事趨辦，不問時日，醫巫皆言當族滅，而雄不顧。及子訢孫恭，三世廷尉，爲法名家。李固傳，固與廷尉吳雄上

〔一〕「路」，手稿作「終」，據後漢書改。下同。

疏，以爲八使所糾，宜急誅罰。

198 法　雄　字文彊，扶風郿人，齊襄王法章之後。宣帝時，徙三輔。雄初仕郡功曹，辟太尉張禹府，舉高第，除平氏長。遷宛陵令。徵爲青州刺史，討張伯路等，議可且罷兵，以慰其心。賊大喜，還所略人。東萊兵未解甲，賊復驚，遁。五年春，復抄東萊，雄率郡兵擊破之，賊還遼東。遷南郡太守。郡多虎暴，前守莫捕。雄至，移書屬毁壞檻阱，而虎害亦息。元初中卒官。〔一〕子眞。逸人傳，去檻穽而虎害息，法雄、宋均事類。胡廣傳，太守法雄舉孝廉。又見前王宗下。

199 李　雄　李通傳，有司奏請封諸皇子，帝感通首創大謀，〔二〕卽日封通子爲邵陵侯。

200 楊　雄　桓譚傳。班彪傳注。

201 班　雄　班超傳，超卒，子雄嗣，累遷屯騎校尉。會叛羌寇三輔，詔雄將五營兵屯長安，就拜京兆尹，卒。西羌傳，安帝元初二年，〔三〕使屯騎校尉班雄屯三輔，後任尚代屯之。

202 劉　雄　劉茂傳，永初二年，劇賊畢豪等入平原界，縣令劉雄將吏士乘船追之。至厭次河，合戰，劉雄敗，執雄以矛刺之。

203 左　雄　字伯豪，南郡涅陽人。安帝時，舉孝廉，稍遷冀州刺史。州部多豪族，雄閉門不與通。永建初，公車徵拜議郎。虞詡薦之，拜尚書，再遷尚書令。陳封事言時弊。永建四年，

〔一〕「元初」，手稿作「初平」，據後漢書改。
〔二〕「首」，手稿作「守」，據後漢書改。
〔三〕「元初」，手稿作「初元」，據後漢書改。

與僕射郭虔共上疏，以爲「寇賊連年，宜及其尚微，〔一〕開令改悔。」又上言：「宜繕脩太學。」又上言：「孝廉不滿四十，不得察舉。」奏徵海内名儒爲博士，使公卿子弟爲諸生。有志操者，加俸。三上疏言阿母宋娥及梁冀封爵事。大司農劉劇被譴捶撲，雄上言：「撲罰，非古。」帝從而改之，其後九卿無復捶撲者。遷司隸校尉。初，雄薦周舉爲尚書。及在司隸，又舉故冀州刺史馮直爲將帥，而直嘗坐贓受罪，舉劾奏雄。雄悅曰：「宣光以此奏吾，是韓厥之舉也。」明年坐法免。復爲尚書。永和三年卒。〔二〕第五頡傳，注：「司隸校尉南陽左雄等與頡故舊，各致禮餉，不受。」胡廣傳，時尚書令左雄議改察舉之制，限年四十以上，儒孝試經學，文吏試章奏。周景傳，注：「景爲尚書令。延熹中，有盜發順帝陵，賣御物于市。景以尺一詔召司隸校尉左雄對詰，使虎賁左駿頓首，血出覆面，與三日期，便獲也。」司隸尊異，尚書令如此詰責之。尚書令帝近臣，視司隸如捕盜官故耳。杜根傳，尚書令左雄舉成翊世爲尚書。臧洪傳，注：「續漢書曰：左雄奏徵海内名儒爲博士，使公卿子弟爲諸生，有志操者加其俸祿。」

204 叔先雄 列女傳，孝女叔先雄乘小船於父墮處自投水，後六日與父相持浮于江上。郡縣表言立碑圖像。

205 耿种 安帝紀，永初三年十月，南單于叛，圍中郎將耿种于美稷。梁慬傳，單于自將圍中郎

〔一〕「微」，手稿作「徵」，據後漢書改。
〔二〕「永和」，手稿作「永初」，據後漢書改。

將耿种于美稷，种移檄求救。明年三月，慬及种等步騎萬六千人攻單于虎澤。西羌傳，延光元年，麻奴出塞，種衆散遁，詣涼州刺史，耿种降。永初三年，單于擅攻中郎將耿种于美稷。

206 張　种　獻紀，初平三年四月，卓誅，遣使者張种撫慰山東。周舉傳，梁商讌洛水，酒闌，繼以薤露之歌。太僕張种會還，以事告舉。舉曰：「此所謂哀樂失時，殃將及乎！」

207 呂　种　宋均傳，矯制調伏波司馬呂种守沅陵長，〔一〕命种奉詔書入虜營，告以恩信，因勒兵隨後。斬其大帥而降，入營散衆，遣歸本郡，爲置長吏而還。馬援傳，王肅復出入北宮。援謂司馬呂种：「國家諸子並壯，而舊防未立，若多通賓，則大獄起矣。」及郭后薨，有上書者，以爲王肅等受誅之家，客因事生亂云云。下詔捕諸王賓客，呂种亦豫其禍。

208 胡　种　王允傳，司隸校尉胡种促殺王宏。种後眠輒見宏以杖擊之，〔二〕病發，數日死。

209 僮　种　循吏童恢傳，注：「謝承書曰：童作僮，恢作种也。」

210 丁　种　董卓傳，注引袁宏紀，封侍中丁种。

211 楚侯种　楚王英傳，建初二年，肅宗封英子楚侯种五弟皆爲列侯。种後徙封陸侯，卒。

212 趙　冲　順紀，永和六年三月，武都太守趙冲討鞏唐羌，破之。漢安二年四月庚戌，護羌校尉趙冲與漢陽太守張貢擊燒當羌于參䜌，破之。十月，又擊燒當于河陽，破之。建康元年十二月，護羌校尉趙冲追擊叛羌於鸇陰河，戰歿。應劭傳，劭駮募鮮卑不便曰：

〔一〕「伏波」，手稿作「伏皮」，據後漢書改。
〔二〕「眠」，手稿作「眼」，據後漢書改。

「武威太守趙沖亦率鮮卑征討叛羌」云云。〔二〕皇甫規傳，願與護羌校尉趙沖共相首尾。西羌傳，順帝永和六年，武威太守趙沖追擊鞏唐羌。詔沖督河西四郡兵爲節度。漢安元年，以沖爲護羌校尉。罕種邑落五千餘戶詣沖降。三年夏，沖復與漢陽太守張貢掩擊燒何有功，詔沖一子爲郎。建康元年，沖復追叛羌到建威鸇陰河。所將降胡叛，沖追之，遇伏沒。沖雖身死，而前後多所獲斬，羌由是衰耗。

213 朱沖　朱祐傳，永初七年，鄧太后紹封演子沖爲鬲侯。

214 耿沖　耿弇傳，美陽侯耿秉卒，子沖嗣。及竇憲敗，以秉竇氏黨，國除。沖官至漢陽太守。

215 常沖　周澤傳，見廖信下。

216 阜陵王沖　質王延薨，子殤王沖嗣。立二年薨。無子。

217 文礱　順紀，永建四年五月，詔曰：「桂陽太守文礱，不惟竭忠，宣暢本朝，而遠獻大珠，以求幸媚，今封以還之。」

218 王龔　字伯宗，山陽高平人。初舉孝廉，稍遷青州刺史，劾奏貪濁二千石數人。安帝嘉之，徵拜尚書。建光元年，擢爲司隸校尉，明年遷汝南太守。政崇溫和，好才愛士，引進郡人黃憲、陳蕃云云。永建元年，徵爲太僕，轉太常。四年，遷司空，以地震免。永和元年，拜太尉。深疾宦官專權，上書極言其狀。宦官各使賓客誣奏龔罪，順帝命亟自實。李固時爲大將軍梁商從事中郎，奏記商。商言之帝，得釋。以老病乞骸，卒于家。黃憲傳，太守王龔禮進賢達，卒不能屈憲。桓焉傳。順紀，永建三年七月丁酉，

〔二〕「征」，手稿作「破」，據後漢書改。

茂陵園寢災。辛亥，使太常王龔持節告祠茂陵。〔二〕四年九月癸酉，太常王龔爲司空，代張皓也。陽嘉二年五月，地震。戊午，司空王龔免，孔扶代之。永和元年十二月乙巳，以前司空王龔爲太尉，代龐參也。五年九月辛未，太尉王龔罷，桓焉代之。

219 劉　龔　蘇竟傳，初，延岑護軍鄧仲況擁兵據南陽陰縣爲寇，而劉歆兄子龔爲其謀主。竟與書曉之，仲況與龔遂降。龔字孟公，長安人，善論議，扶風馬援、班彪並器重之。又見郭季通下。

220 韓　龔　郅惲傳，注：「東觀記曰：芒守丞韓龔受大盜丁仲錢，阿擁之，加笞八百，不死，入見惲，稱仲健。惲怒，以所杖鐵杖捶龔。龔出怨懟，遂殺仲，惲故坐免。」

221 葛　龔　字元甫，梁國寧陵人。和帝時，以善文記知名。性慷慨壯烈，勇力過人。安帝永初中，〔三〕舉孝廉，爲大官丞，上便宜四事，拜蕩陰令。辟太尉府，病不就。州舉茂才，爲臨汾令。二縣，有稱績。著文、賦、碑、誄、書記十二篇。注：「龔善爲文奏。或有請龔奏以干人者，其人寫之，忘自載其名，因並寫龔名以進之。故時爲之語曰：作奏雖工，宜去葛龔。」

222 范　容　順紀，建康元年八月，楊、徐盜范容、周生等寇掠城邑。質紀，九江都尉滕撫討范容等，斬之。滕撫傳，建康元年，九江范容、周生等反亂，屯據歷陽。

223 琅邪王容　安王薨，子順王容嗣，立八年薨。

〔二〕「祠」，傅山全書初版本誤作「祀」，據手稿改。

〔三〕「初」，手稿作「和」，據後漢書改。

224 茅　容　郭泰傳，字季偉，陳留人。年四十，耕於野，與等輩避雨樹下，衆皆夷踞相對，容獨危坐愈恭。林宗異之，與共言，因請寓宿。旦日，容殺鷄爲饌，林宗謂爲己設，既而以供其母，自以草蔬與客同飯。因勸令學，卒以成德。徐穉傳。

225 潁　容[一]　字子嚴，陳國長平人。善春秋左氏，師事太尉楊氏。舉辟，皆不就。初平中，避亂荆州。劉表以爲武陵太守，不肯起。著左氏條例五萬餘言，建安中卒。

226 高　容　高詡傳，父容，少傳嘉學，哀平間爲光祿大夫。

227 陳　容　臧洪傳，洪邑子陳容，少爲諸生，親慕于洪，隨爲東郡丞。先城未敗，洪使歸紹。時容在坐，見洪當死，謂紹曰：「將軍舉大事，欲爲天下除暴，而先誅忠義，豈合天意？洪發舉爲郡將，奈何殺之！」紹慙，使人牽出云云，曰：「仁義豈有常所，蹈之爲君子，背之卽爲小人。今日寧與洪同日死，不與將軍同日生也。」遂復自殺。

228 徐　容　吳漢傳，蜀郡守將史歆反成都，而宕渠楊偉、朐䏰徐容等，起兵各數千人以應之。漢破成都，誅歆，乘桴沿江下巴郡，楊偉、徐容等惶恐解散。

229 宣　酆　桓紀，延熹九年十二月，光祿勳汝南宣酆爲司空，代劉茂也。注：「酆字伯應，封東陽亭侯。」靈紀，建寧元年四月，司空宣酆免，王暢代之。

230 宋　酆　靈紀，光和元年，廢皇后，父執金吾宋酆下獄死。宋后紀，父酆，執金吾。酆封不其侯。

231 梁　忠　桓紀，延熹二年八月，越騎校尉梁忠伏誅。梁冀傳，收親從越騎校尉忠棄市。

〔一〕「潁」，手稿作「穎」，據後漢書改。

232 趙　忠

靈紀，中平三年二月，〔一〕中常侍趙忠爲車騎將軍。六月，罷。獻紀，建安元年七月，車駕至洛陽，幸故中常侍趙忠宅。王美人傳，初平元年二月，葬弘農王于故中常趙忠成壙中。宦者傳又與張讓同傳〔二〕。安平人，以與誅冀封都鄉侯。延熹八年，黜爲關中侯。靈帝時，遷中常侍，封列侯，與曹節等表裏。節死，忠領太常秋。後以忠爲車騎將軍，百餘日罷。六年，袁紹捕斬之。忠事並同張讓。呂强傳，忠等譖强與黨人共議朝廷。何進傳，蹇碩、中常侍趙忠等書曰：「大將軍兄弟專朝」云云，「宜共閉上閤，急捕誅之。」郭勝共忠等議，不從碩計。何進被害，何苗、袁紹引兵朱雀闕下，捕得趙忠等，斬之。陳球傳，曹節等欲別葬竇太后，而以馮貴人配祔。詔公卿大會朝堂，令中常侍趙忠監議。皇甫嵩傳，嵩討張角，路由鄴，見中常侍趙忠舍宅踰制，乃奏沒入之。朱穆傳，宦者趙忠葬于安平，僭爲璵璠、玉匣、偶人。穆聞之，下郡案驗，發墓剖棺。傳燮傳，燮討張角，臨行，上疏云：「閹豎弄權，忠臣不進」云云。書奏，宦者趙忠見而忿惡。及破張角，忠訴譖之，竟不封。後詔忠論討黃巾之功，見甄舉下。趙芭傳，從兄忠爲中常侍，芭恥其門族有宦官名，執不與忠交通。袁紹傳，趙忠言于省内曰：「袁本初坐作聲價，好養死士，不知此兒終欲何作。」後韓馥以冀讓紹，避位，出居中常侍趙忠故舍。

233 周　忠

獻紀，初平三年十二月，光祿大夫周忠爲太尉，代皇甫嵩也，參錄尚書事。四年六月，

〔一〕「三年」，手稿作「二年」，據後漢書改。
〔二〕「宦者」，手稿作「友」，據後漢書改。

太尉周忠免，朱儁代之。周景傳，景中子忠，位累遷大司農。注：「吳書曰：忠字嘉謀，與朱儁共敗李傕于曹陽。」忠後代皇甫嵩爲太尉，錄尚書事，復爲衛尉，從獻帝歸洛陽。朱儁傳，李傕用太尉周忠、尚書賈詡策，徵儁入朝。又曰，初平四年，儁代周忠爲太尉。

234 張　忠

公孫述傳，更始遣益州刺史張忠等徇蜀漢，述擊破，走之。

235 張　忠

徐璆傳，璆爲荊州刺史時，董太后姊子張忠爲南陽太守，臧罪數億。璆臨當之部，太后遣中常侍以忠屬璆，對曰：「不敢聞命。」太后怒，遽徵忠爲司隸校尉，以相威臨。璆到州，奏忠臧，使冠軍縣上簿詣大司農。

236 鄧　忠

鄧禹傳，封閬子忠爲西華侯。弘、閬等被誣，廢爲庶人，自殺。

237 賈　忠

賈復傳，復卒，子忠嗣。

238 耿　忠

耿弇傳，弇卒，子忠嗣。忠以騎都尉擊匈奴于天山，有功。竇固傳，騎都尉耿忠副竇固安酒泉塞。

239 耿　忠

耿純傳，高亭侯盱卒，子忠嗣。

240 李　忠

豫章太守中水侯李忠，字仲都，東萊黃人。平帝元始中以父任爲郎。莽時爲新博屬長。傅山曰：「曾仕莽者。」更始立，即拜忠都尉官。與任光奉世祖，以爲右大將軍，封固武侯。因從攻下屬縣。至苦陘，世祖問諸將所得財物，唯忠獨無所掠云云。遣行信都太守事。王郎將收忠母妻。更始拔信都，家屬得全。任光歸還，復爲都尉。建武二年，封中水侯，徵拜五官中郎將。六年，遷丹陽太守。十四年，遷豫章太守。病去官，十九年，卒。傅山曰：「無大功者。」

241 段　忠　杜茂傳，十二年，遣謁者段忠將衆郡弛刑配茂，鎮守北邊，因發邊卒築亭候，修烽火。

242 顏　忠　耿純傳，族人耿歙與楚人顏忠語相連。馬武傳，檀兄伯濟與顏忠謀反。楚王英傳，燕廣告英與顏忠等造作圖書云云。濟南康王傳，人上書告康招來姦猾漁陽顏忠等。寒朗傳，以謁者守侍御史，與三府掾屬攷案楚獄顏忠、王平等。

243 樊　忠　樊宏傳，封族兄忠更父侯。

244 宋　忠　劉表傳，表求儒術，宋忠等撰立五經章句，謂之後定。

245 閻　忠　皇甫嵩傳，皇甫嵩既破黃巾，威震天下，而朝政日亂，海内虛空。故信都令漢陽閻忠干說嵩曰：「難得而易失者，時也；至不旋踵者，〔一〕機也。今將軍遭難得之運，蹈易駭之機，而踐運不撫，臨機不發，〔二〕將何以保大名乎？」嵩曰：「何謂也？」忠曰：「天道無親，百姓與能。今將軍受鉞于暮春，收功于末冬。兵勢若神，謀不再計，旬月之間，神兵電埽，封尸刻石，南向以報，威德震本朝，風聲施海外，雖湯武之舉，〔三〕未有高將軍者也。今身建不賞之功，而北面庸主，何以求安乎？」嵩曰：「夙夜在公，心不忘忠，何故不安？」忠曰：「不然。昔韓信不忍一餐之遇，而棄三分之業，利劍已揣其喉，方發悔毒之歎者，機失而謀踈也。今主上勢弱于劉、項，將軍權重于淮陰，指撝足以震風雲，叱咤可以興雷電。赫然奮發，因危抵頹，崇恩以綏先附，振武以臨

〔一〕「踵」，手稿作「種」，據後漢書改。
〔二〕「臨」，手稿作「陰」，據後漢書改。
〔三〕「湯武」，手稿作「武陽」，據後漢書改。

後服；徵冀方之士，動七州之衆；羽檄先馳于前，大軍響震于後；蹈流漳河，飲馬孟津；誅閹宦之罪，除羣兇之積；雖兒童可使奮拳以致力，女子可使褰裳以用命；況厲熊羆之卒，因迅風之勢哉！功業已就，天下已順，然後請呼上帝，示以天命，混齊六合，南面稱制，移寶器于將興，推亡漢于已墜，實神機之至會，風發之良時也。夫既朽不雕，衰世難佐。若欲輔難佐之朝，雕朽敗之木，是猶逆阪走丸，迎風縱棹，豈云易哉？且今豎宦羣居，同惡如市，上命不行，權歸近習，昏主之下，難以久居，不賞之功，讒人側耳，如不早圖，後悔無及。」嵩懼曰：「反常之論，所不敢聞。」忠知計不用，因亡去。注：「英雄記：梁州賊王國等起兵，劫忠爲主，忠感慨發病死。」董卓傳，韓遂等共廢王國，劫故信都令漢陽閻忠，使督統諸部。忠恥爲所脅，感恚病死。

246 陳忠

陳寵傳，字伯始，永初中辟司徒府，三遷廷尉正。司徒劉愷舉忠，宜備機密，于是擢拜尚書，使居三公曹。依父寵意，奏上二十三條，爲決事比。又上除蠶室等刑。安帝始親政，忠薦賢士馮良、周燮、杜根、成翊世之徒，以助宣風化。又上疏請寬容言事者。常侍江京、李閏秉權時，忠内懷懼懣，未敢陳諫，作搢紳先生論以諷之。上疏請嚴彊盜。元初三年詔，大臣得行三年喪。忠因上言：「宣帝舊令，人從軍及給事縣官者，大父母死未滿三月，皆勿徭，令得葬送。請依此制。」太后從之。又上疏駮祝諷等復建武故事。奏，宦豎不便之，竟寢忠奏從諷等議。轉爲僕射，因雨災上疏言：「伯榮驕蹇。」不省。時三府任輕，機事專委尚書，而災咎，輒免公台。〔一〕書諫之。延光三年，拜司隸較尉。明年，出爲江夏太守，復留拜尚書令，卒。劉愷傳，尚書陳忠上疏薦愷。周榮傳，尚書陳忠薦周興。應劭傳，尚書陳忠議治尹次、史玉之死，劭追駁之。陳禪傳，尚書陳忠劾禪廷訕朝政。陳忠劾禪曰：「古者合歡之樂舞于堂，四夷之樂陳于門，故詩云：以雅以南，韎任朱離。」毛詩無「韎任」句，蓋齊魯之詩也。句驪宮死，子遂成立。姚光上言欲因其喪擊之，尚書陳忠曰：「宜遣弔問，責讓前罪，赦不加誅，取其後善。」西域傳，安帝延光二年，陳忠上疏，以爲燉煌宜置較尉，案舊增四郡屯兵，以西撫諸國。安帝從之。

247 王　忠　温序傳，序死于隗囂，從事王忠持喪歸斂。光武命王忠送喪到洛陽。互見「遵」下。

248 袁　忠　袁閎傳，弟忠節操亞於閎。字正甫，與范滂爲友，俱證黨事得釋。初平中，爲沛相，乘葦車到官。天下亂，棄官客上虞。一見太守王郎徒從整飾，心嫌之，稱病自絕。後孫策破會稽，忠等浮海南投交阯。獻帝徵爲衛尉，未到，卒。朱儁傳，陶謙等共推儁爲太師，同討李傕，奏記列名有沛相袁忠。范滂傳，與同郡袁忠爭受楚毒。王甫以次辨詰，滂、忠于後越次而進。

249 審　忠　曹節傳，郎中梁人審忠因災異上疏劾朱瑀等罪惡，不報。忠字公誠，宦官誅後，辟公府。

250 韓　忠　朱儁傳，南陽賊餘帥韓忠復據宛拒儁。儁兵少不敵，乃張圍結壘，起土山以臨城內，

〔一〕「台」，手稿作「召」，據後漢書改。

嗚鼓攻其西南，賊悉衆赴之。儁自將精卒，掩其東北，乘城而入。忠乃退保小城，惶懼乞降。儁解圍，忠出戰，因擊大破之。忠等遂降，而秦頡積忿忠，遂殺之。互見「夏」下。

251 黄　忠　申屠蟠傳，何進使同郡黄忠書勸蟠曰：「昔人之隱，遭時則放聲滅迹，巢棲茹薇。其不遇也，裸身大笑，被髮狂歌」云云。蟠不答。

252 廉　忠　章帝八王傳，王甫使尚書令廉忠誣奏鄭颯等謀迎立悝，大逆不道。

253 甘陵王忠　章帝八王傳，甘陵貞王薨，子獻王忠嗣。黄巾賊起，忠爲國人所執，既而釋之。靈帝以親親故，詔復忠國。立十三年薨，嗣子爲黄巾所害。建安十一年，卒，以無後，國除。

254 東平王忠　光武十王傳，憲王薨，子懷王忠嗣，立十一年薨。

255 疏勒王忠　班超傳，立故疏勒王子忠爲王。注：「求得故王兄榆勒立之，更名忠也。」建初九年，超發疏勒、于窴兵擊莎車。莎車陰通使忠，啖以重利，忠遂反從之，西保烏卽城。超悉發不返者攻忠。康居救之，超使使多齎錦帛遺月氏，令曉示康居，康居王乃罷兵，執忠歸其國。後三年，忠說康居王借兵，還據損中，密與龜茲謀，詐降超。超僞許之，爲供張設樂。酒行，叱吏縛忠斬之。南道于是通。

256 焉耆王　班超傳。見「舜」下。
舜子忠

257 尚書令忠　延光論曆，尚書令忠上奏：「諸從太初者，皆無效驗，徒以世宗攘夷廓境，享國久長

258 袁　逢　爲辭。或云孝章改四分，災異卒甚，〔一〕未有善應」云云。上納其言，遂改曆事。靈紀，光和元年十月，屯騎校尉袁逢爲司空，代來豔也。二年三月，司空袁逢罷，張濟代之。袁安傳，湯次子逢嗣安國亭侯。字周陽，以累世之公子，寬厚篤信。靈帝立，以太僕豫議，增封，復爲司空，卒于執金吾。謚宣文子術。崔實傳，太僕袁逢等爲實具棺槨。荀淑傳，司空袁逢舉有道，不應。及逢卒，爽制服三年，當世化以爲俗。又侯覽傳。袁紹傳，注：「袁山松書：紹，司空逢之孽子，出後伯父成。」

259 袁　逢　趙壹傳，逢斂衽下堂，執壹手顧謂坐中曰：「此人漢陽趙元叔，請爲諸君分坐。」與羊陟共稱薦之。袁逢使善相者相壹，云「仕不過郡吏」。

260 袁　逢　臧洪傳，注：「太尉袁逢問旻西域諸國土俗。」詳「旻」下。

261 袁　逢　楊秉傳，注：「京兆尹袁逢于長安客舍中得侯參重車三百乘，金銀珍玩，不可稱紀。」

262 祭　逢　祭肜傳，肜卒，其子逢上疏，具陳遺言。

263 王　逢　鄭弘傳，爲騶令。注：「謝承書曰：弘勤行德化，部人王逢得路遺寶物，懸于道衢，求主還之。」

264 陸　逢　陸續傳，中子逢，樂安太守。

265 賈　琮　靈紀，中平元年六月，交趾屯兵執刺史，遣交趾刺史賈琮討平之。字孟堅，東郡聊城人。舉孝廉，再遷京兆令。中平元年，交趾反勑三府精選能吏，有司舉琮爲交趾刺史。到部，訊反狀，咸言賦斂過重，民不聊生云云。琮移書告示，使各安資業，招散，蠲

〔一〕「卒」，手稿作「率」，據後漢書改。

徭，誅其渠帥，簡選良吏試守諸縣，百姓歌之曰：「賈父來晚，使我先反；今見清平，吏不敢飯。」徵拜議郎。以爲冀州刺史，當遠視廣聽，糾察美惡云云，命御者褰之，百城竦震。何進表爲度遼將軍，卒。李雲傳，後冀州刺史賈琮使行部，過祠雲墓，刻石表之。巴肅傳，肅死，刺史賈琮刊石立銘記之。

266 劉　琮　獻紀，建安十三年，劉琮以荊州降操。劉表傳，表次子。表後妻蔡氏愛之，表妻弟蔡瑁外甥張允皆睦于琮。表死，遂以琮爲嗣。卒降曹操，以琮爲青州刺史。

267 沛王琮　沛幽王薨，子孝王琮嗣。袁閎傳。

268 陳　琮　陳球傳，子瑀，瑀弟琮，汝陰太守。

269 韓　琮　南匈奴傳，安帝永初三年，夏漢人韓琮隨南單于入朝，既還，說南單于反叛。

270 李　顒　靈紀，熹平五年四月，益州夷叛，太守李顒討平之。程苞上書有曰：「近益州郡亂，太守李顒亦以板楯討平之。」西南夷傳，靈帝熹平五年，諸夷反叛，太尉掾巴郡李顒建策討伐，拜顒益州太守，破平之。

271 何　顒　字伯求，南陽襄鄉人。少游學洛陽。顒雖後進，郭林宗、賈偉節與之好。以與陳蕃、李膺善，爲宦官陷，變姓名，亡匿汝南。袁紹私與往來，結爲奔走之友。黨事起，常私入洛陽，從紹計議。窮困者，爲求救援，被掩捕者，則設權計，使得逃隱，全免者衆。黨錮解，辟司空府。董卓秉政，逼爲長史，託疾不就，與荀爽、王允共謀誅卓云。後以他事爲卓所係，憂憤卒。嘗見曹操，嘆曰：「漢將亡，安天下者必此人。」曹嘉之。嘗稱荀彧王佐才。及彧爲尚書，西迎叔父爽喪，並致顒骸，而葬之爽冢傍。何進傳，徵智謀士何顒。荀爽傳。袁紹傳。鄭太傳。荀彧傳。董卓傳，卓任長史何顒。

272 賈龍　斬馬相，見「相」下。劉焉傳，益州從事賈龍，先領兵數百人在犍爲，攻破馬相，遣吏迎劉焉，入州者以龍爲校尉。後陰圖異計，焉殺之。

273 夜龍　五行志，光和中，雒陽男子夜龍以弓箭射北闕。

274 唐龍　黨序，朱並告龍爲「八及」。

275 王龍　韓稜傳，尚書王龍私奏記上牛酒于憲，稜舉奏龍，爲城旦。

276 張龍　董卓傳，注：「郭汜與傕將張龍謀誅傕。」

277 黄龍　孫程傳，中黄門黄龍，封湘南侯。龍至苗光，是爲十九侯。龍等九人與宋娥更相貨賂。永和二年，並遣就國。九人者，龍及楊佗、孟叔、李建、張賢、史汎、王道、李剛、李元也。

278 黄龍　朱儁傳，自黄巾賊後，復有黄龍等徒。

279 梁龍　朱儁傳，又交趾賊梁龍等萬餘人，與南海太守孔芝反畔，拜儁交趾太守，與七郡兵俱進，斬梁龍，降者數萬人。

280 蔡邕　字伯喈，陳留圉人也。性篤孝，母嘗病三年，邕自非寒暑節變，未嘗解襟帶，不寢寐者七旬。〔二〕與叔父從弟同居，三世不分財。少博學，師事胡廣。好辭章、天文、數術，妙操音律。桓帝時，徐璜等聞邕善鼓琴，白天子，勑陳留郡督遣。不得已，到偃師，稱疾而歸。閑居玩古，不交當世。作釋誨以戒厲。建寧三年，辟司徒喬玄府，出補河平長。召拜郎中，校書東觀。遷議郎。熹平四年，與堂谿典等奏求正定六經文字。初，

〔二〕「七」，手稿作「十」，據後漢書改。

朝議以人情比周，州郡相黨，乃制婚姻之家及兩州人士不得對相監臨。至是復有三互法，選用艱難。幽冀二州，久缺不補。上書請蠲除之，不省。六年，制書引咎，詔羣臣陳政要。邕條宜所施行七事。又持詔問災變，邕章奏爲曹節竊視，宣語左右。中常侍程璜使人飛章言邕、〔一〕及叔父質數以私事請託司徒劉郃，命下邕洛陽獄，大不敬，棄市。呂强請之，減死一等，與家屬髡鉗徙朔方。邕前在東觀，與盧植、韓說等撰補後漢記，會流亂不及成，〔二〕因上書自陳，奏其所著大義。會明年大赦，還本郡，亡命江海，往來依太山羊氏。中平六年，靈帝崩，董卓爲司空，聞邕名，辟之。稱疾不就。卓怒，曰：「我力能族人」云云。不得已，到，署祭酒。舉高第，補侍御史，又轉侍書御史，遷尚書。遷巴郡太守，復留爲侍中。初平元年，拜左中郎將，從遷都長安，封高陽鄉侯。後卓誅，邕於王允坐，嘆而動色。允收付廷尉，死。六十一。鄭玄聞而嘆曰：「漢世之事，誰與正之！」熹平四年，議郎蔡邕言馮光、陳晃以庚申爲非，甲寅爲是云云。難問光、晃但言圖讖，所言不服。胡廣傳，熹平六年，靈帝思感舊德，乃圖胡廣及太尉黄瓊於省内，詔議郎蔡邕爲頌。楊賜傳，虹霓晝見嘉德殿，引賜及邕等入金商門崇德署，問禍福所在。坐直對抵罪，徙朔方。盧植傳，邕前徙朔方，植獨上書請之。邕時見親於卓，故往請植事。張馴傳，馴與蔡邕共奏定六經文字。韓說傳，說與蔡邕友善。鮮卑傳，熹平三年，議郎蔡邕議討鮮卑不便。桓彬傳。王允傳注。申

〔一〕「璜」，手稿作「瓚」，據後漢書改。
〔二〕「會」，傅山全書初版本誤作「令」，據手稿改。

281 孫　邕　屠蟠傳。周舉傳。郭泰傳。孔融傳。呂强傳。王逸傳。邊讓傳。高彪傳。王和平傳，濟南孫邕，少事和平，從至京師。會和平病歿，邕因葬之東陶。有書百餘卷。藥數囊，後弟子夏榮言其尸解，邕乃恨不取其書藥焉。

282 劉　洪　律曆中，常山長史劉洪上作七曜術。〔一〕甲辰詔屬太史部郎中劉固、舍人馮恂等課效，復作八元術。論日食，太常就耽選穀城門候劉洪等難問馮恂、孫誠。

283 臧　洪　字子源，廣陵射陽人也。十五以功拜童子郎舉孝廉，補卽丘長。中平末，棄官還家，太守張超請爲功曹。說超誅卓，酸棗之盟，洪操血誓辭慷慨激揚，諸軍懷疑，莫適先進。超遣洪詣劉虞，值幽冀交兵，因寓袁紹。紹以洪領青州刺史。二年，紹憚其能，徙爲東郡太守，都東武陽。曹操圍超於雍丘，請救不得，張氏族滅。由是怨紹，不與通。紹興兵圍之，歷年粮盡，殺愛妾以食兵將，男女七八十人相枕而死，莫有離叛，城陷，被殺，不服死。雜見張超、袁紹、張邈、陳容下。傅山曰：袁本初自殺才耳，只說不救張超一節便該死。〔二〕

284 曹　洪　袁紹傳，注：「曹操遇卓將徐榮，爲流矢所中，乘馬被傷。曹洪以馬與操，得夜遁。」

285 陶丘洪　史弼傳，時人譏平原行貨免君。陶丘洪曰：「文王牖里，閎、散懷金。史弼遭患，義夫獻寶。亦何疑焉！」注：「青州先賢傳曰：洪字子林，〔三〕平原人。清達博辨，文冠

〔一〕「常山長史」，手稿作「長山長侍」，據後漢書改。
〔二〕此句批語，傅山全書初版本脱，據手稿補。
〔三〕「林」，手稿作「休」，據後漢書改。

當代。舉孝廉，不行，年三十卒。」劉寵傳，注：「平原陶丘洪薦劉繇，欲令舉茂才。刺史曰：前來舉公山，奈何復舉正禮？洪曰：若明君用公山於前，擢正禮於後，所謂御寵渥於長塗，騁騏驥於千里，不亦可乎？」孔融傳，與陶丘洪齊聲稱。

286 史佟　五行志。見柳分下。

287 臺佟　字孝威，魏郡鄴人也。隱於武安山，鑿穴爲居，採藥自給。建初中，州辟不就。

288 右鹿蠡阿佟　袁安傳，憲上立降者右鹿蠡阿佟爲北單于。

289 陰子公　陰后紀，注：「后父子公。」

290 陰幼公　陰后紀，注：「方生。」

291 劉少公　劉永傳，永以弟少公御史大夫封魯王。

292 蔡少公　鄧晨傳，光武伯升與晨俱之宛，與穰人蔡少公讌語。少公頗學圖讖，言劉秀當爲天子云云。

293 王州公　李憲傳，莽末，江賊王州公等起衆十餘萬，攻掠郡縣，莽以李憲爲偏將軍、廬江連率，擊破之。

294 樊巨公　北海靖王傳，皇妣以初起兵時病卒，宗人樊巨公收斂。

295 夷長公　趙孝傳，賊令魏譚主爨，〔二〕暮輒執縛。賊有夷長公者，特哀念譚，密解其縛，語曰：「汝曹皆應就食，急從此去。」譚曰：「譚爲爨，頗得遺餘，餘人皆茹草萊，不如食

〔二〕「令」，手稿作「全」，據後漢書改。

我。」長公義之，相曉赦遣，並免。

296 魏德公　郭泰傳，注：「謝承書曰：泰之陳國則親魏德公，入汝南則交黄叔度。適陳留則友符偉明，遊太學則師仇季智。」

297 任文公　方術傳，巴郡閬中人。修文術，州辟從事。刺史遣檢行郡界，暴風至，當有逆變。後爲治中從事。大旱，白刺史：「五月一日，當大水。」皆驗，辟司空掾。莽篡後，知大亂，乃課家人負物百斤，環舍趨走，日數十。兵起，文公大小負粮捷步，悉得脱免。公孫述時，武擔石折，文公曰：「西州智士死，我當之。」後三月卒。益部曰：「任文公，智無雙。」

298 上成公　方術傳，宓縣人也。其行久而不還。後歸，語其家曰：「我已得仙。」因辭家而去。家人見其舉步稍高，良久乃沒云。陳寔、韓韶同見其事。

299 王君公　逢萌傳，萌與平原王君公相友善，並曉陰陽，懷德穢行。君公遭亂獨不去，儈牛自隱。時人爲之論曰：「避世牆東王君公。」注：「嵇康高士傳曰：君公明易，爲郎。數言事不用，乃自劾與官婢通，免歸。詐狂儈牛。」

300 戴次公　黄昌傳，昌爲州書佐，其婦歸寧遇賊，流轉入蜀爲人妻。昌爲蜀郡太守，其子犯事，昌疑女非蜀人，因對曰：「本會稽戴次公女，書佐黄昌妻」云云。

301 伍公　岑彭傳，彭擊破田戎，其大將伍公詣彭降。

302 蘇公　耿純傳，鄗大姓蘇公反城開門納王郎將李惲。〔一〕

〔一〕「鄗」，手稿作「郭」，據後漢書改。

303 龐公 南郡襄陽人。居峴山之南，未嘗入城府。夫妻相敬如賓。注：「司馬德操年小德公十歲，兄事之，呼作龐公，故俗人遂謂龐公是德公名，非也。」

304 雷公 朱儁傳，黃巾賊後，復有賊，其大聲者稱雷公。

305 甘公 陶謙傳，注：「謙年十四，猶綴帛爲幡，乘竹馬而戲。〔一〕故蒼梧太守甘公出遇之，異而呼之，與語甚悅，許妻以女。」

306 李熊 公孫述傳，功曹李熊說述曰：「方今四海波蕩，匹夫横議。將軍割據千里，地什湯武，若奮威德以投天隙，霸王之業成矣。宜改名號，以鎭百姓。」述于是自立爲蜀王。熊復說述曰：「今山東飢饉，黎庶相食；兵所屠滅，城邑丘墟。蜀地沃野千里，土壤膏腴，果實所生，五穀不絕。女工之業，覆衣天下。名才竹幹，器械之饒，不可勝用。又有魚鹽銅銀之利，浮水轉漕之便。北據漢中，杜褒、斜之險；東守巴郡，拒漢關之口；地方數千里，戰士不下百萬。見利則出兵而獵地，無利則堅守而力農。東下漢水以窺秦地，南順江流以鎭荆、揚。所謂用天因地，成功之資。今君王之聲，聞于天下，而名號未定，志士狐疑，宜卽大位」云云。述遂自立爲天子，以熊爲大司徒。

307 李熊 銚期傳，督盜賊李熊，鄴中之豪，而熊弟李陸謀欲反城迎檀鄉。或以告期，期不應，告者三四，期乃召問熊。熊叩頭首服，願與老母俱就死。期曰：「爲吏倘不若爲賊樂者，可歸與老母往就陸也。」使吏送出城。熊行求得陸，將詣鄴城西門。陸不勝愧感，自殺以謝期。期嗟嘆，以禮葬之，而還熊故職。

〔一〕「而」，傅山全書初版本脫，據手稿補。

308 蕭熊　韋彪傳，建言宜追録功臣。制詔京兆尹、扶風求蕭何、霍光後。時光無苗裔，唯封何末孫熊爲酇侯。

309 張封　耿恭傳，以恭司馬爲雍營司馬。

310 席封　竇融傳，竇友至高平，會囂反，道絶，馳還，遣司馬席封間行通書。〔二〕帝復遣席封賜融、友書，慰藉之。

311 楊封　馬援傳，援爲隴西太守，遣羌豪楊封譬説塞外羌，皆來和親。

312 李封　陳元傳，帝立左氏，太常選博士四人，元爲第一。帝以元新忿爭，乃用其次司隸從事李封。謝該傳，以魏郡李封爲左氏博士。封卒，重違衆議，因不復補。

313 李封　袁紹傳，注：「操襲定陶，布將李封屯鉅野。」

314 成封　丁鴻傳，論定五經同異，有成封、鴻，遂代成封爲少府。

315 趙封　孫程傳，中黄門趙封封析縣侯，早卒。

316 胡封　董卓傳，注：「李傕之甥。傕使于坐中拉殺樊稠。」

317 戴封　字平仲，濟北剛人也。送師喪道經家，父母豫爲娶妻。封暫過拜親，不宿而去。後拜議郎。遷西華令，蝗不入界，督郵行縣，蝗忽大至，督郵去，〔三〕蝗亦頓除。大旱，積薪坐上以自焚，火起而雨暴至。遷中山相，遣囚四百餘人，還家皆刻期，無違。

318 號封　西羌傳，安帝元初二年，任尚復募効功種號封刺殺零昌，封號封爲羌王。

〔二〕「間」字上，傅山全書初版本衍一「融」字，據手稿删。

〔三〕「督」，傅山全書初版本誤作「皆」，據手稿改。

319 良封　西羌傳，順帝陽嘉三年，鍾良封等復寇隴西、漢陽。

320 王蒙　耿恭傳，秦彭與謁者王蒙擊車師。

321 梁蒙　梁冀傳，桓帝封不疑弟梁蒙爲西平侯。先冀敗，卒。又見田明下。

322 李蒙　董卓傳，卓遣將徐榮、李蒙四出虜掠。又傕與卓故部曲李蒙等合。注：「蒙爲傕所殺。」

323 屈充　岑彭傳，遣偏將軍屈充移檄江南，班行詔命。

324 蔡充　耿弇傳，更始遣蔡充爲漁陽太守，弇到上谷，收蔡充斬之。

325 張充　張酺傳，少從祖父充受尚書。注：「東觀記：充與光武同學。即位，求充，充已死。」

326 李充　字大遜，陳留人。置酒讌客，呵叱其婦。後徵爲博士，侍中遷左中郎將，年八十八，〔一〕以爲國三老。安帝常特進見，賜以几杖，卒于家。

327 茨充　衞颯傳，南陽茨充代颯爲桂陽太守，善其政教。

328 史充　西羌傳，和帝永元八年，漢陽太守史充代賈友爲較尉。發湟中羌胡出塞擊迷唐，而羌迎敗充兵。明年，充坐徵。

329 王充　字仲任，會稽上虞人。少孤，後受業太學，師事班彪。好博覽而不守章句。遊洛陽市肆，閱所賣書，一見輒能誦憶。歸里，屏居教授。仕郡功曹，不合去。著論衡八十五篇，二十餘萬言。刺史董勤辟爲從事，轉治中，自免還。同郡謝夷吾，肅宗特詔公車徵，病不行。年七十，造養性書十六篇，永元中卒。

〔一〕「八十八」，手稿作「八十」，據後漢書改。

330 曹　充　曹褒傳，父充，持慶氏禮，建武中爲博士，從巡狩岱宗，定封禪禮。還，受詔議立七郊、三雍、大射、養老禮儀。顯宗即位，上言：「制禮樂。」對曰：「河圖括地象曰：有漢世禮樂文雅出。尚書璇璣鈐曰：有帝漢出，德洽作樂，名予。」帝善之，下詔曰：「今且改太樂官曰太予樂，歌詞曲操，〔一〕以俟君子。」拜充侍中。儒林傳，禮序，建武中，曹充習慶氏學。

331 耿　馮　耿弇傳，忠卒，子馮嗣。

332 江　馮　陳元傳，時大司農江馮言，宜令司隸校尉督察三公，元疏駁不宜。

333 晉　馮　班固傳，奏記東平王曰：「京兆祭酒晉馮，結髮修身，白首無違，好古樂道，玄默自守，古人之美行，時俗所莫及。」

334 吳　馮　吳祐傳，鳳子馮，鮦陽侯相。注：「陳留耆舊傳：馮字子高。」

335 梁　雍　竇憲傳，注：「梁棠弟雍。」梁竦傳，封棠弟雍乘氏侯，官少府。

336 楊　雍　蓋勳傳，羌戎服義勇，不敢加害，送還漢陽。後刺史楊雍即表勳爲漢陽太守。

337 王　雍　班固傳，奏記東平王曰：「涼州從事王雍，躬卞嚴之節，文之以術藝，涼州冠蓋，未有宜先雍者也。」

338 馮　雍　申屠蟠傳，友人陳郡馮雍坐事繫獄，豫州牧黃琬欲殺之。或勸蟠救雍，蟠曰：「黃子琰爲吾故耶，未必合罪。如不用吾言，雖往何益！」琬聞之，免雍罪。

339 韓　雍　申屠蟠傳。

〔一〕「曲」，傅山全書初版本誤作「典」，據手稿改。

340 王游翁　王元字。〔一〕

341 王文翁　張酺傳，郡史王青祖父翁，與翟義起兵攻莽，力戰燒死。

342 涪　翁　郭玉傳，〔二〕初，有老父不知何出，常漁釣於涪水，因號涪翁。〔三〕乞食人間，見有疾者，時下針石，輒應而效，乃著針經、診脈法。

343 壺　翁　費長房傳，〔四〕有老翁賣藥，懸一壺於肆頭，及市罷，輒跳入壺中，市人莫之見。

344 戴　風　羊續傳，續爲廬江太守。安風賊戴風作亂，續擊斬之，獲渠帥。

345 下邳太子邛〔五〕　下邳王衍傳，太子邛有罪，廢。

346 小　同　鄭玄傳，玄子益恩，有遺腹子，玄以其手文似己，名之曰小同。注：「高貴鄉公時爲侍中。司馬文王酖之。」

347 白馬銅　南匈奴傳，靈帝中平五年，右部醯落與休著各胡白馬銅等十餘萬反，攻殺單于。

348 陳　從　南蠻傳，肅宗建初元年，武陵澧中蠻陳從反畔，入零陽蠻界。其冬，零陽蠻五里精夫爲郡擊破從，從等降。

349 白狼唐菆

〔一〕「字」，傅山全書初版本誤作「傳」，據手稿改。

〔二〕「玉」，手稿作「聖」，據後漢書改。

〔三〕「號」，手稿作「翁」，據後漢書改。

〔四〕「費」，傅山全書初版本作「黄」，據手稿改。

〔五〕「邛」，後漢書中華書局本作「卬」。

卷一百七十五　東漢書姓名韻（二）

平聲

二支

350 趙　憙　光武紀，建武二十七年，改大司馬爲太尉，以太僕趙憙爲太尉。明帝紀，太尉告謚南郊，封節鄉侯。永平三年二月甲寅，太尉憙免，虞延代之。永平八年三月辛卯，衛尉趙憙行太尉事，代虞延。章帝紀，詔行太尉事節鄉侯憙三世在位，爲國元老，其以憙爲太傅，並錄尚書事。建初五年五月戊辰，太傅憙薨。魯恭傳，太尉趙憙慕其志，每歲時遣子問以酒粮，皆辭不受。恭爲郡吏，憙爲太傅，聞而辟之。憙復舉恭直言，待詔公車。馬援傳。翟酺傳，酺疏言：「光武初，起太學博士舍、内外講堂。明帝時，辟雍始成，欲毀太學，太尉趙憙以爲太學、辟雍宜兼存。」本傳，字伯陽，南陽宛人。少爲從兄報仇。更始卽位，爲郎中，行偏將軍事，降舞陰李氏，拜武威將軍。光武破昆陽，憙被創，有勞，封勇功侯。光武以與鄧奉書，徵待詔公車。以憙守簡陽侯相，單車馳降之。詔以爲平林侯相。後拜懷令，收考李子春，遷平原太守，捕討賊渠，奏徙餘黨京師近郡，存活者千餘人。二十七年，拜太尉，賜爵關内侯，上復緣邊諸郡。三十年，上言宜封禪，正三雍之禮。帝崩，典喪禮。永平元年，封節鄉侯，代竇融爲衞尉。八年，代虞延行太尉事，奪情起服。帝崩，復典喪事。肅宗卽位，進太傅，錄尚書事。薨，年八十四，謚曰正。

351 楊　憙　蔡邕傳，四事曰：伏見幽州刺史楊憙等，各有奉公疾姦之心，所糾其效尤多。

352 劉　熹　安帝紀，延光二年十月辛未，光祿勳東萊劉憙爲司徒，代楊震。註：「憙字季明，青州長廣人。」四年四月丁酉，司徒劉憙爲太尉，代馮石參錄尚書事。順帝紀，永建元年正月辛巳，太尉劉憙免，朱寵代之。虞詡傳，詡爲司隸校尉，奏太尉劉憙等。

353 趙　熹　孫程傳。見籍建下。

354 趙　熹　皇甫規傳，漢陽太守趙熹老弱不任職，而恃依權貴云云，規條奏其罪。

355 何　熙　安帝紀，永初三年十一月，遣車騎將軍何熙討南單于。鄧訓傳，訓推進天下賢士何熙等。梁慬傳，延平三年，南單于與烏桓大人俱反。以大司農何熙行車騎將軍事，中郎將龐雄爲副，將羽林五校營士，及緣邊十郡兵擊之。明年三月，熙軍到五原曼柏，暴疾，不能前，遣雄等，連營稍前，會熙卒。字孟孫，陳國人。少有大志。永元中，爲謁者。身長八尺五寸。擢爲御史中丞，歷司隸校尉，大司農也。耿夔傳，永初三年，與車騎將軍何熙共擊南單于檀。烏桓傳，安帝永初三年，遣車騎將軍何熙等擊烏桓無何，大敗之。又班勇傳。

356 瑯琊王熙　獻帝紀，建安十一年，是歲立故瑯琊王容子熙爲瑯琊王。二十一年，操殺熙，國除。註：「坐謀欲渡江。」光武十五王傳，建安十一年，復立容子熙爲王，在位十一年，坐謀欲過江被誅，國除。

357 皇子熙　獻帝紀，建安十七年九月庚戌，立皇子熙爲濟陰王。

358 袁熙　獻帝紀，建安十二年十一月，遼東太守公孫康殺熙。袁紹傳，紹次子，字顯融，以爲幽州刺史，後譚攻尚於中山，尚敗，走故安從熙。孔融傳，初，曹操攻鄴城，而操子丕私納袁熙妻甄氏。融與操書，稱「武王伐紂，以妲己賜周公」。

359 岑熙　公主紀，注：「彭玄孫，魏郡太守，熙尚湼陽長公主。岑彭傳，細陽侯杞卒，子熙嗣，尚安帝妹湼陽長公主。少爲侍中、虎賁中郎將。遷魏郡太守，招聘隱逸，與參政事，與人歌之曰：「我有枳棘，岑君伐之。我有蟊賊，岑君遏之。狗吠不驚，足下生氂。含哺鼓腹，焉如凶災」云云。

360 楊熙　羊陟傳，薦幽州刺史楊熙。

361 郭禧　靈帝紀，建寧二年十一月，太僕郭禧爲太尉，〔一〕代劉寵也。注：「禧字公房，扶溝人。」三年四月，太尉郭禧罷，聞人襲代之。郭鎮傳，鎮弟子禧，少明習家業，兼好儒學，延熹中亦爲廷尉。建寧二年，代劉寵爲太尉。蔡邕傳，伏見廷尉郭禧，純厚老成。

362 馮禧　黨錮傳。

363 段禧　梁慬傳，徵任尚還，以騎都尉段禧爲都護。西羌傳，安帝永初元年，西域頻攻圍都護段禧等也。安帝永初二年，以西域都護段禧爲較尉，尋病死。

364 孔僖　儒林傳，字仲和，魯國魯人。自安國以下，世傳古文尚書、毛詩。遊太學。因讀吳王夫差時事，歎曰：「所謂畫虎不成反爲狗」云云。爲梁郁告誹謗，僖上書自訟，拜蘭

〔一〕「禧」，傅山全書初版本誤作「熙」，據手稿改。下同。

臺令史。元和二年，幸闕里，大會孔氏男子二十以上者。帝曰：「今日之會，寧於卿宗有光榮乎？」對曰：「此乃崇禮先師，增輝聖德。至於光榮，非所敢承。」拜郎中，賜褒成公，從還京師，校書東觀。冬，爲臨晉令。其自訟書可讀。

365 杜希　桓郴傳，與左丞劉歆、右丞杜希同好交善，未嘗與馮方共酒食之會，方深怨之，遂章言郴等爲酒黨。事下尚書劉猛。

366 陳豨　趙咨傳，大司農陳豨舉咨至孝有道。

367 李儀　陳思王傳，鈞憎怨父敬王夫人李儀，使客隗久殺儀家屬。

368 田儀　董卓傳，卓主簿田儀，及卓倉頭赴卓尸，呂布皆殺之。

369 常山頃王劉儀　孝明八王傳，靖王薨，子頃王儀嗣，立十七年，薨。

370 董子儀　任延傳，爲會稽都尉，聘亭行董子儀，待以師友之禮。

371 下邳哀王劉宜　孝明八王傳，愍王薨，哀王宜嗣，數日薨，無子國除。

372 須訾　竇憲傳，分遣耿夔、耿譚將左谷蠡王師子、右呼衍王須訾等，與北單于戰於稽落山。匈奴傳，章和二年，單于屯屠何請遣左呼衍日逐王須訾將萬騎出朔方。

373 袁遺　袁紹傳，初平元年，紹與山陽太守袁遺起兵討卓。注：「字伯業。」

374 王頎　獻帝紀，初平三年，傕攻長安，城陷，越騎校尉王頎戰歿。

375 寇釐　寇恂傳，損卒，子釐嗣扶柳侯。

376 樊時　樊儵傳，燕侯汜卒，子時嗣。

377 郭　時　郭鎮傳，賀當嗣爵，而讓與弟時。

378 李　茲　李固傳，子茲，注：「字季公，兄弟並爲長史。」

379 趙　慈　靈帝紀，中平三年二月，〔二〕江夏兵趙慈反，殺南陽太守秦頡。三年，荆州刺史王敏討斬之。羊續傳，中平三年，江夏兵趙慈反畔，殺南陽太守秦頡，拜續爲南陽太守，發兵與荆州刺史王敏共擊慈，斬之，餘黨詣續降。

380 左　慈　方術傳，字元放，廬江人也。

381 宗　慈　字孝初，南陽西泉人。爲修武令。時太守出自權豪，多所貨賂，慈遂棄官去。徵拜議郎，未到，疾卒。岑晊傳，晊年少未知名，往候同郡宗慈，宗慈方以有道徵，賓客滿門，以晊非良家子，不宜見。晊留門下數日，晚乃引入。與語，大奇之，遂將俱至洛陽，詣太學受業。

382 太史慈　孔融傳，管亥圍融，融遣東萊太史慈求救於平原相劉備。註：「吳志，慈字子儀，東萊人也。避事之遼東，北海相孔融聞而奇之，數遣人訊問其母，並致餉遺。慈從遼東返，母曰：汝與孔北海未嘗相見，汝行後，贍恤殷勤。今爲賊所圍，汝宜赴之」云云。

383 杜　琦　安帝紀，永初五年九月，漢陽人杜琦、王信叛。十二月，漢陽太守遣客刺殺琦。西羌傳，安帝永初五年秋，漢陽人杜琦等與羌通謀，入上邽城，自號安漢將軍。於是詔募

〔二〕「三年」，手稿作「二年」，據後漢書改。

得琦首者，封列侯，錢百萬，羌胡斬琦者賜金百斤，〔一〕銀二百斤。漢陽太守趙博遣杜習刺殺琦。

384 劉崎〔二〕 順帝紀，永建四年十二月乙卯，宗正劉崎爲司徒，代許敬也。陽嘉三年十一月，司徒劉崎免，黄尚代之。劉寬傳，父崎，順帝時爲司徒。周舉傳，舉言去斥貪汙，離遠佞邪。帝曰：「爲誰？」舉獨曰：「司徒視事六年，未聞有忠言異謀，愚心在此。」其後以事免司徒劉崎也。郎顗傳，劾尚書六事曰：「自司徒居位，陰陽多謬，久無虚己進賢之策。」〔三〕註：「時劉崎爲司徒也，陽嘉三年策免。」

385 劉琦 劉表傳，表長子，蔡氏惡之，毁謗之言日至。琦不自寧，與諸葛君謀自安之術。會表將江夏太守黄祖爲孫權所殺，琦遂求代其任。表病，來省疾，爲張允等所遏絶，流涕而去。琦降曹。後操敗於赤壁，劉備表琦爲荆州刺史，卒。

386 崔琦 文苑傳，字子偉，涿郡安平人，濟北相瑗之宗也。遊學京師，以文章博通稱。舉孝廉，爲郎。梁冀請與交，乃作外戚箴，又作白鵠賦以爲風。後除爲臨濟長，解印綬去。冀令刺客陰殺之。客見琦畔于陌上，懷書一卷，息輒偃而詠之。客哀其志，以實告琦，曰：「將軍令吾要子」云云。琦得脱走，冀後竟捕斬之。所著賦、頌、詩、銘、箴、弔、論、九咨、七言，凡十五篇。

〔一〕「賜」，手稿脱，據後漢書補。
〔二〕「崎」，手稿作「琦」，據後漢書改。下同。
〔三〕「久」，手稿作「又」，據後漢書改。

387 楊　琦　董卓傳，注：「獻帝起居注：〔一〕使侍中楊琦高舉車帷。帝言諸兵：汝等何敢迫近至尊耶！」

388 楊　奇　楊震傳，牧孫奇，靈帝時爲侍中，帝嘗從容問奇曰：「朕何如桓帝？」對曰：「陛下之於桓帝，亦猶虞舜比德唐堯。」帝不悅曰：「卿强項，眞楊震子孫，死後必復致大鳥矣。」出爲汝南太守。帝崩後，復入爲侍中衛尉，從獻帝西遷，有功。及李傕脅帝歸其營，奇與黃門侍郎鍾繇誘傕部曲將宋曄、楊昂令反傕，傕由此孤弱，帝得東。

389 魯　奇　岑彭傳，十一年春，彭令軍中募攻浮橋，偏將軍魯奇應募而前。天風狂急，奇船逆流而上，直衝浮橋，欑柱鈎不得去，乘船死戰，飛炬焚橋，順風並進，所向無前。斬任滿，生獲程汎，而田戎亡保江州。〔二〕

390 孔　奇　孔奮傳，弟奇，遊學洛陽。以奇經明當仕，上病去官。奇博通經典，作春秋左氏刪。

391 李　奇　蔡邕傳，被召，問以郃，爲司隸，又託河内郡吏李奇爲州書佐。竊自尋案，實屬奇、宛。見張宛下。

392 蔣　奇　袁紹傳，以遣淳于瓊迎粮，沮授說紹可遣蔣奇别爲支軍，以絕曹操之鈔。

393 農　奇　西域傳，和帝永元九年，立涿鞮弟農奇爲莎車後王。

394 銚　期〔三〕　衛尉安成侯銚期，字次況，潁川郟人。長八尺二寸。爲父服喪三年。光武略地潁川，

〔一〕「獻帝起居注」，手稿作「獻帝春秋」，據後漢書改。
〔二〕「江」，傅山全書初版本誤作「汀」，據手稿改。
〔三〕「銚」，手稿作「姚」，據後漢書改。下同。

聞期志義，召署賊曹掾，從狥薊。薊亂，門閉，期攻之得出。至信都，爲裨將。狥傍縣，鄧禹以期爲能，獨拜偏將軍，别狥眞定宋子，攻拔欒陽、稾、肥纍。從擊王郎將鉅鹿下，被創中額，攝幘復戰，大破之。郎滅，拜虎牙將軍。與諸將擊銅馬于清陽、博平，追至館陶。從擊青犢、赤眉于射犬。光武卽位，封安成侯。檀鄉、五樓賊入繫陽、内黄。以期爲魏郡太守，行大將軍事。建武五年，幸魏郡，以期爲太中大夫。從還洛陽，拜衛尉。期自爲將，有所降下，未嘗虜掠。帝與期門近出，期頓首車前諫之，帝爲回輿。十年卒，謚忠。馮異傳，異薦邑子銚期。馮勤傳，初爲太守銚期功曹。隗囂傳，帝遣衛尉銚期持珍寶繒帛賜囂，期至鄭被盜。

395 賈　期

寇恂傳，時潁川人趙敦、嚴終，與密人賈期爲寇。恂復爲潁川太守，擊之，斬期首。

396 馬　期

竇融行河西五郡大將軍事。是時武威太守馬期、〔一〕張掖太守任仲並孤立無黨，乃共移書告示之，二人卽解印綬云云。

397 孫　期

儒林傳，字仲彧，濟陰成武人。少爲諸生，習京氏易、古文尚書。家貧，事母至孝，牧豕大澤，以奉養。黄巾賊起，過期里陌，相約不犯孫先生舍。郡擧方正，遣吏齎羊酒請期，期驅豕入草不顧。終於家。

398 友通期

梁冀傳，初，父商獻美人友通期于順帝。有微過，帝以歸商。商不敢留，嫁之，冀卽遷客盜還通期。會商薨，冀行服，城西私與之居。孫壽篡取歸，截髮割面，欲上書告其事。冀頓請于壽母。冀復與私通，生子伯玉。壽使子胤誅滅友氏。

〔一〕「武」，手稿作「五」，據後漢書改。

399 皇甫旗

皇甫規傳，父旗，扶風都尉。西羌傳，安帝元初二年，右扶風都尉皇甫旗等分道，並擊零昌。

400 虞祁

竇武傳，武將誅宦官，以虞祁爲洛陽令。

401 趙岐

字邠卿，京兆長陵人。初名加，生于御史臺，因名臺卿，娶馬融兄女。岐命融不與相見。仕州郡，廉直疾惡。永興二年，辟司空掾，議二千石得去官行服，從之。後辟梁冀府，陳損益求賢之策，冀不納。以理劇，爲皮氏長。會中常侍左悺弟勝爲太守，恥疾宦官，卽日西歸。避唐玹禍，賣餅北海市中。孫嵩藏複壁中，諸唐死滅，因赦乃出。延熹九年，應司徒胡廣命，拜并州刺史。欲奏守邊之策，未及上，坐黨事免，因撰次爲禦寇論。靈帝初，遭黨錮。中平元年，徵拜議郎。何進舉爲敦煌太守，行至襄武，爲賊邊章等所執。詭辭還長安。及獻帝西都，復拜議郎，稍遷太僕。李傕專政，使副日磾撫慰天下。日磾行至洛陽，表別遣宣揚國命。時袁、曹、公孫爭冀州，曹、袁聞岐至，皆自將兵數百里奉迎，岐陳天子恩德云云。紹等各擁兵去，與岐期會洛陽，迎車騎。會岐到陳留，得篤疾，經二年，期者遂不至。興平元年，帝當還洛陽，岐說劉表遣兵詣洛，軍資委輸，前後不絕。岐以老病，留荆州，就拜爲太常。年九十餘，建安六年卒。先自爲壽藏，圖季札、子產、晏嬰、叔向居賓位，自畫其像居主位，皆爲讚頌。著孟子章句、三輔決錄傳于時。袁紹傳，初平四年三月，天子遣太僕趙岐和解關東。獻帝紀，初平三年八月，遣太僕趙岐撫慰天下。

402 任岐

劉焉傳，初平二年，犍爲太守任岐及賈龍並攻焉。焉皆破，殺。

403 姜　岐　橋玄傳，橋爲漢陽太守。郡人上邽姜岐，守道隱居，名聞西州。玄召爲吏，稱疾不就。玄怒，勅督郵尹蓋逼致之，曰：「岐若不至，趣嫁其母。」蓋固爭不能得，遽曉譬岐。岐堅臥不起。

404 張　岐　劉虞傳，袁紹等以虞宗室長者，欲以爲主。乃遣故樂浪太守張岐等賫議，上虞尊號。虞見岐等，厲色斥之曰：「今天下崩亂，主上蒙塵」云云。固拒之。

405 唐　姬　王美人紀，弘農王與妻唐姬飲讌别。潁川人也。王飲藥死，唐姬歸鄉里。李傕兵鈔關東，略得姬。傕因欲妻之，姬固不聽，而終不自名。尚書賈詡知之，以狀白獻帝。獻帝感愴，下詔迎姬，置園中，使使持節拜爲弘農王妃。

406 安思閻　河南滎陽人。元初元年，選入掖庭爲貴人，二年，立爲后，在位十二年。

后　姬

407 皇女姬　顯宗女姬，獲嘉公主，適馮柱。

408 皇女小姬　顯宗女小姬，平皋公主，適鄧蕃。

409 宗大姬　齊武王傳。見「晃」下。

410 伯　姬　北海靖王傳，嫺都生，爲寧平長公主。李通傳，娶光武女弟伯姬，是爲寧平長公主。〔一〕鄧晨傳，漢兵敗小長安，帝與伯姬共騎而奔。

411 耿　姬　清河王傳，留慶長子祐與嫡母耿姬居清河邸。祐立，是爲安帝。鄧太后使中黄門送耿姬歸國。後尊爲甘陵大貴人。

〔一〕「爲」，手稿脱，據後漢書補。

412 文　姬　李固傳，燮姊文姬爲同郡趙伯英妻，賢而有智，密與二兄謀豫藏匿燮，託言還京師，乃告父門生王成曰：「君執義先公，有古人之節。今委君以六尺之孤，李氏存滅，其在君矣。」後赦還鄉里。姊弟相見，戒燮曰：「先公正直，爲漢忠臣，梁冀肆虐，令吾宗血食將絕。今弟幸而得濟，宜杜絕衆人，勿妄往來，愼無一言加于梁氏」云云。燮從其誨。

413 袁　基　獻紀，初平元年三月，卓殺太僕袁基，夷其族。袁安傳，安國亭侯逢卒，子基嗣，位至太僕，董卓殺之。袁紹傳，注：「太僕袁基，術之母兄，卓殺之。」

414 北海哀王基　北海王傳，睦薨，子哀王嗣。立十四年薨。肅宗憐之，不除其國。

415 王　基　鄭玄傳，門人東萊王基。注：「字伯興，魏鎭南將軍，安樂鄉侯。」

416 橋　基　橋玄傳，祖父基，廣陵太守。

417 郭　基　班固傳，奏記東平王曰：「京兆督郵郭基，孝行著於州里，經學稱于師門，政務之績，有絕異之效。如得及明時，秉事下僚，進有羽翮奮翔之用，退有杞梁一介之死。」

418 李　基　李固傳，州郡收固二子基、茲于偃城，皆死獄中。注：「續漢書：基，偃師長。」袁宏紀：「基字憲公。」

419 宗　資　桓紀，延熹三年十二月，遣中郎將宗資討太山賊叔孫無忌，破之。皇甫規傳，太山賊叔孫無忌亂，中郎將宗資討之，未服。又規上疏曰：「臣賴中郎將宗資之信義」云。黨錮傳，序，謠曰：「汝南太守范孟博，南陽宗資主畫諾。」趙彥傳，延熹三年，朝廷以南陽宗資爲討寇中郎將，杖越將兵，督州郡合討賊叔孫無忌。度尚傳。

420 欒資　襄楷傳，注：「作春秋後傳者。」

421 上官資　李雲傳，郎中上官資等並上疏請雲。上恚甚，資貶秩二等。

422 張咨　獻紀，初平元年十一月，孫堅殺南陽太守張咨。袁術傳，長沙太守孫堅殺南陽太守張咨。注：「英雄記曰：咨字子儀，潁川人。吴曆曰：堅至南陽，咨不給軍粮，又不肯見堅。堅詐疾，欲以兵付。張咨聞之，心利其兵，入營看堅。堅與相見，卒起，斬之。」董卓傳，卓以潁川張咨爲南陽太守。注：「獻帝春秋作『資』，〔一〕爲孫堅所殺。」

423 趙咨　字文楚，東郡燕人也。少有孝行。廷熹元年，舉至孝有道，遷博士。陳、竇誅，謝病去。太尉楊賜特辟，使飾巾出入，請與講議。累遷燉煌太守。病免還，耕農爲業。有盜劫之，恐驚母，乃先至門迎盜，爲設食云云。盜慚謝去。徵拜議郎，辭疾不至，詔讓州郡，不得已應召。復拜東海太守，視事三年，〔二〕自乞，徵拜議郎，疾卒于京，遺書勑子胤薄葬。

424 滕咨　李固傳，注：「謝承書曰：李燮遁身于北海劇，託命滕咨家以得免。與此傳不同。」

425 嬴咨〔三〕　黨錮傳，序，朱並告嬴咨爲「八及」。

426 芝　天文志，延熹八年，荆州刺史芝爲賊拘。不著姓。

427 高堂芝　翟酺傳，有誣酺及尚書令堂芝交通屬託。

〔一〕「資」，手稿作「咨」，據後漢書改。
〔二〕「三年」，手稿作「三月」，據後漢書改。
〔三〕「嬴」，手稿作「羸」，據後漢書改。

428 孔　芝　朱儁傳，交趾賊梁龍等與南海太守孔芝反畔。

429 任　芝　楊賜傳，任芝居納言。帝欲築畢圭靈琨苑，賜諫，帝欲止，問侍中任芝、中常侍樂松。松等對曰：「文王之囿百里，今與百姓共之，無害於政也。」遂築苑。

430 龐　芝　蔡邕傳，四事曰：「伏見益州刺史龐芝，各有奉公疾姦之心。」西南夷傳，靈帝熹平五年，益州太守李顒與刺史龐芝發板楯蠻擊破諸夷。

431 張　芝　張奐傳，〔二〕長子芝，字伯英。注：「王愔文志：芝名臣子，勤學，文爲儒宗，武爲將表。徵辟，皆不至，號張有道。韋仲將謂之『草聖』。」

432 馬　芝　袁隗妻傳，倫妹芝，亦有才義。少喪親，長爲追感，作申情賦。

433 安丘望之　耿弇傳，注：「嵇康高士傳曰：安丘望之字仲都，京兆長陵人。少持老子經，恬靜不求進宦，號曰安丘丈人。成帝聞，欲見之，辭不肯見，爲巫醫于人間也。」

434 氾勝之　注引農書。

435 楊衒之　注引著洛陽記者，非漢人，附記之。

436 北鞬支　班超傳，焉耆王廣遣左將北鞬支奉牛酒迎超。超詰之曰：「汝雖匈奴侍子，而秉國權。都護自來，王不以時迎，皆汝罪也。」或謂便殺之。超曰：「未入其國而殺之，令自疑」云云。於是賜而遣之。後大會斬北鞬支等。

437 比離支　班超傳，注：「東觀記：斬得副使比離支首。」

〔二〕「張奐」，手稿誤作「張興」，據後漢書改。

438 句龍吾斯〔一〕匈奴傳，順帝永和五年，南匈奴左部句龍王吾斯、車紐等皆寇畔西河。秋，句龍吾斯等立車紐爲單于。〔二〕遂寇掠并、涼、幽、冀四州。漢安元年，吾斯復掠并部。冬，馬實募人刺殺之。又見馬實下。

439 知才師　匈奴傳，郎昭君子也，單于輿殺之。

440 王子師　郭泰傳，注：「太原王長文之弟王子師位至司徒。」

441 虞　詩　后紀，虞美人。

442 姜　詩　列女傳。

443 杜　詩　字公君，河内汲人也。更始時，辟大司馬府。建武元年，爲侍御史，安集洛陽。時將軍蕭廣放縱兵士，暴横民間，詩勑曉之不改，遂格殺廣，還以狀聞。世祖召見，賜棨戟，復使之河東，招降逆賊楊異等，斬之。拜成皋令，遷沛郡都尉，轉汝南都尉。七年，遷南陽太守。性節儉而政清平，善計略，作水排，鑄農器，修治陂池，廣拓土田，郡人殷足，方於召信臣，故南陽語曰：「前有召父，後有杜母。」詩自以無勞，不安久居大郡，欲降避功臣，上疏辭退，不許。雖在外職，讜言善策，隨時獻納。十四年，坐遣客報仇，徵，病卒。司隸較尉鮑永上書言詩貧困無田宅，喪無所歸。詔治喪郡邸，賻絹千疋。郭丹傳，丹歸鄉里，太守杜詩請爲功曹，丹薦鄉人長者自代而去。詩歎曰：「功曹推賢，可謂至德。」勑以丹事編署黄堂，以爲後法。伏湛傳，南陽太守杜詩

〔一〕「句」，手稿作「勾」，據後漢書改。下同。
〔二〕「車紐」，手稿作「車紐等」，據後漢書改。

444 馮詩 上疏薦湛。循吏傳序。
孫程傳，小黃門樊登勸顯，以太后詔召越騎校尉馮詩等。詩入省，太后使授之印，曰：「得濟陰王者封萬戶侯，李閏者五千戶侯。」顯以詩所將衆少，使與登迎吏士于左掖門外。詩因格殺登，歸營屯守。

445 鄭益思 鄭玄傳，玄子，孔融舉爲孝廉。融被黃巾圍，益思赴難死。

446 丁彥思 王允傳，涼州人。轉相恐動，更相謂曰：「丁彥思、蔡伯喈但以董公親厚，並尚從坐。」

447 夏長思 李章傳，北海大姓夏長思等反，囚太守處興，據營陵城。章發兵千人，馳擊斬之。

448 梁不疑 楊厚傳，梁冀遣弟不疑以車馬、珍玩致遺于厚，厚不答。張陵傳，梁不疑爲河南尹。舉陵孝廉。疾陵之劾奏冀，因謂曰：「昔舉君，適所以此罰也。」對曰：「明府不以陵不肖，誤見擢序，今申公憲，以報私恩。」不疑有愧色。梁商傳，以小黃門曹節等用事，遂遣子不疑等與爲交友。梁冀傳，商薨未及葬，拜侍中不疑爲河南尹。桓帝封不疑爲潁陽侯，不疑好經書，善待士，冀陰疾之，因中常白帝，轉爲光祿勳。先冀敗卒。又橋玄傳、單超傳、張皓傳、皇甫規傳。

449 費貽 譙玄傳，時有犍爲費貽，不肯仕述，乃漆身爲厲，陽狂以避之，退藏山藪十餘年。述破後，仕至合浦太守。

450 史祈 劉根傳，潁川太守史祈以根爲妖妄，乃收執詣郡云云，根于是左顧而嘯。有頃，祈之亡父祖近親數十人，縛在前，向根叩頭曰：「小兒無狀。」顧叱祈曰：「汝爲子孫，不能有益先人，反累辱亡靈！可叩頭爲吾陳謝。」祈驚懼悲哀，叩頭流血。

451 侯　祈　董卓傳，注：「袁宏紀：誅議郎侯祈。」

452 廖　祈〔二〕　南蠻傳，桓帝延熹三年，蠻復寇桂陽，太守廖祈奔走。

453 去　卑　董卓傳，楊奉、董承等譎與傕等連和，而密遣使河東，招南匈奴右賢王去卑來，共擊傕等，大破之。匈奴傳，建安元年，帝自長安東歸，右賢王去卑等侍衛天子，拒李、郭云云。二十一年，遣歸監其國。注：「遣去卑歸平陽，監其五部國。」又見胡才下。

454 老　髭　朱儁傳，黄巾賊後，復有劉石、老髭之徒。〔三〕

455 左　髭　袁紹傳，紹斬賊左髭等。

456 建　非　哀牢傳，注：「吸之子建非。」

457 胡赤兒　注：「獻帝紀：牛輔帳下胡赤兒等素待之過急，盡以家寶與之。胡謂輔曰：城北有馬可去。以繩繫輔腰，踰城懸下之，未及地丈許放之，輔傷腰。」

458 居車兒　匈奴傳，順帝建和元年，伊陵尸逐就單于居車兒立。延熹元年，張奐拘之，桓帝詔：「居車兒一心向化，何罪而黜！其遣還。」

459 辛　毗　袁紹傳，譚奔平原，而遣潁川辛毗詣曹操請救。注：「魏志曰：潁川陽翟人也。譚使毗詣操求和。『譚可信，尚可必克否？』毗對曰：『公無問信與詐也，直當論其勢耳。袁氏本兄弟相伐，非謂他人能間其間，謂天下可定于己。一旦求救于公，此可知也。』」

460 耿　箕　耿弇傳，大貴人數爲耿氏請。陽嘉三年，順帝詔封寶子箕爲牟平侯，爲侍中。

〔二〕「廖祈」，後漢書中華書局本作「廖析」。

〔三〕「徒」，手稿脱，據後漢書補。

461 馬日磾 靈紀，中平五年七月，射聲較尉馬日磾爲太尉，代樊陵也。六年四月丙午，太尉馬日磾免，劉虞代之。獻紀，初平二年七月，太常馬日磾爲太尉，代趙謙也。三年七月庚子，太尉馬日磾爲太傅，錄尚書事。八月，遣日磾撫慰天下。皇甫嵩代之。興平元年，太傅日磾薨於壽春。馬融傳，族叔日磾，獻帝時位至太傅。蔡邕傳，與諫議大夫馬日磾奏正六經文字。又光和元年，引入崇德殿問災異。又王允收邕，日磾馳謂曰：「伯喈曠世逸才，多識漢事」云云。趙岐傳，李傕使太傅馬日磾撫慰天下。孔融傳，太傅馬日磾奉使山東，及至淮南，數有意于袁術。術輕侮之，遂奪取其節，求去又不聽，因欲逼爲軍師。日磾深自恨，遂嘔血而斃。及喪還，朝廷議加禮，融議不宜從之。袁紹傳，紹上書曰：「太傅日磾位爲師保，任配東征，耗亂王命。」注：三輔決錄曰：日磾字文叔，融之族子。獻帝春秋曰：日磾假節東征，術在壽春，不肅王命，借節觀之，因奪不還，從術求去，而術不遣，憂恚死。」盧植傳。

462 王伯齊 第五倫傳，自以爲久宦不達，遂將家屬客河東，變姓名，自稱王伯齊，載鹽往來太原、上黨，所過輒爲糞除而去，陌上號爲道士。

463 蓋思齊 蓋勳傳，注：「謝承書曰：勳父思齊，安定屬國都尉。」

464 文齊 西南夷傳，廣漢文齊爲太守，造起陂池，開通灌溉，厲兵修障，降集羣夷，甚得其和。公孫述據益，齊固守拒險，述拘其妻子，許以封侯，齊遂不降。光武即位，間道遣使自聞。蜀平，徵爲鎮遠將軍，封成義侯。道卒，詔爲起祠堂。

465 兜題　班超傳，龜茲攻破疏勒，殺其王，而立龜茲兜題爲疏勒王。超遣吏田慮先往降之。慮縛兜題報超，超至官屬，請殺兜題，超欲示以威信，釋而遣之。西域傳，明帝永平十六年，龜茲王建攻殺疏勒王成，以龜茲左侯兜題爲疏勒王。冬，班超吏縛兜題。

466 橋塞提　西域傳，建武二十二年，莎車王賢徙拘彌王橋塞提爲大宛王。橋塞提在國歲餘，亡歸，賢復拘彌王。

467 涿鞮　西域傳，和帝永元八年，戊己較尉索頵欲廢莎車後部王涿鞮，涿鞮因反擊前王尉卑大。明年，漢討之，涿鞮入北匈奴，漢軍追擊，斬之。

468 抑鞮　南匈奴傳，順帝永和五年，右賢王抑鞮等萬三千口詣馬續降。

469 齊黎　西域傳，明帝永平四年，于窴王廣德攻殺匈奴，所立莎車王不居徵，更立其弟齊黎爲莎車王。

470 蔡攜　蔡邕傳，注：「祖攜碑云：順帝時以司空高第遷新蔡長，年七十九卒。」

471 白繞畦　朱儁傳，黄巾賊後，復有白繞畦等徒。

472 梁王劉彌　孝明八王傳，敬王蕘，子彌嗣。立四十年，魏受禪，以爲崇德侯。

473 堂谿　曹勝傳，進名人潁川堂谿趙典等。堂谿似地名，以前六人皆舉郡，疑其爲人。然書中有堂谿典，堂谿又是姓，又不應有「趙」字，趙典者又實有其人，不知的爲何等，無注不可詳。

474 封離　西南夷傳，安帝元初五年，大牛種封離反畔，楊竦討，擊敗之。封離斬共同謀渠帥，詣竦降。

475 那　離　西羌傳，順帝永和二年，燒當種那離寇金城塞。四年，校尉馬賢擊斬之。

476 來　機　西羌傳，順帝永和四年，以來機爲幷州刺史。梁商戒之，令防其大故，忍其小過。機等天性虐剋，遂不能從，到州之日，多所擾發。五年，且凍、傅難種羌遂反，機並坐徵。

477 竇　機　竇武傳，以定策功封子機爲渭陽侯，拜侍中。

四魚

478 趙　王盱　光武紀。

479 劉　盱　光武紀，中元元年十一月，參狼羌寇武都，隴西太守劉盱遣軍救之。西羌傳，中元元年，隴西太守劉盱遣從事辛都等將兵戰武都羌。[一]二年秋，劉盱遣兵擊燒當羌滇吾。章帝紀，章和元年七月，護羌較尉劉盱討燒當羌，斬其渠帥。

480 劉　盱　竇融傳，子穆等以封在安豐，欲令姻戚悉據故六安國，遂矯稱陰太后詔，令六安侯劉盱去婦，因以女妻之。盱婦家上書言狀。

481 吳　盱　吳漢傳，分漢封爲三國：旦弟盱爲筑陽侯。建初八年，徙封盱爲平春侯，以奉漢後。

482 耿　盱　耿純傳，建初二年，肅宗追思純功，詔封阜子盱爲高亭侯。卒，無嗣。

483 袁　盱　梁冀傳，使光祿勳袁盱持節收冀大將軍印綬。袁敞傳，子盱至光祿勳。梁冀擅朝，盱正身自守。

〔一〕「武都」，手稿作「五都」，據後漢書改。

484 曹　盱　列女傳，孝女娥之父。

485 寇　盱　西羌傳，章和元年，迷唐寇隴西塞，太守寇盱與戰于白石，迷唐引還。

486 寇　盱　西羌傳，和帝永元九年，征西將軍劉尚，遣司馬寇盱監諸郡兵，戰迷唐，斬虜千餘人。

487 劉　紆　劉永傳，蘇茂、周建奔垂惠，共立永子爲梁王。四年秋，馬武、王霸圍紆、建于垂惠，蘇茂五較兵救之，紆、建亦出兵與武等戰，不尅，建兄子反，建、茂與紆皆走，紆奔佼彊。杜茂攻西防，紆與彊奔董憲。〔二〕憲破于昌慮，劉紆不知而歸，軍士高扈斬其首降，梁地悉平。

488 劉　紆　劉般傳，楚思王衍生王紆。早失母，同產弟平尚幼，紆親鞠養，與共臥起。後平病卒，紆泣血，數日亦歿。

489 張　紆　鄧訓傳，章和二年，護羌較尉張紆誘誅燒當種羌迷吾等，諸羌大怒，謀欲報怨，公卿舉訓代爲校尉。西羌傳，章帝元和三年，隴西太守張紆權宜放遣羌號吾。章和元年，張紆遣從事司馬防戰羌迷吾于木乘谷，羌敗走，因譯降，紆納之。設兵大會，施毒酒中，斬迷吾等五人頭，以祭傅育。後坐徵。

490 周　紆〔三〕　酷吏傳，字文通，下邳徐人也。少爲廷尉史。永平中，補南行唐長。殺猾吏尤無狀者數十人，遷博平令。以威名遷齊相，坐殺無辜，復左轉博平令。建初中，爲勃海太守。每赦令到，輒隱之，先遣使屬縣盡決刑罪，乃出詔書。坐徵詣廷尉，免歸。廉潔無資，

〔二〕「與」，手稿作「于」，據後漢書改。
〔三〕「紆」，中華書局本作「紆」。下同。

常築墼自給。肅宗聞而憐之，復以爲郎，再還召陵侯相。廷掾憚紆嚴明，欲損其威，乃晨取死人斷手足，立寺門。紆往考問，具服。徵拜洛陽令。以竇篤事收送廷尉獄，貰出。八年，免官。後爲御史中丞。鄧彪奏，免歸。永元五年，復徵爲侍御史。上書劾竇瓌，遷司隸較尉。六年旱，車駕幸洛錄囚徒，二人被掠生蟲，坐左轉騎都尉。遷將作大匠。卒官。樂恢傳，注：「洛陽周紆自往候安，安不見。」鄧彪傳，彪爲太傅，錄尚書事。嘗奏免御史中丞周紆，前失竇氏旨者，故頗以此致譏。韓稜傳，薦良吏周紆等。

491 韓紆

竇憲傳，永平時，謁者韓紆嘗考劾父勳獄，憲遂令客刺紆子，以首祭勳冢。

492 牟紆

牟長傳，子紆，又以隱居教授，門生千人。肅宗徵之，欲以爲博士，道物故。

493 劉虞

靈紀，中平六年三月，幽州牧劉虞購斬張純。四月，幽州牧劉虞爲太尉，代馬日磾也。獻紀，中平六年九月，以太尉劉虞爲大司馬，而董卓自爲太尉。初平四年十月，公孫瓚殺大司馬劉虞。字伯安，東海郯人也。東海恭王之後，初舉孝廉，稍遷幽州刺史，公事去官。中平初，黃巾亂，拜虞甘陵相。遷宗正。明年，復拜幽州牧，平張純，靈帝遣拜太尉，封容丘侯。及卓秉政，遣使者授大司馬，進封襄賁侯。初平元年，復徵代袁隗爲太傅。道路隔絕，王命不得達。虞開上谷胡市之利，通漁陽鹽鐵之饒。青、徐士庶避黃巾難歸虞者百餘萬口，皆收視温恤，爲安立生業。爲政仁愛，與公孫瓚不相平。而瓚又陰勸袁術執其子和，虞所賚查賞典當胡夷，瓚抄奪之。虞討瓚，虞敗，爲瓚執還薊，猶使領州文書。會天子遣使增虞封邑，督六州事；瓚誣虞前與袁紹等欲稱尊號，脅使者胡訓斬虞于市。劉焉傳，以宗正劉虞爲幽州牧。袁術傳，袁紹欲立劉虞爲帝。蓋勳傳，勳時與宗正劉虞、佐軍校尉袁紹同典禁兵。謂虞等曰：「若共力誅嬖倖」云云。臧洪傳，時討虜校尉公孫瓚與大司馬劉虞有隙，張超乃遣洪詣虞，共謀其難。行至河間而值幽冀交兵，行塗阻絕。匈奴傳，靈帝中平四年，詔發南匈奴兵，配幽州牧劉虞討張純。

494 桓　虞　安帝紀，建初四年五月，南陽太守桓虞爲司徒，代鮑昱。注：「虞字仲春，馮翊人。」章和元年六月戊辰，司徒桓虞免，袁安代之。袁安傳，司徒桓虞改議從安。太尉鄭弘因大言激虞曰：「諸言當還生口者，皆爲不忠。」虞叱之，又安代桓虞爲司徒。朱暉傳，司徒桓虞爲南陽太守，召暉子駢爲吏。李恂傳，辟司徒桓虞府。又楊仁傳。耿秉傳，永初二年，代桓虞爲光祿勳。

495 唐　虞　華佗傳，唐虞等三人，皆與佗。唐虞道赤眉、張步家居里落，若與相及，死于鄉里不其縣。

496 劉　瑜　靈紀，建寧元年九月，曹節矯詔誅。

497 劉　瑜　字季節，廣陵人。

498 劉　瑜　竇武傳，引同志劉瑜爲侍中。八月，太白出西方。瑜善天官，惡之，上書皇太后曰：「太白犯房左驂，上將星入太微，其占宮門當閉，將相不利，姦人在主傍。願急防之。」又與武、蕃書，以星辰錯謬，不利大臣，宜速斷大計。云云。武氏敗，瑜夷族。

499 劉　瑜　蔡衍傳，與劉瑜表救成瑨等。

500 周　瑜　獻紀，建安十三年十月，操以舟師伐孫權，權將周瑜敗之于烏林、赤壁。

501 裴　瑜　史弼傳，弼被徵，前孝廉裴瑜送到崤澠之間，大言道傍曰：「明府摧折虐臣，選德報國，如其獲罪，足以垂名竹帛，〔一〕願不憂不懼。」瑜位至尚書。注：「先賢行狀曰：瑜字稚璜。聰明敏達，觀物無滯。」

502 陰　瑜　列女傳，南陽陰瑜，荀爽之壻。

503 成帝子輿　王昌傳，或有自稱成帝子輿者，莽殺之。王郎詐稱眞子輿云云。

504 西河子輿　馬援傳，表曰：「近世有西河子輿，亦明相馬法。」

505 單于輿　匈奴傳，比季父單于輿，殺伊屠知牙斯者。建武六年，令劉颯使匈奴，匈奴亦遣使貢獻，漢復報命，而單于輿驕踞，自比冒頓，對使者辭語悖慢。

506 温　禺　竇憲傳，燕然山銘敍斬温禺以釁鼓。注：「匈奴王號也。」

507 馬　余　馬援傳，援兄余。注：「東觀記：余字聖卿，爲中壘校尉。」嚴傳曰：父余，莽時爲揚州牧。

508 抗　徐　桓紀，延熹八年五月，遣中郎將度尚與長沙太守抗徐擊胡蘭、朱蓋等，大破，斬之。注：「謝承書：徐字伯徐，丹陽人，有膽智。風俗通曰：衞大夫三抗之後，漢有抗喜，爲漢中太守。」度尚傳，度尚與長沙太守抗徐幷勢討胡蘭等，徐與尚俱爲名將。徐字伯徐，丹陽人，鄉邦稱其膽智。初試守宣城長，悉移深林遠藪推髻鳥語之人置于縣下，由是境内無復盜賊。後有中郎將宗資別部司馬，擊太山賊公孫舉，平之，封烏程東鄉侯，遷太山都尉，寇盜望風奔亡。卒于長沙太守也。

〔一〕「竹」，手稿作「介」，據後漢書改。

509 霍　諝　桓紀，延熹二年。注：「封霍諝鄴都亭侯。」字叔智，魏鄴人。少爲諸生，明經。有人誣諝舅宋光于大將軍梁商者，坐繫獄。諝年十五，奏記于商。商高諝才，即爲奏原光罪。仕郡，舉孝廉，遷京城太守。遭母憂，自上行喪。闋，再遷北海相，入爲尚書僕射。時梁冀秉權，諝與尚書令尹勳數奏陳之。冀誅，桓帝封諝鄴都亭侯。固讓，不許。出爲河南尹，遷司隸校尉，轉少府、廷尉，卒。劉瑜傳，僕射霍諝，尚書張敬、歐陽參、李偉、虞放、周永，並封亭侯。延熹八年，並黜爵。范滂傳，滂等係獄，尚書霍諝理之。及得免，到京，往候諝而不爲謝。

510 封　諝　孝仁董后紀，何進奏后遣永樂太僕封諝交通州郡云云。

511 封　諝　皇甫嵩傳，靈帝中平元年，馬元義先往來京師，以中常侍封諝等爲内應，約以三月五日内外俱起。又張讓傳，中常侍封諝、徐奏事獨發覺坐誅，帝因怒詰讓等。

512 李　儒　王美人紀，卓使郎中令李儒酖弘農王。

513 羊　儒　羊續傳，父儒，桓帝時爲太常。

514 楊　儒　蓋勳傳，注：「表用處士弘農楊儒爲烏桓都尉。」

515 劉　儒　黨錮序廚傳，字叔林，東郡陽平人。郭林宗常謂儒曰「口訥心辯，有珪璋之質。」察孝廉，舉高第，三遷侍中。桓帝時，數有災異，儒上封事十條，極言得失，辭甚忠切。帝不能用，出爲任城相。徵拜議郎。會竇武事，下獄自殺。

516 李相如　董卓傳，韓遂圍隴西，太守李相如反，與遂連和。

517 鄧朱　和帝陰后紀，后外祖母鄧朱出入宮掖。十四年夏，后與朱巫蠱事覺。〔二〕

518 陳專諸　陳俊傳，蘄春侯浮卒，子專諸嗣。

519 方儲　五行志，雨災。注：「安帝元初四年，方儲對策曰：雨不時節，妄賞賜也。」

520 兜樓儲　匈奴傳，呼蘭若尸逐就單于兜樓儲先在京師，漢安二年立之。立五年死。

521 劉舒　劉虞傳，注：「謝承書：虞父，丹陽太守。」

522 耿舒　耿弇傳，代令張曄拔城反畔。光武以弇弟舒爲復胡將軍，使擊曄，破之。時五校賊二十餘萬北寇上谷，況與舒連擊破之。建武四年，彭寵弟純將匈奴騎二千餘騎，經軍都，舒襲破其衆，斬匈奴兩王，復同況攻襲，取軍都。馬援傳，率中郎將馬武、耿舒、劉匡、孫永等，將十二郡募士征五溪。〔三〕有兩道可入，從壺頭則路近水嶮，從充則途夷運遠。舒欲從充道，援策進壺頭云云。後舒與兄弇書奏之。清河王傳，耿貴人者，牟平侯舒之孫也。

523 仲舒　馬援傳，遺楊廣書云：「過存伯春，見其奴吉從西方還，說伯春小弟仲舒望見吉，欲問伯春無他否，竟不能言，曉夕號泣，婉轉塵中。」

524 張舒　馮衍傳，鮑永遣弟升及子壻張舒誘降涅城。注：「東觀記曰：升及舒等謀使營尉李匡先反涅城，開門納兵，殺其縣馮晏，立故謁者祝回爲涅長。」

〔二〕「巫」字上，傅山全書初版本衍一「坐」字，據手稿刪。

〔三〕「十二郡」，手稿作「十一郡」，據後漢書改。

525 銚　舒〔一〕　銚期傳，丹卒，子舒嗣，侯葛陵。

526 崔　舒　崔駰傳，朝生舒，歷四郡太守，有能名。

527 高　舒　楊震傳，樊豐等因乘輿在外，競修第宅，震部掾高舒召大匠令史考較之，得豐等所詐下詔書，須行還上之。震得罪，舒亦以減死論。及震事顯，舒拜侍御史，至荆州刺史。

528 應　嫗　應劭傳，中興初，有應嫗者，生四子寡。見神光炤室，探之，得黄金。自是諸子宦學，七世通顯也。

529 應　璩　應劭傳，弟子璩。注：「字休璉。」

530 衞　琚　順紀，建康元年三月，領護羌較尉衞琚退討叛羌，破之。

531 宗　俱　靈紀，建寧四年七月，太常宗俱爲司空，代來艷也。注：「俱字伯儷，南陽安衆人。」〔二〕熹平二年正月丁丑，司空宗俱薨，楊賜代之。

532 宋　俱　宋意傳，意孫俱，靈帝時爲司空。

533 楚六侯　楚王英傳，六侯度卒，〔三〕子拘嗣，傳國于後。

劉　拘

534 濟北王　王景傳。

興　居

〔一〕「銚」，手稿作「姚」，據後漢書改。
〔二〕「衆」，手稿作「定」，據後漢書改。
〔三〕「六」，手稿作「陸」，據後漢書改。

535 王子居　申屠蟠傳，與濟陰王子居同在太學，子居臨歿，以身託蟠，蟠躬推輦車，送喪歸里。
536 於秩居　鮮卑傳，安帝元初四年，〔二〕烏桓大人於秩居等與鮮卑連休有宿怨，共郡兵擊破之。
537 丘力居　公孫瓚傳，張純與叛胡丘力居等寇漁陽、河間、勃海，入平原，多所殺掠。瓚追擊戰于屬國石門，虜大敗，棄妻子踰塞走，悉得其所掠男女。瓚深入無繼，反爲丘力居等所圍于管子城二百餘日，粮盡食馬，馬盡煑弩楯，乃與士卒辭訣，各分散還。烏桓傳，烏桓大人遼西有丘力居者，衆五千餘落等，並勇健多計策。靈帝中平四年，張純叛，入丘力居衆。初平中，丘力居死，子蹋頓代之。
538 齊孝王　劉寵傳。

將　閭

539 南　閭　東夷傳，元朔元年，濊君南閭等叛右渠内屬。
540 陸　翻　張奐傳，注引。
541 劉熊渠　城陽恭王傳，舂陵侯買卒，子戴侯熊渠嗣。劉玄傳，注：「舂陵戴侯熊渠生蒼梧太守利。」
542 長興渠　孫程傳，程謂濟陰王謁者長興渠曰：「若北鄉不起，共斷江京、閻顯等，事乃可成。」渠然之。後錄微功，封高望亭侯。
543 蔣義渠　袁紹傳，紹軍大潰，與譚等幅巾乘馬，八百騎渡河，至黎陽北岸，入其將蔣義渠營。
544 無樓且渠　盧芳傳，建武四年，單于使無樓且渠王入五原塞，與李興等和親。

〔二〕「四」，手稿作「三」，據後漢書改。

545 左薁鞬臺　張奐傳。
耆且渠
546 右　渠　東夷傳，燕人衛滿自王朝鮮，傳國至孫右渠。
547 虚　渠　匈奴傳，章和二年，單于屯屠河上言：「今所降虚渠等詣臣自言」云云。
548 羌　渠　匈奴傳，靈帝光和元年，中郎將張脩與單于某不相能，擅斬之，立右賢王羌渠爲單于。五年，右部醯落與休著各胡白馬銅等反，殺單于羌渠。
549 羌　渠　烏桓傳，順帝永和五年，烏桓大人羌渠等南匈奴句龍吾斯反畔，中郎將張耽斬之。與前匈奴單于同名。
550 陳　予　孫程傳，中黃門陳予封下雋侯，後能保全。
551 左　于　鄧禹傳，以左于爲軍師將軍，不知是「于」是「干」。
552 優留單于　匈奴傳，章帝章和元年，鮮卑入左地擊北匈奴，大破之，取其匈奴皮而還。不著單于名。注：「劉攽曰：匈奴一種，安能盡取其皮，明多『匈奴』二字。或云取其匈月皮。」
553 曾　於

卷一百七十六　東漢書姓名韻（三）

平聲

五模

554 王吳　明帝紀，永平十二年四月，遣謁者王吳修汴渠。王景傳，景與將作謁者王吳共修浚儀渠。吳用景墕流法，水乃不復爲害。永平十二年，復與景修汴渠。

555 召吳　郭伋傳，爲潁川太守，招懷山賊襄城召吳等，遣歸附農。

556 謝夷吾　王充傳，夷吾上書薦充才學。注：「謝承書：夷吾薦充曰：雖孟軻、孫卿、楊雄、劉向、司馬遷不能過。」

557 謝夷吾　方術傳，字堯卿，會稽山陰人也。少爲郡吏，學風角占候。太守第五倫擢爲督郵。知烏程長當死，無所案驗，云云。舉孝廉，爲壽張令，遷荆州刺史，鉅鹿太守。以行春乘柴車，從兩吏，刺史上其損國典，左轉下邳令。預尅死日，如期卒。勑其子曰：「漢末當亂，必有發掘露骸之禍。」使懸棺下葬，墓不起墳。

558 慶吾　劉永傳，永將慶吾斬永首降，封吾爲列侯。

559 迷吾　鄧訓傳，張紆誘誅燒當迷吾等。西羌傳，東吾諸弟迷吾等數爲寇盜。章帝建初二年夏，迷吾遂與諸衆聚兵，欲叛出塞。郝崇追之，崇兵敗於荔谷。又寇隴西、漢陽，馬防等討破之。迷吾降，張紆既遣號吾，迷吾退居歸義城。傅育募人鬭諸羌胡，羌胡不肯，復叛出，更依迷吾。後敗傅育於三兜谷，張紆斬之以祭育。

560 號吾　鄧訓傳，訓賞賂諸羌種，使相招誘。迷唐伯父號吾乃將其母及種人八百戶，自塞外來降。訓因發湟中秦、胡、羌兵四千人，出塞掩擊號吾于寫谷。西羌傳，章帝元和三年，迷吾復與弟號吾反叛。號吾先輕入隴西界，郡督烽掾李章追之，生得號吾，號吾曰：「獨殺我，無損于羌。誠得生歸，悉罷兵，不復犯塞。」隴西太守張紆權宜遣之，永元元年，降。

561 滇吾　蓋勳傳，羌精騎夾攻之急，勳被三創，堅不動，乃指木表曰：「必尸我於此。」句就種羌滇吾素爲勳所厚，〔一〕以兵扞衆曰：「蓋長史賢人」云云。

562 滇吾　西羌傳，滇良死，子滇吾立。附落轉盛，常雄諸羌。諸羌每欲侵邊者，滇吾轉教以方略，爲其渠率。中元二年，滇吾與弟滇岸寇隴西塞，劉盱、張鴻兵再敗。永平元年，竇固、馬武擊滇吾于西邯，大破之。滇吾遠引去，明年，降。

563 東吾　西羌傳，滇吾之子東吾，以父降漢，乃入居塞内，謹愿自守。

564 零吾　皇甫規傳，延熹四年秋，叛羌零吾等寇鈔關中。西羌傳，桓帝延熹四年，零吾復與先零及上郡沈氏、牢姐諸種幷力寇幷、涼、三輔，皇甫規擊破之。

565 烏吾　西羌傳，延熹五年，烏吾種攻寇漢陽。

566 程烏　公孫述傳，遣將軍李育、程烏將數萬衆出陳倉，述死，程烏以有才幹，皆擢用之。

〔一〕「句就」，手稿作「句龍」，據後漢書改。

567 殷　謨

周黨傳，黨與鴈門殷謨君長，俱守節不仕莽世。建武中，徵並不到。

568 張　酺

和帝紀，永元五年十一月乙丑，太僕張酺爲太尉，代尹睦。十二年九月戊午，太尉酺免，張禹代之。十六年七月庚午，光祿勳張酺爲司徒，代魯恭。八月己酉，司徒酺薨，徐防代之。字孟侯，汝南細陽人。張敖子壽，封細陽之池陽鄉，後廢，因家焉。習尚書家學。永平中，以尚書教授四姓小侯，除爲郎，遂入授皇太子，以嚴見憚。肅宗即位，爲侍中、虎賁中郎將。數月，出爲東郡太守。雖儒者，性剛斷。長吏有殺盜徒者，輒案之，以爲飢寒傭保，何足窮法！元和二年，東巡，幸東郡，引會庭中。帝先備弟子之儀，使酺講尚書一篇，然後修君臣之禮。和帝初，遷魏郡太守。頃之，徵爲河南尹。永元五年，遷太僕，代尹睦爲太尉。以疾乞身，不許。及父卒，既葬，詔遣使齎牛酒釋服。後以晏稱事免。十五年，復爲光祿勳。數月，代魯恭爲司徒，月餘薨。梁竦傳，太尉張酺引禮問訊，後對帝宜上梁貴人尊號，追慰聖靈，存錄諸舅。曹褒傳，太尉張酺、尚書張敏等奏褒擅制漢禮，破亂聖術，宜加刑誅。帝雖寢其奏，而漢禮遂不行。

569 朱　酺

馬嚴傳，日食上封事曰：「益州刺史朱酺等，每行考事，輒有物故，又選舉不實，曾無貶坐」云云。書奏，免酺等官。

570 翟　酺

字子超，廣漢雒人也。四世傳詩。酺好老子，尤善圖緯、天文、曆算。以報舅讎，當徙日南，亡于長安，爲卜相工，後牧羊涼州。遇赦還。仕郡，徵拜議郎，遷侍中。時尚書有缺，詔將大夫六百石以上試對政事、天文、道術，以高第補之。酺詐孫懿，對第一，拜尚書。時安帝始親政事，追感祖母宋貴人，悉封其家。又元舅耿寶及皇后兄弟閻顯等並用威權。酺上疏諫，外戚寵臣皆畏忌之。延光三年，出爲酒泉太守。擊斬叛羌有威名，遷京兆尹。順帝卽位，拜光祿大夫，遷將作大匠。損省經用，歲息四五千萬。因災異，多所匡正。由是權貴共誣酺及尚書令高堂芝等交通屬託，坐減死歸。復被章云酺前與河南張楷等謀反，逮詣廷尉。及杜眞等訟之，事白，卒于家。儒林傳序。

571 王　酺　陳愍王寵傳，使中常侍王酺與尚書令、侍御史考。魏愔辭與王共祭黃老君，求長生福，無他冀幸。

572 劉　酺　彭城靖王恭傳，恭以事怒子酺，酺自殺。又見「丁」下。

573 公孫酺　東夷傳，安帝建元元年，遼東太守蔡諷追擊句驪，兵馬掾公孫酺以身扞之，俱歿。事同楊穆之於成嚴，段崇、王宗、原展之于鄭勤。

574 馮　蒲　馮衍傳，注：「華嶠書：衍祖父蒲，蒲生衍也。」〔二〕

575 孔　扶　順紀，陽嘉二年六月辛未，太常魯國孔扶爲司空，代王龔也。注：「扶字仲淵。」陽嘉三年十一月壬寅，司空孔扶免，王卓代之。

576 蓋　扶　蓋延傳，延卒，子扶嗣。

577 楊　扶　楊璇傳，父扶，交趾刺史。

578 王　扶　劉平傳，鐘離意薦東萊王扶。字子元，掖人也。少脩節行，客居瑯琊不其縣，所止聚落化其德。後拜議郎。

〔二〕「馮蒲」，後漢書中華書局本爲「馮滿」，原文爲：「衍祖父立，生滿，年十七喪父，早卒，滿生衍。」

579 董　扶　方術傳，字茂安，廣漢綿竹人。學圖讖。前後宰府十辟，公車三徵，再舉賢良方正、博士、有道，皆稱疾不就。與劉焉入蜀，爲屬國都尉。八十二卒。諸葛亮問秦密董扶所長。密曰：「董扶褒秋毫之善，貶纖芥之惡。」

580 廖　扶　方術傳，字文起，汝南平輿人。習韓詩、歐陽尚書。絶志世外，專精經典，尤明天文、讖緯、風角、推步之術。州郡公府辟召皆不應。就問災異，亦無所對。時人號爲北郭先生。年八十，終于家。

581 丁　孚　禮儀志，注引丁孚注漢儀。〔一〕

582 伍　孚　董卓傳，越騎校尉汝南伍孚朝服懷佩刀刺卓不中，見殺。

583 公沙孚　公沙穆傳，子孚，字允慈。亦爲善士，舉孝廉，尚書侍郎，召陵令，上谷太守。

584 皇女紅夫　光武女紅夫，封館陶公主。

585 王　符　后紀。

586 王　符　王霸傳，霸卒，子符嗣，徙封軑侯。注：「軑，縣名，屬江夏郡，音大。」

587 王　符　字節信，安定臨涇人。少好學，與馬融、竇章、張衡、崔瑗爲友。安定俗鄙庶孽，而符無外家，爲鄉人所賤。自和、安之後，世務游宦，當塗更相薦引，符耿介不同俗，遂不得升進。隱居著書三十餘篇，以譏當時得失，不欲顯名，故號曰潛夫論。皇甫規歸安定，鄉人有以貨得鴈門者，亦去官還家，謁規。規臥不起，既入而問：「卿在郡食鴈美乎？」有頃，白符在門，乃驚遽而起，衣不及帶，屣履出迎。時人語曰：「徒

〔一〕「儀」，傅山全書初版本誤作「義」，據手稿改。

見二千石，不如一縫掖。」

588 馮　敷　陳忠傳，施延。注：「山陰馮敷爲督郵，到縣，施延持箒往，敷知其賢者，下車，使入亭，飲食之」云云。

589 楊　敷　楊震傳，奉子敷，篤志博聞，議者以爲能世其家，早卒。

590 檀　敷　黨錮序及傳，字文有，山陽瑕丘人。少爲諸生，家貧，不受鄉里施惠。舉孝廉，辟公府，皆不就。立精舍教授。桓帝時，博士徵，不就。靈帝即位，太尉黃瓊舉方正，對策合時宜，再遷議郎，補蒙令。以郡守非其人，棄官去。無產業，子孫同衣而出。八十，卒于家。本傳不見與黨事。

591 華　旉　方術傳，佗一名旉。

592 古　初　郅惲傳，惲爲長沙太守。先是，長沙有孝子古初，遭父喪未葬，鄰人失火，古初匍匐柩上，火爲之滅。惲甄異之。

593 尹　初　應劭傳，尹次兄，求代次死，自縊。

594 章　初　樂成王黨傳，召章初妻哀置與通，初欲告之，黨賂哀置姊哀焦使殺初。事覺，黨乃縊死内侍三人，絕口。

595 袁本初　黨錮傳。

596 劉騊駼　北海靖王傳，復子騊駼有才學，造賦、頌、書、論，凡四篇。又見「毅」下。胡廣傳。劉珍傳，鄧太后詔珍典校書，劉騊駼等校定東觀五經、諸子傳記云云。張衡傳，永初中，謁者僕射劉珍、校書郎劉騊駼等著作東觀，撰集漢紀，因定漢家禮儀，上言請衡參論其事。

597 曹大家　和熹后紀，從曹大家受經書。

598 皇女奴　顯宗女奴，平陽公主，適馮順。

599 劉阿奴　彭城靖王恭傳，永初六年，封恭子阿奴爲竹邑侯。

600 加特奴　班勇傳，立後部故王子加特奴爲王。捕得單于從兄，勇使加特奴手斬之，以結匈奴車師之隙。西域傳，順帝永建元年，班勇率莎車後王子加特奴擊北虜呼衍王，破之。勇上立加特奴爲後王。陽嘉三年，車師後部司馬率加特奴掩擊北匈奴于閶吾陸谷，壞其廬落，斬數百級，獲單于母、季母及婦女數百人，牛羊十餘萬頭，車千餘輛。

601 南單于優孤塗奴　梁慬傳，慬卽遣南單于兄子優孤塗奴將兵迎三郡守。還，慬以塗奴有勞，輒授以羌侯印綬，遂坐專擅。

602 麻奴　西羌傳，東號子麻奴。安帝永初元年，麻奴兄弟與種人俱西出塞。安帝建光元年，〔一〕忍良等以麻奴兄弟本燒當世嫡，而馬賢撫恤不至，常有怨心。秋，遂相結共寇湟中。賢擊之，戰於牧苑，賢兵敗。麻奴等又敗武威、張掖郡兵于令居，又緣山西寇武威。馬賢追到鸞鳥，招引之，麻奴南還湟中。〔二〕延光元年，馬賢追到隍中，麻奴出塞渡河，賢復追擊破之。麻奴孤弱飢困，冬，將種衆詣漢陽太守耿种降。

603 蒲奴　匈奴傳，建武二十二年，左賢王蒲奴立爲單于。〔三〕

〔一〕「建光」，手稿作「建元」，據後漢書改。

〔二〕「湟」，手稿作「湼」，據後漢書改。

〔三〕此句，手稿作「左賢立王蒲奴爲單于」，據後漢書改。

604 嫺都　北海靖王傳，南頓君娶同郡樊重女，字嫺都。〔二〕生三男三女。

605 郭都　注引春秋考異：郵僖公放讒佞郭都等十三人。

606 肆都　馬嚴傳，注：「從其故門生肆都學擊劍，習騎射。劉攽曰：故字當是叔字。」

607 辛都　西羌傳，中元元年，隴西太守劉盱遣從事辛都等赴武都，與羌戰。

608 呂叔都　西羌傳，安帝元初二年，尹就將軍擊零昌黨呂叔都等。至秋，蜀人陳省、羅横應募，刺殺叔都。

609 力子都　任光傳，力子都者，東海人也。起兵鄉里，鈔擊徐、兖界，衆六七萬。更始立，遣使降，拜徐州牧。爲其部曲所殺，餘黨復相聚，與諸賊會檀鄉，因號爲檀鄉賊。

610 梁子都　梁統傳，高祖父子都，自河東遷居北地。

611 丁君都　馬援傳，相馬法儀，長孺傳茂陵丁君都。

612 解奴辜　方術傳，不知何許人，能隱淪，出入不由門戸。能變易物形，以誑幻人。

613 郭圖　袁紹傳，興平二年，沮授説紹，西迎大駕。潁川郭圖、淳于瓊等曰：「漢室凌遲久矣，今欲興之，不亦難乎」云云。後紹攻許，沮授諫「宜先遣使獻捷」云云，郭圖、審配爭之以爲「天與不取，反受其咎」。卒譖授「御衆于外，不宜知内」云。後紹省沮授所部，並屬郭圖。紹死，郭圖與辛評比譚，譚尚敗于黎陽。郭圖、辛評因謂譚曰：「使先公出將軍爲兄後者，皆審配之所搆也。」後譚敗死，曹操斬圖，戮其妻子。

614 甘菟　西域傳，甘英。注：「續漢書作甘菟。」

〔二〕「字」，手稿作「子」，據後漢書改。

615 卑彌呼　東夷傳，倭國桓、靈間，歷年無主。有一女子名曰卑彌呼，年長不嫁，事鬼神道，能以妖惑衆，于是共立爲王。

616 單于蘇　匈奴傳，單于莫之子蘇立，是爲丘除車林鞮單于。數月復死。

617 交勒蘇　匈奴傳，單于屯屠何上言：「願發右大且渠王交勒蘇將萬騎出居延。」

六皆

618 胡　才　獻紀，興平二年十一月，楊奉、董承引白波帥胡才、李樂、韓暹及匈奴左賢王去卑，率師奉迎，與李傕等戰，破之。董卓傳，楊奉、董承間使至河東，招故白波率胡才等擊傕，大破之。帝都安邑，拜胡才爲征東將軍。又胡才留河東，爲怨家所害。

619 胡文才　董卓傳，注：「九州春秋曰：胡文才，涼州人。王允素所不善。及李傕叛，乃召文才及楊整修，使東曉喻之。不假借以温顏。於是二子往，實召兵而還。」傅山曰：不假借是本等，然亦足以爲戒。素所不善而有急用之，老王大疎。

620 高元才　臧洪傳注。詳張景明下。

621 戲志才　荀彧傳，注：「戲志才，籌畫士也，早卒。操與彧書曰：自志才亡後，莫可與計事者。汝、潁固多奇士，誰可繼之？」

622 波　才　皇甫嵩傳，朱儁前與賊波才戰，敗，嵩因進保長社。波才引大衆圍城，嵩計夜火攻之，與儁追波才於翟陽，破之。

623 邳　柴　邳彤傳，平亭侯音卒，子柴嗣。

624 司隸掾哉　朱儁傳，黄巾賊後，復有司隸掾哉等徒。注：「九州春秋掾哉作緣成。」

625 河間孝王劉開　章帝八王傳，以永元二年封，分樂成、勃海、涿郡爲國。延平元年就國。奉遵法度，吏人敬之。立四十二年薨。桓帝立，梁太后詔追尊孝王爲孝穆皇，廟曰清廟，陵曰樂成陵。又陳忠傳。

626 濟南王劉開　章帝八王河間王傳，濟南王贇爲黄巾害，子開嗣。立十三年，魏受禪，封崇德侯。傅山曰：孝王名開，此又名開，何不知諱也？

627 河間王劉陔　章帝八王傳，安王薨，子陔嗣。立四十一年薨。魏受禪，封崇德侯。

628 鄧陔　和熹后紀，叔父陔言：「活千人者，子孫有封」云云。

629 謝該　儒林傳，字文儀，南陽章陵人。明左氏。建安中，河東人樂詳條左氏疑滯數十事問該，該爲通解之。有謝氏釋行世。仕公車司馬令，以父母老，疾去官。孔融薦之，詔徵拜議郎，以壽終。

630 綦母闓　劉表傳，立學校，博求儒術，綦母闓等撰立五經章句，謂之後定。

631 尤來　耿弇傳，追尤來、大搶等於元氏。又馬武傳。

632 任崖　梁統傳注。見任横下。

633 蔡伯喈　王允傳。

634 公族進階　黨錮傳序，勃海公族進階〔二〕扶風魏奇卿，並危言深論，不隱豪强。自公卿以下，莫不

〔二〕「公」字，手稿脱，據後漢書補。

畏其貶議，屣履到門。

635 尹　臺　范冉傳，注：「冉去官，常使兒捃拾麥，得五斛。鄰人尹臺遺之一斛，囑兒莫道。冉後知之，即令並送，言麥已雜矣，誓不敢受。」

636 尉仇臺　東夷夫餘傳，安帝永寧元年，夫餘王遣嗣子尉仇臺貢獻，賜尉仇臺印綬金綵。句驪傳，建元元年，夫餘王遣子尉仇臺，將二萬餘人與州郡并力討破句驪王宮。

637 夫　台　東夷傳，桓帝永康四年，王夫台將二萬餘人寇玄菟，太守公孫域擊破之。靈帝熹平三年，復奉章貢獻。

638 岑　淮　岑彭傳，十三年，帝思功，復封遵弟淮爲穀陽侯。

639 檀石槐　鮮卑傳，桓帝時，鮮卑檀石槐者，其父投鹿侯，初從匈奴軍三年，其妻在家生子。投鹿歸，怪欲殺之。妻言嘗晝行聞雷震，仰天視而雹入其口，遂妊，十月而產，此子必有奇異。投鹿不聽，遂棄之。妻私語令收養焉。年十四五，勇健有智略，部落畏服，推爲大人。檀石槐乃立庭于彈汗山歠仇水上，兵馬甚盛，盡擊匈奴故地，東西萬四千餘里。連歲寇邊，朝廷不能制，遣使持印綬封檀石槐爲王，欲與和親。檀石槐不肯受，而寇抄滋甚。分其地爲三部。靈帝熹平六年夏，育等三道出塞，檀石槐命三部大人逆戰，育等大敗。冬，寇遼西。光和元年，寇酒泉。種衆日多，田畜射獵不給，檀石槐乃自狗行，見烏侯秦水廣從數百里，〔一〕水停不流，中有魚，不能得。東擊倭人，得千餘家，置水上，令捕魚以助食。光和中，檀石槐死。

〔一〕「侯」，手稿作「集」，據後漢書改。

七灰

640 公孫恢　光武紀，公孫述遣弟公孫恢擊張忠、李寶走之，述立爲帝，以弟恢爲大司空，後爲吳漢、臧宮破，戰死。岑彭傳，臧宮行拔綿竹，破涪城，斬述弟公孫恢。

641 杜恢　安帝紀，元初二年十月，安定太守杜恢等與羌戰，敗歿。西羌傳，安帝元初二年，司馬鈞督、安定太守杜恢等分道擊零昌，後恢等違鈞節度，歿。

642 阜平王劉恢　光武十王傳，頃王魴薨，子懷王恢嗣，立十年薨。

643 趙恢　隗囂傳，趙恢等將囂子隗純降。互見周宗下。來歙傳，囂反黨趙恢降。

644 樂恢　字伯奇，京兆長陵人。好經學。仕本郡吏，太守坐法誅，恢獨奔喪行服，抵罪。歸，復爲功曹，請託無所容。辟司空牟融府。蜀郡太守第五倫代融爲司空，恢以與倫同郡，不肯留，薦潁川杜安而退。後徵拜議郎。憲征匈奴，恢書諫之，入爲尚書僕射。憲兄弟忿不附己。恢上書言：「方今之宜，上以義自割，下以謙自引。四舅可長保爵土之榮，太后永無慚負宗廟之憂。」不省。乞骸骨。薦郭均、高鳳，而遂稱篤。拜騎都尉，辭謝。詔聽歸，憲風厲州郡迫脅，恢遂飲藥死。竇憲傳，尚書僕射郅壽、樂恢並以忤意，相繼自殺。又見彭城靖王傳注。

645 蓋恢　蓋延傳，永初七年，鄧太后詔封延曾孫恢爲蘆亭侯。

646 鮑恢　王良傳，司徒史鮑恢以事到東海，過候其家，而良妻布裙曳柴，從田中歸。鮑永傳，永爲司隸校尉，辟扶風鮑恢爲都官從事，恢亦抗直不避强禦。帝常曰：「貴戚且宜斂手以避二鮑。」

647 張　恢　鍾離意傳，意爲尚書時，交趾太守張恢，坐贓千金，伏法，以資物簿入大司農，詔班賜羣臣。意得珠璣，悉以委地，不拜賜。帝問之，對曰：「孔子渴忍盜泉，曾參回車勝母，此贓穢之寶，誠不敢拜賜。」

648 吳　恢　吳祐傳，父恢，爲南海太守。祐年十二，從之官。恢欲殺青簡以寫經書，祐諫曰：「大人踰越五嶺，遠在海濱，田多珍怪，上爲國家所疑，下爲權戚所望，此書若成，載之兼兩。馬援以薏苡興謗，王陽以衣囊徼名，嫌疑之間，先賢所慎。」恢乃止，撫祐首曰：「吳氏世不乏季子矣。」

649 戴　恢　竇武傳，書言：「尚書郎戴恢等文質彬彬。」

650 高　恢　梁鴻傳，初，鴻友人高恢，少好老子，隱于華陰山中。及鴻東遊思恢，作詩曰：「鳥嚶嚶兮友之期，念高子兮僕懷思，想念恢兮爰集茲。」恢亦高抗，終身不仕。

651 童　恢　循吏傳，字漢宗，琅邪姑幕人。少仕州郡爲吏，司徒楊賜辟之。賜被劾免，掾屬悉投刺去，恢獨詣闕爭之。及得理，掾屬悉歸，恢杖策而逝。辟公府，除不其令，耕織種收，皆有條章，牢獄無囚，比縣歸化，徙居二萬餘戶。虎傷人，捕獲二生虎。恢呪虎曰：「殺人者當垂頭服罪，非者當號呼稱冤。」一虎低頭閉目，即時殺之。一視恢鳴吼，踴躍，遂令釋放。青州舉尤異，遷丹陽太守，暴疾卒。

652 河間王悝　匽后紀。見安平王豹下。

653 勃海王 劉　悝　章帝八王傳，勃海王鴻薨，無子，太后立桓帝弟蠡吾侯悝爲勃海王，奉鴻嗣。延熹八年，悝謀不道，有司請廢之，貶爲癭陶王，食一縣。復因王甫求復國，許謝錢五千萬。

帝臨崩，遺詔復封。悝知非甫功，不肯還謝錢。甫怒，陰求其過。自殺，妃妾十一人，子女七十人，伎女二十四人，皆死獄中。國除。又見「颯」、「騰」、「忠」下。注：「悝，蠡吾侯翼子，河間王開孫也。」史弼傳，上封事論悝過。又見五行志霖雨下。陳愍王傳。曹節傳。

654 鄧　悝　鄧訓子，和熹后立悝等皆黃門侍郎。延平元年，〔二〕悝爲虎賁中郎將。及隲定策立安帝，悝遷城門校尉。永初元年，封葉侯。建光元年，宮人誣告悝等謀廢立事，帝令有司奏悝等大逆無道。元初五年，〔三〕悝、閶相繼並卒矣。孫程傳，小黃門李閏與帝乳母王聖常共譖太后兄執金吾悝欲廢帝，立平原王德，帝每忿懼。

655 韓　悝　張讓傳，中常侍韓悝。

656 羅　暉　趙岐傳，注：「羅暉拙書。」見「襲」下。

657 周　暉　周景傳，忠子暉，前爲洛陽令，去官歸。兄弟好賓客，雄江淮間，出入從車常百餘乘。及帝崩，暉聞京師不安，來候忠，董卓惡之，使人劫殺其兄弟。

658 朱　暉　字文季，南陽宛人。早孤，有氣決。年十三，莽敗，大亂，與外氏家屬奔宛城。道遇羣賊，劫諸婦女，奪衣物，暉拔劍曰：「財物皆可取，諸母衣不可得。今日暉死也！」賊見其小，壯其志，笑捨去。光武召爲郎。永平中，陰就慕之，往候，避不見。後爲郡吏，東平王倉辟之。正月朔，給奪陰就璧朝，帝聞壯之，以爲衛士令。遷臨淮太守。

〔二〕「延平」，手稿作「延光」，據後漢書改。

〔三〕「五年」，手稿作「二年」，據後漢書改。

好節概，其諸報怨，以義犯率，皆爲求其理，多得生濟。吏人歌之曰：「彊直自遂，南陽朱季」云云。坐法免。建初中，南陽大飢，暉盡散其資，以分宗里故舊。〔一〕元和中，肅宗巡狩，召南陽太守問暉起居，召拜爲尚書僕射。遷太山太守。疏乞留中，許之。奏尚書張林錢鹽均輸不可行，事遂寢。後有重述林前議，有詔施行。暉復獨奏：「均輸之法與賈販無異」云云。帝怒，切責。暉等皆自繫。詔勑出之。曰：「黄髮無愆，詔書過耳。」暉自稱病篤，不肯復署議。諸尚書不知所爲，乃共劾奏暉。帝意解，寢其事。後遷爲尚書令，拜騎都尉。病卒。子頡，頡子穆，與諸儒考依古義，謚曰貞宣先生。

659 李　翬

李業傳，業死，述恥有殺賢之名，乃遣使弔祠，賻贈百疋。業子翬逃辭不受。

660 朱　徽

和帝紀，永元六年九月，行度遼將軍朱徽等討逢侯，七年正月，下獄死。南匈奴傳，永元六年，杜崇與朱徽上書：「南單于安國欲殺左賢師子」云云。後奉詔譬和安國、師子，〔二〕安國不聽，屯五原。徽發諸郡兵追赴之。後帝知朱徽等失胡和以致反叛，徵下獄死。〔三〕

661 孫　徽

伏后紀，李傕之亂，后手持縑數疋，董承使符節令孫徽以刃脅奪之，殺傍侍者。

662 賈　徽

賈逵傳，父徽，從劉歆受左氏春秋，兼習國語、周官，又受古文尚書于塗惲，學毛詩

〔一〕「里」，手稿作「理」，據後漢書改。

〔二〕「師子」，手稿作「師」，據後漢書改。

〔三〕「徵」，傅山全書初版本誤作「徽」，據手稿改。

于謝曼卿，作左氏條例二十一篇。

663 皋　徽　桓榮傳，注：「皋弘子徽，至司徒長史也。」

664 呼尤徽　南匈奴傳，耿夔與温禺犢王呼尤徽將新降者連年出塞，討擊鮮卑。安帝延光三年夏，新降一部大人阿族等反叛，脅呼尤徽欲與俱去。呼尤徽曰：「我老矣，受漢家恩，寧死不能相隨！」

665 鉅鹿都尉回〔一〕　光武紀，外生鉅鹿都尉回。

666 劉　回　城陽恭王傳。

667 祝　回　見張舒下。

668 徐　妃　東海王傳，見東海王政下。

669 和熹鄧后綏　謚法：「有功安人曰熹。」禹之曾孫，在位二十年。

670 尹　綏　邳彤傳，先使五官掾張萬、尹綏選精騎二千餘匹，緣路迎世祖，又使譬喻堂陽吏民開城，皆拜偏將軍，綏封平臺侯。注：「平臺屬常山郡。」

671 李　威　李忠傳，忠卒，子威嗣。

672 杜　威　王昌傳，光武屯邯鄲郭北門。郎數出戰不利，乃遣其諫議大夫杜威持節請降。威雅稱郎實成帝遺體云云。威請求萬户侯。光武曰：「顧得全身可矣。」威曰：「邯鄲雖鄙，

〔一〕「鉅鹿」，手稿作「鉅陸」，據後漢書改。

并力固守，尚曠日月，終不君臣相率但全身而已。」遂辭而去。急攻之。

673 王　威　劉焉傳，注：「蜀志：焉殺王威等。」

674 劉　威　北海靖王傳，永元二年，封睦庶子斟鄉侯威爲北海王，奉睦後。立七年，以非睦子，又誹謗，徵，道自殺。

675 劉　威　楊震傳，詔封故朝陽侯劉護再從兄環襲護爵。護同產弟威，今猶見在。

676 清河愍王劉虎威　章帝八王傳，清河孝王薨，子愍王虎威嗣。立三年薨，無子。

677 司馬子威　郭泰傳，司馬子威拔自卒伍。

678 段　煨　獻紀，建安三年，中郎將段煨討傕，夷三族。董卓傳，使中郎將段煨屯華陰。又曰，車駕至華陰，寧輯將軍段煨乃具服御及公卿以下資儲，請帝幸其營。初，楊定與煨有隙，遂誣煨反，乃攻其營，十餘日不下。煨猶奉給御膳，稟贍百官，終無二意。建安三年，使裴茂詔關中諸將段煨等討李傕，夷三族。以段煨爲安南將軍，封閿鄉侯。後曹操徵段煨爲大鴻臚，七年病卒。

679 李　瑋　桓紀，延熹二年，注：「封李瑋宜陽金門亭侯。」劉瑜傳。見霍諝下。

680 劉　瑋　來歙傳，歷要結宗正劉瑋。

681 徭　偉　岑彭傳，更始遣張卬與將軍徭偉鎮淮陽。偉反，擊走卬。彭引兵攻偉，破之。

682 楊　偉　吳漢傳，宕渠楊偉等起兵應史歆。見徐容下。

683 金　禕　獻紀，三輔決錄：京兆金禕，字德偉，自以代爲漢臣，發憤，與耿紀等起兵，不克。

684 陳煒　孔融傳，大中大夫陳煒曰：「夫人小而聰了，大未必奇。」融曰：〔一〕「觀君所言，將不早惠乎？」煒，注：「音于規反。」

685 樂闉　來歙傳，歷要結衛尉守丞樂闉。

686 蘇不韋　蘇章傳，兄曾孫不韋，字公先。父謙，爲李暠修怨，殺司隸獄中。不韋年十八，徵詣公車，載喪歸里，瘗而不葬，乃藏母於武都山中，變名姓，盡以家財募劍客，邀暠諸陵間，不克。會暠遷大司農，時右校芻廥在寺北垣下，不韋與親從兄弟潛入廥中，夜則鑿地，晝則逃伏。經月得達暠之寢室，出暠牀下。值暠在廁，因殺其妾並及小兒，留書而去。暠大驚懼，乃布棘於室，以板籍地，一夕九徙。不韋知暠有備，乃日夜飛馳，到魏郡，掘其父冢，斷父阜頭，以祭父墳。暠匿不敢言，憤傷發病，嘔血死。後遇赦還鄉，始改葬，行喪。任城何休方之伍員。太原郭林宗論之云云，曰：「力雖匹夫，功隆千乘，比之於員，〔二〕不以優乎？」後爲郡五官掾。張奐睦於蘇氏，而段熲善暠，奐熲有隙。及熲爲司隸，辟不韋，不韋懼，稱病不詣。熲積忿奐，因追究不韋前報暠事，爲仇君命云云，收執一門六十餘人滅之。及熲爲陽球所誅，〔三〕天下以爲蘇氏之報。

687 趙韙　劉焉傳，焉卒，州大吏趙韙等貪璋溫仁，立爲刺史云云。詔書以趙韙征東中郎將，屯兵朐䏰備劉表。韙在巴中，因人情不輯，還攻擊璋，爲東州兵攻之於江州，殺之。

〔一〕「融曰」，手稿無，據後漢書補。

〔二〕「員」，手稿脫，據後漢書補。

〔三〕「陽球」，手稿作「楊球」，據後漢書改。

688 刁　雝

張奐傳，與刁雝同薦王暢、李膺。黃琬傳，權富郎中傷琬、蕃，事下御史丞王暢、侍御史刁雝。雝等素重琬、蕃，不舉其事，而左右復陷以朋黨。琬、雝俱禁錮。雝字子榮，彭城人。後陳蕃被徵，而言事者多訟雝，復拜議郎，遷尚書。出爲魯、東海二郡相。所在稱神明，常以法度自整，家人莫見惰容。

689 張　逵

順紀，永和四年正月庚辰，中常侍張逵、蘧政、楊定等有罪誅。梁商傳，商遣子冀、不疑與曹節等交友，宦者反欲陷之。永和四年，中常侍張逵等共譖商欲圖廢立云云，矯詔縛曹騰、孟賁。帝聞震怒，將逵等伏誅。楊厚傳，言「陰臣、近戚、妃黨當受禍。」後二年，中常侍張逵等坐誣罔大將軍梁商專恣，悉伏誅。

690 李　逵

許劭傳，邑人李逵，壯直有高節，劭初善之，而後爲隙。

691 賈　逵

字景伯，扶風平陵人。悉受父業，弱冠能誦左氏傳及五經本文，以大夏侯尚書教授，兼通五家穀梁之說。自爲兒童，常在太學，不通人間事。身長八尺二寸，諸儒語曰：「問事不休賈長頭。」解詁左氏傳、國語五十一篇，永平中，上疏獻之。顯宗重之，寫藏秘館。勅作神雀頌，拜爲郎，與班固校秘書。肅宗立，好古文尚書、左氏傳。使逵發出左氏長於二傳者。於是具條奏之曰：「謹摘出左氏三十事尤著明者，如祭仲、紀季、伍子胥、叔術之屬云云。又曰：五經家皆無以證圖讖明劉氏爲堯後者，而左氏獨有明文。五經家皆言顓頊代黃帝，而堯不得爲火德。左氏以爲少昊代黃帝，卽圖讖所謂帝宣也。如令堯不得爲火，則漢不得爲赤」云。帝嘉之，令逵自選公羊嚴、顏諸生高才者，教以左氏。數爲帝言古文尚書與經傳爾雅訓詁相應，詔撰歐陽、大小夏侯尚書古文同異。復令撰齊、魯、韓詩與毛氏異同。並作周官解故。遷逵爲衛士令。和帝永元三年，爲左中郎將。復爲侍中，領騎都尉。所著經傳義詁及論難百餘萬言，又作詩、頌、誄、書、連珠、酒令凡九篇，稱爲通儒。然不脩小節，故不至大官。永元十三年卒。范生曰：「賈逵能附會文致，最差貴顯。世主以此論學，悲哉！」李尤傳，和帝時，侍中賈逵薦尤有相如、楊雄之風。律曆中，章帝使中郎將賈逵問治曆者云云。魯丕傳，侍中賈逵薦丕道藝深明。和帝因朝會，召見，丕與侍中賈逵、尚書令黄香等相難數事，帝善丕言。張衡傳，往者侍中賈逵摘讖互異三十餘事。又見丁鴻下。崔瑗傳。李育傳。馬融傳，注：「左傳，融曰：賈君精而不博。」杜林傳，古文尚書，賈逵爲之作訓。劉愷傳，愷讓弟憲逃。章和中，有司請絶其國。至永元十年，復奏之，侍中賈逵上書頌之，詔始聽憲襲也。又見東平王蒼下。楊終傳，逵等表請終。楊倫傳。

692

耿　夔

耿國傳，國次子夔字定公。永元中，爲竇憲假司馬，擊匈奴，轉車騎都尉。三年，復爲憲大將軍左較尉。將精騎八百，出居延塞，直奔北單于廷，於金微山斬閼氏、名王已下五千餘級，單于與數騎脱亡，去塞五千餘里而還，自漢出師所未嘗至也。封粟邑侯。北單于弟於除鞬自立，款塞，以夔爲中郎將，持節護衛之。憲敗，免官。後復爲長水校尉，五原太守，遷遼東太守。永初三年，率鮮卑及諸郡兵屯鴈門，擊南單于檀。鮮卑馬多羸病，遂畔出塞。以不窮追，左轉雲中太守，後遷行度遼將軍事。餘見鄭戩下。後坐法免，卒於家。竇憲傳，分遣司馬耿夔等將左蠡王師子等，與北單于戰於稽落山。又見趙博下。憲以耿夔、任尚爲牙爪。梁慬傳，又遼東太守耿夔率將鮮卑種共擊南單于，與烏桓大人反者龐雄與夔共擊奥鞬日逐王，破之。東夷傳，和帝元興元年，句驪王宮入遼東，太守耿夔擊破之。南匈奴傳，和帝永元三年，北單于復爲右較尉耿夔所破，授北單于於除鞬璽綬。建光元年，〔二〕再爲度遼將軍。以徵發煩劇，新降者悉恨謀叛。又見烏桓傳，曰：永元中，耿夔擊破北匈奴，單于逃走。建光元年，〔三〕又救徐常於馬城。

693 召夔　周舉傳，勰父故吏河南召夔爲郡將，卑身降禮，致敬於勰。勰恥交報之，因杜門自絕。

694 邵夔　郭鎭傳，陳伯敬爲太守邵夔怒殺之。時人罔忌禁者，多談爲證焉。

695 丁夔　丁鴻曾孫，又作「夏」。

696 陰夔　袁紹傳，尚還救鄴，操擊破之，走依曲漳爲營。操復圍之，尚懼，遣陰夔、陳琳求降，不聽。

697 劉馗　朱儁傳，陶謙奏記儁，列名有東海相劉馗。

698 隗崔　隗囂傳，季父崔，素豪俠，能得衆。聞更始立而莽兵連敗，於是與兄義等謀起兵應漢。聚衆數千人，攻平襄，殺莽鎭戎大尹，號白虎將軍。更始二年，徵崔至長安，即舊號。其冬，崔欲叛歸，囂懼禍，告之，更始誅崔。

699 曹丕　獻紀，建安二十五年正月，曹丕襲位。十月，帝遜位，丕稱天子。

700 劉丕　劉寵傳，父丕博學，爲通儒。

701 任隗　高鳳傳，將作大匠任隗舉鳳直言，到公車，託病逃歸。又召馴傳。又賄韻。

702 袁隗　劉虞傳，初平元年，徵虞代袁隗爲太傅。袁紹傳，紹叔父袁隗聞趙忠言呼紹，責之。

〔二〕「光」，手稿作「元」，據後漢書改。
〔三〕「光」，手稿作「元」，據後漢書改。

初平元年，卓聞紹起兵，誅隗及宗族。又見列女傳。

703 趙蕤　註：「袁宏紀：封議郎趙蕤等爲列侯，賞有功也。」

704 橋蕤　袁術傳，遣將張勳、橋蕤攻布，大敗而還。互見「勳」下。曹操征術，術走渡淮，留張勳、橋蕤於蘄陽，操斬蕤，而勳走。又見布傳。

705 喜爲　南匈奴傳，安國舅骨都侯喜爲等慮並被誅，乃格殺安國。

706 皇甫規　字威明，安定朝那人。永和六年，西羌大寇三輔。規見征西將軍馬賢不恤軍事，必敗，以布衣上書言狀。既賢果爲羌所沒。郡將知規有兵略，命爲功曹，使率甲士八百，與羌戰，賊退。舉規上計掾。其後羌衆大合，攻隴西。規上疏求自効，云：「願假臣兩營二郡，屯列坐食之兵五千，出其不意，與護羌校尉趙冲共相首尾」云云。帝不能用。冲質之間，梁太后臨朝，規舉賢良方正。對策論冀，冀忿之，以爲下第，拜郎中。託疾免歸，州郡承冀旨，陷死者再三。以詩、易教授，積十四年。冀誅，旬月間，禮命五至，皆不就。公車特徵，拜太山太守。平賊叔孫無忌。延熹四年秋，叛羌寇關中，規上疏願自効。三公舉規爲中郎將，持節監關西兵，討零吾等，破之。先零諸種，相勸降者十餘萬。明年，因討隴右，東羌遣使乞降，涼州復通。規爲將立功，還督鄉里，無它私惠，而多所舉奏，又惡絕宦官，於是中外共誣規貨賂羣羌，文降。天子璽書誚讓相屬。規上書自訟。其年冬，徵還拜議郎。論功當封。而徐璜、左悺求貨，不答。陷以前事，下吏。以餘寇不絕，論輸。太學生張鳳等訟之，赦，歸。徵拜度遼將軍，至營，薦張奐自代。願乞冗官，爲奐副。從之，爲使匈奴中郎將。奐遷大司農，規復爲度遼。欲退身避第，數上病，不聽。黨事大起，恥不得豫，乃自上書，薦大司農張奐，又爲張鳳等所訟，是爲黨人所附。朝廷不問。永康元年，徵爲尚書。日食詔對，不省。遷弘農太守，封壽成亭侯，讓封不受。再轉護羌校尉。熹平三年，召還，卒。趙壹傳，及還，道經弘農，過候太守皇甫規，門者不卽通，壹遂遁去。門吏懼，以白之。規聞壹名大驚，乃追書謝曰：「蹉跌不面，企德懷風，虛心委質，爲日久矣。側聞仁者憫其區區，冀承清誨，以釋遙悚。今旦外白有一尉兩計吏，不道屈尊門下，更啟乃知已去。如印綬可投，夜豈待旦。惟君明叡，平有夙心。寧當慢傲，加於所天。事在悖惑，不足具責。儻可原察，追修前好，則何福如之！謹遣主簿奉書。下筆氣結，汗流竟趾。」种暠傳，推達名臣皇甫規。楊秉傳，頌秉忠直，不宜久抑。又王符傳。皇甫嵩傳。列女傳。西羌傳，擊羌，降之。

707 周　規

朱儁傳，儁爲門下書佐。時同郡周規辟公府，當行，假郡庫錢百萬，以爲冠幘費，而後倉卒督責，規家貧無以備，儁乃竊母繒帛，爲規解對。母失產業，深恚責之。儁曰：「小損當大益。」

708 王　瓌

獻紀，初平元年六月，越騎校尉王瓌安集關東，被殺。袁紹傳，卓使越騎校尉瓌譬解紹，紹使王匡殺瓌。

709 竇　瓌

竇憲傳，篤弟景、瓌，並中常侍。憲振旅還京時，景、瓌皆侍中、奉車、駙馬都尉。明年，封夏陽侯。又曰，瓌少好經書，節約自脩，出爲魏郡，遷潁川太守，後遣就國，徙封羅侯。梁棠兄弟還，路由長沙，逼瓌自殺。欒恢傳，注：「竇憲弟夏陽侯瓌欲往候恢，恢謝不與通。」何敞傳，上封事曰：「駙馬都尉瓌，雖在弱冠，有不隱之忠，比請退身，願抑家權。可順聽其意。」張酺傳，竇氏敗，酺上書言：「伏見夏陽侯瓌，常有盡節之心，檢敕賓客，未嘗犯法。今議者爲選嚴能相，恐其迫切，不免」云云。和帝感酬言，徙瓌，就國而已。陳寵傳。鮑德說瓌，見「德」下。周紆傳，疏論瓌學無經術，妄搆講舍，又造作巡狩封禪之書，惑衆不道云云。

710 劉瓌　泗水王傳，延光中，護從兄瓌與安帝乳母女王伯榮私通，遂取伯榮爲妻，得紹護封爲朝陽侯。事敗，貶爲亭侯。楊震傳，故朝陽侯劉護從兄劉瓌，以伯榮爲妻，得襲護封。震疏云：「瓌無他行，但以配阿母女」云云。不省。

711 劉瓌　鄭玄傳，馬融答北地太守劉瓌及玄答何休，義據通深，古學遂明。

712 趙王珪　獻紀，建安十八年，徙趙王珪爲博陵王。趙孝王傳，赦薨，子珪嗣，建安十八年徙封博陵王。立九年，魏初以爲崇德侯。

713 段珪　何進傳，張讓率常侍段珪、畢嵐等數十人，持兵竊自側闥入，伏省中。何進被害。張讓等劫太后，天子從複道走北宮。尚書盧植於閣道下，仰數段珪。珪等懼，乃釋太后。張讓傳，中常侍段珪。侯覽傳，小黄門段珪家在濟陰，與覽共立田業，近濟北界云云。董卓傳，卓未至而何進敗，中郎將袁術燒南宮，欲討宦官，而中常侍段珪等劫少帝及陳留王走小平津。

714 徐珪　朱儁傳，後太守徐珪舉儁孝廉。

715 陳珪　陳球傳，弟子珪。注：「珪字漢瑜。」華佗傳，沛相陳珪舉佗孝廉。呂布傳，沛相陳珪恐術、布成姻，徐、楊合從，爲難未已，說布絕。術又用珪策，與楊奉、韓暹書反，共擊張勳、橋蕤。

716 陳 龜 字叔珍，上黨泫氏人。家世邊將，便習弓馬。永建中，舉孝廉，五遷五原太守。永和五年，拜使匈奴中郎將。時南匈奴左部反叛，龜以單于不能制下，促令自殺，坐徵下獄免。後再拜京兆尹。會羌胡寇邊，桓帝以龜爲度遼將軍。臨行上疏：「皆將帥不忠，聚奸所致」云云。帝乃更選幽、幷刺史，自營郡太守都尉以下，多所革易，詔「爲陳將軍除幷、涼一年租賦。」梁冀與龜有隙，譖其沮毀國威，挑取功譽。〔一〕坐徵還，乞骸歸。復徵爲尚書。冀橫日甚，龜上疏言其罪狀，請誅之。不省。龜知必爲冀所害，不食七日死。梁商傳，辟上黨陳龜爲掾屬。南匈奴傳，順帝永和五年，五原太守陳龜爲中郎將。龜以單于不能制吾斯等，逼迫之，單于休利自殺。龜又欲徙單于近親於內郡，而降者遂更狐疑。龜下獄免。〔二〕

717 朱 龜 西南夷傳，靈帝熹平五年，諸夷反叛。遣御史丞朱龜討之，不剋。

718 咄 歸 鮮卑傳，順帝陽嘉元年冬，耿曅遣烏桓親漢都尉戎朱廆率衆王侯咄歸等，出塞抄擊鮮卑，大斬獲而還，賜咄歸以下爲率衆王、侯、長，綵繒有差。

719 王 追 西南夷傳，肅宗元和中，蜀郡王追爲太守，政化尤異，有神馬四匹出滇池河中云云。

〔一〕「取」，手稿作「耴」，據後漢書改。
〔二〕「免」，手稿作「死」，據後漢書改。

卷一百七十七　東漢書姓名韻（四）

平聲

八眞

720 何　眞　何后紀，光和四年，追號父眞爲車騎將軍、舞陽宣德侯。

721 劉　眞　城陽恭王傳，竟陵侯平卒，子眞嗣。

722 法　眞　字高卿，扶風郿人，南郡太守雄之子。好學而無常家，博通内外圖典，爲關西大儒。不交人間事。太守請見之，幅巾詣謁。辟公府，舉賢良，皆不就。順帝徵之，不屈。八十九，中平五年，以壽終。友人刊石頌之，曰玄德先生。又劉焉傳，注：「正之祖。」宋弘傳，宋則拔扶風法眞。胡廣傳，太守法雄子，知人。歲終應舉，雄勑眞助求才。因大會諸吏，眞於牖間密占察之，以廣白之。

723 杜　眞　翟酺傳，杜眞等訟酺寃。註：「益都耆舊傳：眞字孟宗，廣漢綿竹人。少有孝行，習易、春秋，兄事同郡翟酺。酺係獄，眞上章救酺，笞六百，竟免酺。」

724 黃　眞　吳祐傳，祐舉孝廉，將行，郡中爲祖道，祐越壇共小史雍丘黃眞歡語移時，〔二〕結友而

〔二〕「壇」，手稿作「檀」，據後漢書改。「史」，手稿作「吏」，據後漢書改。「眞」，傅山全書初版本誤作「直」，據手稿改。

別。功曹以祐倨，請黜之。太守曰：「吳季英有知人之明，卿且勿言。」眞後亦舉孝廉，除新蔡長，世稱其清節。

725 王　眞　方術傳，王眞、郝孟節，皆上黨人也。眞年且百歲，視之面有光澤，似未五十者。自云：「周流登五岳名山，悉能行胎息胎食之方。」注：「漢武内傳曰：眞字叔經。」

726 郝禮眞　郭泰傳，雲中郝禮眞等六十人，並以成名。

727 皇甫義眞　見王允下。

728 劉　珍　安帝紀。和熹后紀，博選諸儒劉珍等，詣東觀讎較傳記。清河王傳，追上尊號，使侍中劉珍等往會事。北海靖王傳。文苑傳，字秋孫，又作秘孫，南陽蔡陽人。少好學。永初中，爲謁者僕射。鄧太后詔與校定東觀五經、諸子傳記、百家藝術，整其脫誤，是正文字。安帝永寧元年，太后又詔與作建武以來名臣傳，遷侍中、越騎較尉。延光四年，拜宗正。轉衛尉，卒官。著頌、誄、連珠凡七篇。又撰釋名三十篇。劉毅傳，上書稱毅美。又見李尤傳。蔡倫傳。張衡傳。見「駼」下。

729 羊　珍　順紀，永和三年五月，吳郡丞羊珍反，攻郡府，太守王衡破斬之。

730 唐　珍　靈紀，熹平二年七月，太常唐珍爲司空，代楊賜也。三年十二月，司空唐珍罷，許訓代之。楊賜傳，熹平二年，代唐珍爲司空。五行志。見柳分下。

731 鄧　珍　鄧禹傳，顯宗分禹封爲三國，封子珍爲夷安侯。

732 鄧　珍　鄧訓傳，元初四年，又封京子珍爲陽安侯，與前禹子同名。弘閶被誣，廢爲庶人。

733 陳　珍　東平王傳，孝王敞喪母至孝，國相陳珍上其行狀。陳翔傳，祖父珍，司隸較尉。

734 夏珍 孫程傳。見籍建下。

735 孔珍 孔僖傳，注：「太和十九年，改封二十八葉孫珍爲崇聖侯。」

736 尹珍 西南夷傳，桓帝時，牂柯郡人尹珍自以生於荒裔，不知禮義，乃從汝南許慎、應奉受經書圖緯，〔二〕學成，還鄉里教授。於是南域始有學焉。官至荆州刺史。

737 閻膏珍 西域傳，大月氏貴霜王丘就郤死，子閻膏珍代爲王，復滅天竺。

738 謝甄 郭泰傳，字子微，汝南邵陵人。與陳留邊讓並善談論，俱有盛名。林宗謂門人曰：「二子英才有餘，而並不入道，惜乎！」甄後不拘細行，爲時所侮。讓以輕侮，見殺於曹操。

739 鄧晨 字偉卿，南陽新野人。世吏二千石。光武與家屬避吏新野，舍晨廬。漢兵起，晨將賓客會棘陽。漢兵退保棘陽，而新野宰污晨宅，晨終無恨色。更始立，以晨爲偏將軍。略地潁川，共擊破尋、邑。別狥陽翟以東，皆下之。更始都洛陽，以晨爲常山太守。光武走信都，晨間行會鉅鹿，請擊邯鄲。光武曰：「偉卿不如以一郡爲我北道主人。」〔三〕遣歸郡。光武追銅馬等賊於冀州，晨委輸不絕。卽位，封房子侯。三年，徵還京師，從容謂帝曰：「僕竟辯之。」拜光祿大夫，監賈復擊平邵陵、新息賊。鎮九江，拜中山太守。十三年，更封南䜌侯。復爲汝南太守。十八年，徵行廷尉事。遣歸。興鴻郤陂數千頃。明年，定封西華侯，徵奉朝請。二十五年卒，謚曰惠侯。齊武王傳，縯分遣

〔二〕「緯」，手稿作「律」，據後漢書改。
〔三〕「以」，手稿脫，據後漢書補。

740 馮　晨　親客，使鄧晨起新野。許楊傳，建武中，太守鄧晨欲脩復鴻郤陂，召楊與議之。馮異傳，平鄉侯普有罪，國除。永初六年，安帝下詔曰：「建武元功二十八將，佐命虎臣，讖記有徵」云云。於是紹封普子晨爲平鄉侯。明年，二十八將絕國者，皆紹封焉。

741 伏　晨　伏湛傳，不其侯光卒，子晨嗣。晨謙敬博愛，好學尤篤，以女孫爲順帝貴人，奉朝請，特進。注：「東觀記：晨尚高平公主。」

742 王　晨　王允傳，兄子晨、陵得脫歸鄉里。

743 番　辰　班超傳，疏勒都尉番辰亦復反叛。會徐幹至，超與幹擊番辰，大破之。

744 單　臣　光武紀，建武十九年，妖巫單臣、傅鎮等反，據原武。臧宮傳，妖巫維汜弟子單臣、傅鎮等，復妖言相聚，入原武城。

745 蘇　臣　馮異傳，異降延岑將蘇臣等八千餘。

746 辛　臣　岑彭傳，田戎妻兄辛臣賣戎，降於彭。詳田戎下。

747 申徒臣　李通傳，注：「續漢書：先是，通同母弟申徒臣能爲醫，難使，伯升降之。」

748 皇女臣　顯宗女，魯陽公主。

749 藺夫人　明德馬后紀，母藺夫人。

750 陳夫人　虞美人紀，魏郡人，少以聲伎入孝王宮，生質帝。亦以梁氏故，榮寵不及。

751 韓夫人　劉玄傳，傳莽首詣宛。更始視之曰：「莽不如是，當與霍光等。」寵姬韓夫人曰：「若不如是，帝焉得之乎？」韓夫人尤嗜酒，每侍飲，見常侍奏事，輒怒曰：「帝方對我飲，正用此時持事來乎！」起，抵破書案。

752 程夫人 崔寔傳，烈入錢五百萬，爲司徒。及拜，帝曰：「悔不小靳，可至千萬。」程夫人應曰：「崔公冀州名士，豈肯買官？賴我得是，反不知姝耶！」劉翊傳，黄綱恃程夫人勢。

753 義成夫人 崔駰傳，篆母師氏能誦百家之言，莽賜號義成夫人。

754 虞美人 后紀，以良家子入掖庭，生沖帝及女。

755 王美人 何后紀，時美人任娠，畏后，欲服藥除之，而胎安不動。四年，生皇子協，后遂酖殺美人。興平元年，追尊爲靈懷皇后。

756 梁貴人 章德竇后紀，梁貴人生和帝。梁竦之女。后作飛書陷竦，貴人姊妹以憂卒。復尊謚爲恭懷皇后。梁竦傳，竦二女爲貴人，小貴人生和帝。

757 梁大貴人 梁貴人姊。

758 李貴人 安思閻后紀，貴人李氏生皇子保，遂鴆殺李氏，後尊謚恭愍皇后，葬恭北陵。

759 賈貴人 明德馬后紀，賈貴人，南陽人。建武末選入太子宫，生肅宗，而顯宗以爲貴人。又孝明八王傳。

760 宋貴人 章德后紀，初，宋貴人生皇太子慶云云。后誣宋貴人挾邪媚，遂自殺。清河王傳，母宋貴人。宋昌八世孫，扶風平陵人也。父楊。馬后聞楊二女皆有才色，迎而訓之。永平末，選入太子宫。肅宗卽位，並爲貴人。建初三年，大貴人生慶，慶立爲皇太子。太后崩，後竇皇后與母比陽主謀陷宋氏，慶廢遂出，貴人姊妹置丙舍，使小黄門蔡倫考實之，皆承風旨傳致其事，乃載送暴室。二貴人同時飲藥自殺。後上尊號曰敬隱后。後追贈敬隱后女弟小貴人印綬。又蔡倫傳。翟酺傳。

761 宋貴人　獻帝貴人，傕劫帝幸其北塢，唯皇后、宋貴人俱。後渡河同濟，亦惟皇后、宋貴人。
宋名都，常山太守泓之女。

762 博園貴人　匽后明，先尊爲博園貴人。

763 愼園貴人　孝仁董后紀。

764 郭貴人　鄧后猛女紀，后與帝所幸郭貴人更相譖訴。

765 董貴人　伏后紀，董承女，曹操殺承，求貴人殺之，帝請不能得。

766 周貴人〔一〕　和熹鄧后紀，賜周、馮貴人策曰：「今當以舊典分歸後園」云云。

767 馮貴人

768 陰貴人　八十卷孝明八王傳。

769 田貴人　應奉傳。又陳蕃傳，初，桓帝欲立所幸田貴人爲皇后。

770 虞貴人　陽球傳。

771 耿貴人　清河王傳。

772 申貴人　濟北王傳，王壽母申貴人，世吏二千石，年十三入掖庭。

773 馬貴人　章帝八王傳，建和二年，尊蠡吾侯翼夫人馬氏爲孝崇博園貴人，以涿郡之良鄉、故安、河間之蠡吾三縣爲湯沐邑。又見「碩」下。

774 馮貴人　陳球傳，曹節等欲別葬竇太后，而以馮貴人配祔。球曰：「馮貴人冢墓被發，〔二〕骸骨暴

〔一〕「周貴人」與下一條「馮貴人」，手稿合一，作「周馮二貴人」，現據本書體例分而爲二。
〔二〕「發」，手稿作「廢」，據後漢書改。

露，魂靈汙染，且無功於國」云云。

775 史道人　何后紀，生皇子辯，〔一〕養於史道人家。

776 劉它人　齊武王傳，肅宗復封張子它人爲下博侯，奉其祀。

777 龐山人　龐公傳，注：「襄陽記曰：德公之子，字山人，亦有名，娶諸葛孔明女，爲魏黃門吏部郎。」

778 程大人　蔡邕傳，今道路紛紛，復云有程大人者，察其風聲，將爲國患。

779 任　仁　安帝紀，永初三年正月，遣騎都尉任仁討先零羌，不利。四年七月己卯，騎都尉任仁下獄死。西羌傳，永初三年春，遣騎都尉任仁督兵救三輔。仁戰每不利，累敗，而兵士放縱，檻車徵詣廷尉詔獄死。

780 劉　仁　城陽恭王傳，熊渠卒，子考侯仁嗣。以春陵地溼，求減邑內徙。元帝初元四年，徙封南陽之白水鄉，仍以春陵爲名。

781 橋　仁　橋玄傳，七世祖仁，從同郡戴德學，著禮記四十九篇，號「橋君學」。成帝時爲大鴻臚。

782 楊　仁　儒林傳，字文義，巴郡閬中人。建武中，詣京師學習韓詩。仕郡爲功曹，舉孝廉，除郎。太常上仁經中博士，仁辭以未五十，不應舊科。顯宗特詔補北宮衞士令，上便宜十二事。帝崩，諸馬貴盛，爭欲入宮。仁披甲持戟，嚴勒門衞，莫敢輕進。肅宗立，諸馬譖劾峻，帝愈善之，拜什防令。行兄喪去官。後爲郎中令，卒官。

〔一〕「辯」，手稿作「辨」，據後漢書改。

783 公孫仁　公孫述傳，述父仁，爲河南都尉。

784 輔國侯仁　西域莎車傳，于窴王廣德承莎車之敝，使弟輔國侯仁將兵攻賢。

785 張　純　光武紀，建武二十三年十月丙申，太僕張純爲大司空，代杜林。中元元年三月戊辰，純薨，馮魴代之。又馮魴傳，中元元年，代張純爲司空。字伯仁，京兆杜陵人。少襲爵富平侯。哀平閒爲侍中，莽時至列卿。以謹約，保全前封。傅山曰：「有何顔面？」建武初，先來詣闕，故得復國。五年，〔二〕爲太中大夫，將潁川突騎安集荆、〔三〕徐、楊部。後又將兵屯田南陽，遷五官中郎將。有司奏，列侯非宗室不宜復國。光武曰：「純宿衛十有餘年，其勿廢，更封武始侯。」建武初，舊章多闕，自郊廟婚喪禮儀，多所正定。兼虎賁中郎將。十九年，與太僕朱浮共奏：「宗廟不宜列春陵以來四世。」從之。明年，代朱浮爲太僕。二十三年，代杜林爲大司空。二十四年，穿陽渠，引洛水爲漕。二十六年，奏祫、禘。三十年，奏宜封禪。中元元年，視御史大夫從東巡，並上元封舊儀及刻石文。三月，薨，謚節侯。子奮嗣。又馮魴傳，中元元年，代張純爲司空。傅山曰：「純亦厚顔人耳。」

786 張　純　靈紀，中平四年六月，漁陽人張純叛。六年三月，幽州牧劉虞購斬之。劉虞傳，前中山相張純私謂前太山太守張舉曰：「今烏桓既畔，皆願爲亂，涼州賊起，朝廷不能禁。又洛陽人妻生子兩頭，此漢祚衰盡，天下有兩主之徵也。子若與吾共率烏桓之衆以起，

〔二〕「五」，手稿作「二」，據後漢書改。
〔三〕「集」，手稿作「積」，據後漢書改。

庶幾可定大業。」舉因然之。中平四年，張純等遂與烏桓大人共連盟，攻薊下，燔燒虜掠，衆至十餘萬，屯肥如。純稱「彌天大將軍安定王」云云。劉虞復拜幽州牧，開許善路。而純爲其客王政殺，送首詣虞。匈奴傳，靈帝中平四年，前中山太守張純反畔，率鮮卑寇邊。詔發南匈奴兵，配幽州牧劉虞討之。烏桓傳，中山太守張純叛，入丘力居衆中，自號「彌天安定王」，爲諸郡烏桓元帥。五年，劉虞爲幽州牧，購募斬純首，北州乃定。

787
耿純

光武紀。又王昌傳，光武攻鉅鹿，王饒不克，純說進攻邯鄲。東郡太守東光侯耿純字伯山，鉅鹿宋子人。學於長安，因爲莽納言士。更始遣李軼狥郡國，純說軼云云。軼承制拜爲騎都尉，令安集趙、魏。世祖至邯鄲，純謁見，遂自結納。世祖北至中山，留純邯鄲。會王郎起，純與從昆弟訢、宿、植等迎世祖於育。注：「育縣在冀州。」拜偏將軍，封耿鄉侯。降宋子，從攻下曲陽及中山，使訢等還燒宗族廬舍，以絕反顧。世祖至鄗，鄗大姓蘇公反納王郎將李惲。惲覺，逆戰，破斬之。從平邯鄲，破銅馬。時赤眉、青犢、上江、大彤、〔二〕鐵脛、五幡十餘萬衆並在射犬，世祖擊之。純軍在前，賊夜攻純營，雨射營中。純堅守不動。選敢死二千人，銜枚間行，出賊後，呼噪發弩，賊驚潰，遂破之。世祖卽位，封高陽侯。擊劉永於濟陰，下定陶。病發，以將軍從。遣純持節，行赦令於幽、冀，因收劉揚，〔三〕斬之。純還京師，自請願治一郡，拜東郡太

〔二〕「彤」手稿作「肜」，據後漢書改。
〔三〕「揚」，手稿作「楊」，據後漢書改。

守。四年，詔擊更始東平太守范荆，荆降。進擊太山濟南平原賊，〔一〕皆平之。奏發干長罪，圍守之，長自殺。免，從擊董憲，道過東郡，百姓數千云「願復得耿君」。定封東光侯，請就國。八年，東郡盜賊起，遣使拜太中大夫，與李通等大兵會東郡。郡聞純入界，賊九千餘人詣純降，大兵不戰而還。璽書復爲東郡太守。十三年，卒官，謚成。

788 隗　純
光武紀。又隗囂傳，囂死，王元、周宗立囂子純爲王。周宗等將純降。純與行巡、〔二〕苟宇徙弘農。

789 彭　純
耿弇傳，寵遣弟純將匈奴騎，擊祭遵、劉喜。

790 李　純
李忠傳，中水侯威卒，子純嗣，永平九年，〔三〕坐母殺純叔父，國除。注：「東觀記：永平二年，純母禮殺威弟季。」永初七年，鄧太后復封純琴亭侯。

791 蘇　純
蘇章傳，祖父純，字桓公，有高名，性彊切而持毁譽，士友咸憚之，至乃相謂曰：「見蘇公，患其教責人，不見，又思之。」三輔號爲「大人」。永平，爲奉車都尉竇固軍，出擊北匈奴有功，封中陵鄉侯，官至南陽太守。

792 賀　純
黄瓊傳，會稽賀純，公車徵。又瓊上書薦賀純。李固傳，言宜徵還純等。見楊厚下。

793 閔　純
韓馥别駕閔純諫馥，無以冀州與紹。語略具「授」下。註：「紹令田豐殺之。」互詳耿武下。

794 鄭　純
西南夷傳，西部都尉廣漢鄭純爲政清潔，化行夷貊，天子嘉之，即以爲永昌太守。純

〔一〕「平原」，手稿作「原平」，據後漢書改。
〔二〕「純」，傅山全書初版本誤作「宗、恢」，據手稿改。
〔三〕「平」，手稿作「元」，據後漢書改。

與哀牢夷人約，邑豪歲輸布貫頭衣二領，鹽一斛，以爲常賦，夷俗安之。純自爲都尉、太守，十年卒。

795 孫　純　西羌傳，肅宗建初元年，隴西太守孫純遣紀事李睦會和羅谷，與卑湳等戰，斬首數百。

796 劉　醇　黄琬傳，顯用志士，平原劉醇。

797 王　忳　獨行傳，字少林，廣漢新都人。營葬病書生。仕郡功曹，治中從事。舉茂才，除郿令。宿斄亭有鬼，女子稱寃事。

798 馮　勤　字偉伯，魏郡繁陽人。初爲太守銚期功曹，[一]後除爲郎中，給事尚書。典諸侯封事。善量功次輕重，國土遠近，地勢豐薄，不相踰越。自是爵土之制，非勤不定。拜尚書僕射。在職十五年，以勤勞賜爵關内侯。遷尚書令，拜大司農，三歲遷司徒。時三公多見罪退，帝賢勤，欲令以善自終，因讌見從容戒之云云。中元元年，薨。建武二十七年，大司徒去「大」字，以大司農馮勤爲司徒，代玉况。中元元年六月乙未，勤薨，李訢代之。侯霸傳，司徒馮勤得薨位。文詳玉况下。又見耿國傳。張興傳，辟司徒馮勤府，勤舉興孝廉。

799 尹　勤　殤帝紀，延平元年六月丁未，太常尹勤爲司空，代陳寵。安帝紀，永初元年九月辛未，司空尹勤免，周章代之。魏霸傳，延平元年，代尹勤爲太常。周章傳，代尹勤爲司空。陳寵傳，寵薨，以太常南陽尹勤代爲司空。勤字叔梁，篤性好學，屏居人外，荆棘生門。後以定策立安帝，封福亭侯。永初元年，以雨傷稼，免就國。卒，無子，國除。

[一]「銚」，手稿作「姚」，據後漢書改。

800 夏　勤　張禹傳，永初元年，與徐防、尹勤同日封。其秋，以寇賊水雨策免防、勤，而禹不自安。安帝紀，永初三年四月丙寅，大鴻臚九江夏勤爲司徒，代魯恭。註：「字伯宗，壽春人。」元初二年十二月己酉，勤罷，劉愷代之。樊儵傳，弟子九江夏勤爲三公。勤字伯宗，爲京、宛二縣令，〔一〕零陵太守。安帝時，位至司徒。劉愷傳，元初二年，代夏勤爲司徒。又見張禹傳。

801 鄭　勤　安帝紀，永初四年三月，先零羌寇褒中，漢中太守鄭勤戰歿。西羌傳，永初四年，漢中太守鄭勤移屯褒中。時羌復攻褒，勤欲擊之，主簿段崇諫，宜堅守，勤不從，戰敗死。互見「宗」、「崇」、「展」下。

802 郭　勤　郭后紀，建初二年，章帝紹封嵩子勤爲伊亭侯。無子，國除。

803 薛　勤　陳蕃傳，蕃十五，嘗閑處一室，而庭宇蕪穢。父友同郡薛勤來候之，曰：「孺子何不洒埽以待賓客」云云。

804 董　勤　王充傳，刺史董勤辟充從事。

805 李　訢　光武紀，中元元年十月辛未，司隸校尉李訢爲司徒，代馮勤。順帝紀，司徒訢奏安梓宮，封安鄉侯。永平三年二月甲寅，司徒訢免，郭丹代之。又郭丹傳。

806 陳　訢　光武紀，建武二十一年四月，遣將兵長史陳訢討安定屬國叛胡，平之。盧芳傳，遣將兵長史陳訢，率三千騎擊駮馬少伯，降之。王霸傳，建武十年，霸復與吳漢等將軍出

〔一〕「宛」，手稿作「兆」，據後漢書改。

高柳擊賈覽，詔霸與漁陽太守陳訢將兵爲諸軍鋒。馬武傳，顯宗初，武與右輔都尉陳訢，將烏桓等營擊西羌。〔一〕

807 鄧訢 陰后紀，九月，有盜劫，殺鄧訢，追爵訢爲宜義恭侯。

808 宗訢 律曆志，見虞恭下。

809 編訢 律曆中，元和二年，詔治曆編訢、李梵等綜較其狀。於是四分施行。而訢、梵猶以爲元首十一月當先大，欲以合耦弦望，命有常日云云。

810 董訢 岑彭傳，是時，董訢起堵鄉，彭等討鄧奉。先擊堵鄉，奉將萬餘人救董訢，不克。三年夏，帝自將南征，至葉，訢別將數千人遮道，車騎不得前。彭擊破之，董訢降。王常傳，南擊鄧奉、董訢。堅鐔傳，鐔引軍赴宛，斬關入，董訢棄城走還堵鄉。

811 耿訢 耿純傳，與從昆弟訢等迎世祖於育，皆爲偏將軍。後爲赤眉將軍，封著武侯。從鄧禹西征，戰死雲陽。鄧禹傳，以耿訢爲赤眉將軍，後禹殺漢中王相李寶，寶弟收寶部曲，擊禹，殺將軍耿訢。

812 馮訢 馮異傳，帝思異功，復封彰弟訢爲析鄉侯。

813 卓訢 卓茂傳，汎鄉侯苓卒，子訢嗣。

814 孔訢 鍾離意傳，註：「意別傳曰：意爲魯相，出私錢萬三千文，付戶曹孔訢修孔子車。」

815 衞訢 清河王傳，中傅衞訢爲贓盜千餘萬，詔使案理之，並責慶不舉之狀。慶曰：「訢以師傅之尊，選自聖朝，臣愚，惟知言從事聽，不甚有所糾察。」帝嘉其對，悉以訢贓物賜

〔一〕「烏桓」，手稿作「烏丸」，據後漢書改。

慶。

816 宋　訢　史弼傳，註：「謝承書曰：弼年二十爲郡功曹，承前太守宋訢穢濁之後，悉條聚斂姦吏百餘人，白太守，埽迹還縣。」

817 吳　訢　郭鎮傳，吳雄之子。詳「雄」下。

818 尹　勳　桓紀，延熹二年，封尹勳等七人爲亭侯。註：「勳，宜陽都鄉亭。」靈紀，建寧元年九月，曹節等矯詔誅尹勳。梁冀傳，使尚書令尹勳持節勒丞郎以下皆操兵守省閤，斂諸符節送省中。又曰，朝廷爲空，唯尹勳、袁盱、邯鄲義在焉。錄誅冀功，封尚書令尹勳以下數十人。又見霍諝傳。劉瑜傳，侍中尹勳爲尚書令，竇武敗，瑜、勳並被誅。勳字伯元，河南人。延熹八年，楊秉舉賢良方正，上書陳事，特召勳問災咎，徵拜議郎。竇武謀誅宦官，被誅。黨錮傳，字伯元，河南鞏人。宗族多居貴位，而勳獨持清，不以地勢尚人。察孝廉，遷邯鄲令。後舉高第，五遷尚書令。參建誅梁冀謀，封都鄉侯。遷汝南太守。上書解范滂等黨議禁錮。尋徵拜將作大匠，轉大司農。坐竇武事，下獄自殺。竇武傳，引同志尹勳爲尚書令，武令與山冰雜考鄭颯事變，曹節令王甫收勳、冰，害之。互見曹節傳。皇甫規傳。總見「祐」下。

819 郭　勳　靈紀，中平元年四月，廣陽黃巾殺幽州刺史郭勳。郭后紀，發干侯匡卒，子勳嗣。

820 竇　勳　章德竇后紀，父勳，坐事死，在融傳。建初七年，追爵謚爲安成思侯。竇融傳，穆子勳，尚東海恭王彊女沘陽公主。後父穆將家屬歸本郡，以勳沘陽主壻留京師。穆死平陵獄，勳亦死洛陽獄。馬嚴傳，嚴拜陳留太守。當之職，乃言於帝曰：「竇勳其家不宜親近京師。」時勳女爲皇后，竇氏方寵，時有側聽嚴言者，以告竇憲兄弟，由是失權貴心。

821 蔡　勳　卓茂傳，茂與陳留蔡勳等不仕莽。勳玄孫邕。蔡邕傳，六世祖勳，好黃老，平帝時爲郿令。莽初，授以厭戎連率。勳對印綬仰天歎曰：「吾策名漢室，死歸其正」云云。遂攜家屬，入深山，與鮑宣、卓茂等同不仕新室。

822 蓋　勳　字元固，敦煌廣至人。家世二千石。初舉孝廉，爲漢陽長史。後領漢陽太守。去官，徵拜討虜將軍。京兆尹董卓以爲越騎較尉。不欲令久典禁兵，復出爲潁川太守。未至郡，徵還京師。强直不屈，而内厭於卓，不得意，疽發背卒。遺令勿受卓賻贈。卓欲外示寬容，表賜東園秘器云云。雜見「和」、「昌」、「梟」、「吾」、「碩」、「望」等下。

823 駟　勳　陸續傳，尹興被徵，續與主簿梁宏、功曹史駟勳等詣洛陽就考掠，終無異辭。

824 劉　勳　華佗傳，註：「瑯琊劉勳爲河内太守，有女年二十，左膝有瘡，癢而不痛。」

825 劉　勳　袁術傳，術死，妻子依故吏廬江太守劉勳。註：「魏志曰：字子臺。」

826 劉　勳　公孫瓚傳，疏袁紹罪曰：「紹與故虎牙都尉劉勳，首共造兵，勳降服張楊，累有功効，而以小忿枉加酷害。其罪七也。」此與袁術傳中故吏廬江太守同名。

827 徐　勳　袁紹傳，紹檄使從事中郎將徐勳就發遣操。

828 張　勳　袁術傳，呂布執術使，術遣將張勳、橋蕤攻布。互見「蕤」下。又呂布傳。

829 臣　勳　西域傳，順帝永建二年，拜臣槃兄子臣勳爲守國司馬。

830 計子勳　方術傳，計子勳，不知何郡縣人，皆謂數百歲，行來於人間。一旦忽言日中當死，主人與之葛衣，服而正寢，日中果死。

831 寇　恂　執金吾雍奴侯寇恂字子翼，上谷人。初爲郡功曹，太守耿況重之。更始時，說使者復況官。王郎起，恂說況請東約漁陽還，至昌平，襲擊邯鄲使者，殺之，奪其軍，遂與況子弇南及光武於廣阿。拜偏將軍，號承義侯，拜河內太守，行大將軍事。建武二年，坐考繫上書者，〔一〕免。行復拜潁川太守，郡中平定，封雍奴侯。戮賈復部將，征至引見，與復結友而去。歸潁川。三年，拜汝南太守，後從駕征，高峻降之。十二年卒，謚曰威侯。時人歸其長者，以爲有宰相器。周嘉傳，太守寇恂舉嘉爲孝廉。郭躬傳。

832 隗　恂　隗囂傳，五年，囂遣長子恂隨來歙詣闕。以爲胡騎校尉，封鐫羌侯。後囂上書言慢，有司請誅恂，帝不忍，囂奔西城，詔告囂，終不降，乃誅恂。互見來歙傳。

833 馮　恂　賈逵論曆，太子舍人馮恂亦復作九道術，增損其分，與宗整術並較，差爲近。又論月食歲己未當食四月，恂術以三月，官曆以五月。光和二年，太史令脩等奏廢孫誠術，用恂術。

834 張　恂　律曆中，論月食。光和二年，與太史令脩奏廢孫誠術。

835 張　恂　樂恢傳，注：「東觀記：京兆尹張恂召恢，署戶曹史。」

836 觀　恂　劉般傳，揚州刺史觀恂薦般在國口無擇言，行無怨惡。

837 郭　恂　班超傳，與從事郭恂俱至鄯善。超將攻虜營，衆曰：「當與從事議之。」超曰：「從事文俗吏，聞此必恐」云云。既斬虜還告恂，恂大驚，色動。超曰：「掾雖不行，班何心獨擅之乎？」恂乃悅。西域焉耆傳，永平末，焉耆與龜茲共攻沒校尉郭恂等。

838 李　恂　字叔英，安定臨涇人。少習韓詩。辟司徒桓虞府。拜侍御史，持節使幽州，慰撫北狄，

〔一〕「繫」，傅山全書初版本誤作「繄」，據手稿改。

所過圖寫山川、屯田、聚落百餘卷，封上，肅宗嘉之。拜兗州刺史。席羊皮，服布被。遷張掖太守。時竇憲兵屯武威，恂不阿，憲奏免。後徵拜謁者，使持節領西域副校尉。北匈奴斷車師、隴沙以西，恂購賞，斬虜帥，道路清夷，使命乃通。遷武威太守。坐事免，步歸學廬，與諸生織席自給。會西羌叛，被執。素聞名，遣之。詣洛陽謝。時歲荒，司空張敏、司徒魯恭等餽糧，不受。徙居新安關下，拾橡實以自資。年九十六卒。傅山曰：自是潔身賢者。

839 周　恂　周舉傳，勰孫恂。見「揚」下。

840 摯　恂　馬融傳，京兆摯恂以儒術教授，隱於南山，不應徵聘，名重關西，融從遊。恂奇融才，以女妻之。

841 應　珣　應劭傳，註：「華嶠書曰：劭弟珣，字季瑜，司空掾。生瑒、璩。」

842 程　詢　盧芳傳，隨昱隨使者程詢詣闕。

843 太史令巡　律曆中，太史令巡上紺有益官用。

844 樂成釐王劉巡　孝明八王傳，哀王崇絕，和帝立崇兄修侯巡爲樂成王，是爲釐王。立十五年薨。

845 劉　巡　劉玄傳，玄三子，長曰求。求卒，子巡嗣襄邑侯，復徙封灌澤侯。

846 馮　巡　五行志，靈帝光和元年，司徒長史馮巡馬生人。〔二〕註：「風俗通曰：巡馬生胡子，問養馬胡蒼頭，乃好此馬以生子。」後巡遷甘陵相，黃巾起，爲所殘殺。

〔二〕「馬」，手稿作「長」，據後漢書改。

847 馮　巡　馮勤傳，勤同縣馮巡等舉兵應光武，謀未成而爲豪右焦廉等所反。

848 行　巡　隗囂傳，平襄人行巡爲大將軍，囂遣王元與行巡侵三輔。八年，囂使巡守番須口，囂死後，與周宗將囂子純降，徙弘農。馮異傳，囂遣將行巡等取栒邑。岑彭傳，將蜀救兵到，囂得出還冀。又見周宗下。

849 梁　巡　梁統傳，囂敗，封同產兄巡爲關內侯。

850 皮　巡　鄧訓傳，註：「東觀記：太醫皮巡從獵上林還，暮宿殿門下，寒疝病發。時訓直事，聞巡聲，起往問之，曰：冀得火以熨背。訓身至太官門爲求火，不得，乃以口噓其背」云云。

851 徐　巡　杜林傳，濟南徐巡初事衛宏，後更受林學。衛宏傳，濟南徐巡師事宏，後從杜林受學。

852 郤　巡　樊英傳，陳郡郤巡學傳英業，官至侍郎。

853 李　巡　呂强傳，宦者汝陽李巡稱爲清忠。巡以爲博士試甲乙科爭第，至有行賂定蘭臺漆書經字，以合其私文者，乃白帝，與諸儒共刻五經文於石，於是詔蔡邕等正其文字。自後五經一一定，爭者用息。

854 范　逡　隗囂傳，以平陵范逡爲師友。杜林傳，林與同郡范逡等俱客河西。後林爲大司徒，直薦范逡。

855 鄧　循　天文志，延熹八年，議郎鄧循繫暴室。

856 劉　循　順陽懷侯傳，南鄉侯參卒，子循嗣。

857 周　循　楊厚傳，楊統從犍爲周循習先法。

858 陰循 袁紹傳，卓遣少府陰循譬解袁紹。袁術執殺陰循。注：「楚國先賢傳曰：循字元基，南陽新野人。」

859 吳循 袁紹傳，卓遣將作大匠吳循譬解紹。紹使王匡殺循等。

860 張文 光武紀，注：「五樓賊帥張文。」吳漢傳，漢與偏將軍馮異擊昌城五樓賊張文等，皆破之。

861 張文 蔡邕傳，三事，郎中張文，前獨進狂言，聖聽納受。臣愚以爲宜擢文右職，以勸忠謇。

862 劉文 桓紀，建和元年十一月，清河劉文反，殺國相謝暠，欲立清河王蒜爲天子，事覺誅。清河王傳，建和元年，甘陵人劉文與南郡妖賊劉鮪交通，訛言清河王當統天下，欲共立蒜。後捕誅之。又李固傳。

863 王文 濟南王傳，永建五年，封王廣弟文爲樂城亭侯。

864 李文 鄧禹傳，禹以李文、李春、程慮爲祭酒。禹定河東，承制，拜文爲河東太守。

865 劉伯文 五行志，註：「李娥死復生，武陵太守問狀，娥對曰：謬爲司命所詔，到得遣出，過西門見外兄劉伯文」云云。

866 皇甫文 寇恂傳，恂奉璽書至第一，高峻遣軍師皇甫文出謁，辭禮不屈。恂怒，即斬之。

867 王長文 郭泰傳，同郡王長文等。

868 蘇孺文 蘇順傳，註引三輔決錄云云。同曹衆下。

869 陳羣長文 禰衡傳。

870 和昱 桓紀，元嘉二年十二月，右北平太守和昱坐贓下獄死。

871 臧　旻　靈紀，熹平元年十一月，遣揚州刺史臧旻與丹陽太守陳夤擊賊，許生破之。三年十一月，破許生於會稽，斬之。陸康傳，刺史臧旻舉康茂才。臧洪傳，父旻，有幹事才。註：「謝承書：旻達於從政，爲漢良吏，遷匈奴中郎將。還京師，太尉袁逢問西域諸國土地風俗人物種數，旻具達言西域本三十六國，後分爲五十五，稍散至百餘國。大小，道里近遠，人數多少，風俗燥溼，山川草木鳥獸異物名種不與中國同者，口陳其狀，手畫地形。逢奇其才，嘆息言：雖班固作西域傳，何以加此？」旻熹平元年拜揚州刺史，擊妖賊許昭，連戰三年，破平之，遷使匈奴中郎將。匈奴傳，靈帝熹平六年，單于某與中郎將臧旻出鴈門擊鮮卑檀石槐，大敗而還。鮮卑傳，熹平六年，匈奴中郎將臧旻率南單于出鴈門，〔一〕大敗，同夏育、田晏檻車徵下獄，贖爲庶人。

872 臧　旻　第五倫傳，徐州從事臧旻上書訟種曰：「伏見種天性疾惡，公方不曲」云云，「冀有朱家之路，以顯季布之會。願無遺須臾之恩，令種有持忠入地之恨。」

873 王　旻　靈紀，熹平六年十二月，太僕王旻下獄死。

874 王　旻　皇甫規傳，友人上郡太守王旻喪還，規素縞越界迎之。〔二〕

875 梁　旻　劉祐傳，會稽太守梁旻，冀之從弟也。祐舉奏其贓罪，旻坐徵。

876 董　旻　何進傳，吳匡與董卓弟奉車都尉旻攻殺何苗。董卓傳，卓以弟旻爲左將軍，封鄠侯。卓死，使皇甫嵩攻旻于郿塢，殺其母妻男女，盡滅其族。

〔一〕「門」，手稿脫，據後漢書補。

〔二〕「縞」，手稿作「稿」，據後漢書改。

877 李旻　董卓傳，徐榮與孫堅戰於梁，破堅，生擒潁川太守李旻，亨之。

878 侯汶　獻紀，興平元年十月，使侍御史侯汶出太倉米豆，爲人作糜粥，經日而死者無數，詔杖汶五十。董卓傳，帝使侍御史侯汶出太倉米豆爲飢人作粥，死者無限，尚書令以下奏收汶考實，詔杖五十。

879 劉均　光武紀，鄧禹斬王匡將劉均。鄧禹傳，赤眉西入關，更始分遣抗威將軍劉均等據河東、弘農拒之。禹破。更始將樊參、劉均等合軍十餘萬，攻禹，後禹輕騎急迫獲劉均。詳王匡下。

880 劉均　清河王傳，宋楊免歸。友人左馮翊沛國劉均等奔走解釋，得免罪。

881 宋均　字叔庠，南陽安衆人。以父任爲郎。年十五，好經書，通詩禮。二十餘，調補辰陽長。爲立學校，禁淫祀，以祖母喪去官，客潁川。後爲謁者。會武陵蠻反，詔均發江夏奔命三千人往救之。矯制降賊。遷上蔡令。時府下記，禁民喪葬過侈，均曰：「送終踰制，失之輕者。不義之民，尚未循化」云云，不肯施行。遷九江太守，去虎穽，而虎東游渡江，蝗不入九江界。浚遒縣有唐、后二山，民祠之，衆巫取民男女以爲公嫗，遂不敢嫁娶。均下書「以後爲山娶者皆娶巫家」，於是絶。永平元年，遷東海相，坐法免，客授潁川。東海吏民思之作歌，詣闕乞還。顯宗以其能，徵拜尚書令。司隷較尉出爲河内太守，以疾乞免，卒於家。南蠻傳，建武二十五年，精夫相單程等飢因乞降，會馬援卒，謁者宋均聽悉受降。

882 鄭均　字仲虞，東平任城人。少好黃老書。兄爲縣吏，頗受禮遺，均數諫止，不聽。均脱身爲傭，歲餘，得錢帛，歸以與兄。養寡嫂孤兒，不應辟命。建初六年，公車特徵，再遷尚書，以病乞骸，拜議郎，告歸。元和元年，詔告廬江、東平相曰：「議郎鄭均，束修安貧」云云。「又前安邑令毛義，躬履遜讓」云云。「其賜均、義穀各千斛，常以八月長吏存問，賜羊酒。」明年，東巡過任城，幸均舍，勑賜尚書祿以終身，時號「白衣尚書」。永元中，卒於家。樂恢傳，恢薦任城鄭均、成陽高鳳。逸民傳序，肅宗亦禮鄭均而徵高鳳。

883 鄭均　百官志「太尉」下，注：「蔡質漢儀曰：府開闕，王莽初起大司馬，〔二〕後篡盜神器，故遂貶去其闕。漢官儀曰：張衡云：明帝以司馬、司空府，欲復更太尉府。時公趙憙也。西曹掾安衆鄭均，素好名節，以爲朝廷新造北宮，整飾官寺，旱魃爲虐，民不堪命，曾無殷湯六事，周宣雲漢之辭。今府本館陶公主第舍，員職既少，自足相容。憙表陳之，即聽許。其冬，臨辟雍，歷二府，見皆壯麗，而太尉府獨卑陋。顯宗東顧嘆息曰：椎牛縱酒，勿令乞兒爲宰。時憙子世爲侍中，驂乘，歸具白之，憙以爲恨，頻譴責均，均自劾去，道發病亡。」

884 孔均　孔僖傳，王莽秉政，封孔均爲褒成侯。

885 蔣均　許荆傳，耒陽縣蔣均者，兄弟爭財，互訟。〔三〕荆對之嘆曰：「教化不行，罪在太守。」乃顧使吏上書，乞詣廷尉。兄弟感悔，求罪。

886 司馬均　賈逵傳，逵薦東萊司馬均，字少賓，安貧好學，隱居教授。信誠行乎州里，鄉有所計

〔二〕「司馬」，手稿作「司儒」，據後漢書改。
〔三〕「訟」，手稿作「詔」，據後漢書改。

爭，輒令祝少賓，不宜者終無敢言。位至侍中，以老病乞身，賜大夫祿，歸鄉里。

887 司馬鈞　安帝紀，元初二年十月，左馮翊司馬鈞下獄自殺。註：「安定太守杜恢與鈞並威擊羌，恢乘勝深入，鈞擁兵不救。」鄧訓傳，隴西屯漢陽，使征西校尉任尚、從事中郎司馬鈞與羌戰，大敗。徵隴班師。龐參傳，時先零羌豪僭號北地，詔參將降羌及湟中義從胡七千人，與行征西將軍司馬鈞期會北地擊之。西羌傳，安帝永初二年，從事中郎司馬鈞率諸郡兵與滇零戰平襄。元初二年，遣左馮翊司馬鈞行征西將軍，督擊零昌，攻拔丁奚城，大尅獲。令仲光等收羌禾稼，光等違鈞節度，〔一〕羌設伏邀擊之。鈞在城，怒而不救，光等沒，死者三千人。鈞遁還，坐徵自殺。

888 張鈞　靈紀，中平元年四月，侍中張鈞坐言宦者，下獄死。張讓傳，郎中中山張鈞上書言：「張角之亂，其源由十常侍，宜斬頭懸南郊，以謝百姓」云云。以章示讓，讓等並出家財助軍。帝怒鈞曰：「此眞狂子也。十常侍固當有一人善者不？」鈞復重上，如前章。不報。讓遂誣奏鈞學黃巾道，收掠死獄中。

889 陳思王劉鈞　孝明八王傳，敬王羨，子思王鈞嗣。鈞多不法，行天子大射禮。性隱賊，喜文法，國二千石不相得者，輒陰中之。立二十一年薨。不道事，見李儀、隗久、李嬈下。

890 劉鈞　竇融傳，遣長史劉鈞奉書獻馬。賜璽書還，復遣鈞上書云云。梁統傳，建武五年，遣使隨竇融長史劉鈞詣闕奉貢。

891 厙鈞　竇融傳，時金城太守厙鈞，融仍以鈞爲金城太守。厙，音舍。

〔一〕「違」，手稿作「連」，據後漢書改。

892 崔　鈞　崔寔傳，烈入錢爲司徒，問鈞，鈞曰：「論者不謂不當爲三公，而今登其位，天下失望。」烈曰：「何謂？」鈞曰：「嫌銅臭耳。」鈞少結交英豪，有名稱，爲西河太守。獻帝初，與袁紹起兵山東。

893 董　鈞　儒林傳，字文伯，犍爲資中人。習慶氏禮。事大鴻臚王臨。元始中，舉明經，遷廩犧令，去官。建武中，舉孝廉，辟司徒府。永平中，爲博士。時草創五郊祭祀，宗廟禮儀，輒令鈞參議，遷五官中郎將，左轉騎都尉。年七十卒於家。

894 新野君　和熹鄧后紀，爵號太夫人爲新野君。

895 滎陽君　閻后紀，追尊母宗爲滎陽君。

896 鍾寧君　侯霸傳，注：「東觀記曰：霸從鍾寧君受律也。」

897 郭游君　蔡茂傳，郭賀祖父堅伯，父游君，並清修，不仕王莽。

898 舞陽君　何進傳，太后母舞陽君，數受諸宦官賂遺。見何苗下。後董卓殺之。

899 池陽君　董卓傳，卓母。

900 張巨君　許曼傳，許峻所遇道士張巨君。

901 桓少君　勃海鮑宣妻者，桓氏之女也，字少君。宣常就少君父學，父奇其清苦，故以女妻之。

902 右師細君　包咸傳，師博士右師細君，習魯詩、論語。

903 申　君　戴封傳，封年十五，詣太學，師事東海申君。

904 廩　君　南蠻傳，巴郡蠻共立務相，是爲廩君。死，魂魄世爲白虎。

905 卑　君　西域車師傳，桓帝永興元年，敦煌太守宋亮上立後部故王軍就質子卑君爲王。後阿羅多從匈奴還，與卑君爭國。戊校尉閻詳慮亂，收奪卑君印綬，將卑君還敦煌，以後部人三百帳屬役之。

906 任　頵　西羌傳，順帝永和二年，西羌大合。鞏唐種三千餘騎寇隴西，部陽令任頵追擊，戰死。

907 索　頵　西域車師傳，和帝永元八年，戊己校尉索頵欲廢後部王涿鞮，立細致。

908 史玉母軍　應劭傳，求代子玉死縊。

909 李將軍　華佗傳，有李將軍妻病，呼佗視，曰：「傷身而胎不去」云云。

910 吳將軍　南蠻傳，高辛氏時，盤瓠銜得犬戎吳將軍頭。

911 尹　尊　光武紀，建武二年三月，賈復擊更始郾王尹尊，降之。劉玄傳，封尹尊爲郾王。詳賈復下。

912 琅邪王　劉　尊　光武十王傳，恭王蕘，子貞王尊嗣，立十八年薨。

913 張　尊　濟南王傳，簡王錯使醫張尊招父安王康鼓吹妓女宋閏不得，錯怒，以劍刺殺尊。

914 岑　尊　鮑永傳，註：「東觀記曰：趙王良從送來歙喪還，入夏城門中，與五官將軍相逢，道迫，良怒，〔一〕召門候岑尊，叩頭馬前。永劾奏良。」

915 邴　尊　梁冀傳，女猛姊壻邴尊爲議郎，冀恐尊沮敗猛母宣意，結客於偃城，刺殺尊。

916 王　尊　曹節傳，與中黃門王尊等矯詔。

917 王　遵　光武紀，樂浪太守王遵。見王調下。王景傳，建武六年，光武遣太守王遵將兵擊王調、王閎等。殺調迎遵。

〔一〕「怒」，手稿作「奴」，據後漢書改。

918 王遵

隗囂傳，爲明威將軍。更始使使者召囂，囂會客王遵等勒兵自守。帝因命來歙以書招遵，遵乃與家屬東詣京師，拜大中大夫，封向義侯。遵字子春，霸陵人。父爲上郡太守。遵少豪俠，有才辯，雖與囂舉兵，而常有歸漢意。曾於天水私語來歙曰：「吾所以戮力不避矢石者，豈要爵位哉！徒以人思舊主，先君蒙漢舊恩，思效萬分耳。」又數勸囂遣子入侍，前後辭諫甚切，並不從，故去焉。上隴之舉，使王遵持節監大司馬吳漢屯於長安。遵知囂必敗滅，而與牛邯有舊故，知其有歸漢意，以書諭之曰：「遵與隗王歃盟爲漢，自經歷虎口，踐履死地，已十數矣。於時周洛以西無所統一，故爲王策，欲東收關中，北取上郡，進以奉天人之用，退以懲外夷之亂。數年之間，冀聖漢復存，當挈河隴奉舊都以歸本國。生民以來，臣人之勢，未有便於此時者也。而王之將吏，羣居穴處之徒，人人抵掌，欲爲不善之計。遵與孺卿日夜所爭，害幾及身者，豈一事哉！前計抑絶，後策不從，所以吟嘯扼腕，垂涕登車。幸蒙封拜，得延議論，每及西州之事，未嘗敢忘孺卿之言。今車駕大衆，已在道路，吳、耿驍將，雲集四境，而孺卿以奔離之卒，拒要扼，當軍衝，視其形勢何如哉？夫智者覩危思變，賢者泥而不滓，是以功名終申，策畫復得。故夷吾束縛而相齊，黥布杖劍以歸漢，去愚就義，功名並著。今孺卿當成敗之際，遇嚴兵之鋒，可爲怖慄。宜斷之心胸，參之有識。」互見來歙傳。

919 鄧遵

安帝紀，元初三年五月，度遼將軍鄧遵率南匈奴擊先零羌於靈州，破之。六年，遣率南單于擊鮮卑，破之，時寇馬城得自殺。鄧騭傳，弘闐之誣，騭從弟度遼將軍舞陽侯遵等自殺。又陳蕃傳。又崔瑗傳。西羌傳，元初三年夏，度遼將軍鄧遵率南單于及左鹿蠡萬騎，〔二〕擊零昌於靈州。四年，西河虔人種羌萬一千口詣鄧遵降。五年，遵募上郡全無種羌雕何刺殺狼莫，封遵爲舞陽侯，以太后從弟故，封爵優大。匈奴傳，元初元年，以烏桓校尉爲度遼將軍。建光元年，〔三〕免。鮮卑傳，元初四年，鮮卑入上谷，度遼將軍鄧遵出塞。

920 郭遵　順帝紀，八使。周舉傳，八使：兗州刺史郭遵。

921 祭遵　征虜將軍潁陽侯祭遵字弟孫，潁川潁陽人。少好經書。家富給，而遵恭儉，惡衣服。喪母，負土成墳。嘗爲部吏所侵，結客殺之。初，縣中以其柔也，既而皆憚焉。光武過潁陽，以縣吏數進見，署門下史。從征河北，爲軍市令。殺舍中犯法兒，以爲刺姦將軍。尋拜偏將軍，從平河北，封列侯。建武二年，拜征虜將軍，定封潁陽侯。與景丹等入箕關，南擊弘農、厭新、柏華蠻中賊。三年，獲新城山賊張滿，斬張豐，屯良鄉拒彭寵。六年，上隴軍汧，幸遵營，作黃門舞樂。述救囂，吳漢、耿弇奔還，遵獨留不卻。九年春，卒於軍。范升疏追論其功。謚成。

922 復遵　封禪儀：太醫令復遵問起居。

923 劉遵　成武孝侯傳，順卒，子遵嗣，坐與諸王交通，降爲端氏侯。

924 宋遵　公孫述傳，註。見王岑下。

925 岑遵　岑彭傳，子遵嗣，徙封細陽侯。永平中，爲屯騎校尉。

〔二〕「左」，手稿作「右」，據後漢書改。
〔三〕「光」，手稿作「元」，據後漢書改。

926 馬　遵　馬廖傳，順陽侯廖卒，子遵徙封程鄉侯。卒，無子，國除。馬防傳又曰遵徙封丹陽。

927 陳　遵　王丹傳，陳遵，關西之大俠也。友人喪親，遵爲護喪事，助賻甚豐。丹乃懷縑一疋，陳之於主人之前，曰：「如丹此縑，出自機杼。」遵聞而有慚色。欲交於丹，丹拒而不許。

928 韓　遵　温序傳，序死，主簿韓遵持屍歸斂。

929 嚴　遵　逸民傳，光一名遵。

930 戴　遵　戴良傳，曾祖父遵，字子高，平帝時爲侍御史。莽篡，稱病歸鄉里。家富，好給施，尚俠氣，食客常三四百人。〔一〕語曰：「關東大豪戴子高。」

931 蔣　遵　戴憑傳，伏見前太尉西曹掾蔣遵，清亮忠孝，學通古今，陛下納膚受之訴，遂致禁錮，世以是爲嚴。

932 裴　遵　西域莎車傳，敦煌太守裴遵上言：「夷狄不可假以大權。」詔書收還莎車王賢都護印綬，賢不肯，遵迫奪之。

933 第五倫　章帝紀，十一月戊戌，蜀郡太守第五倫爲司空，代牟融。元和三年五月丙子，司空倫罷，袁安代之。本傳，字伯魚，京兆長陵人。其先齊諸田，徙諸園陵者多，故以次第爲氏。莽末，依險築營壁，拒賊，宗族閭里爭往附之。後爲鄉嗇夫。自以久宦不達，遂將家屬客河東。數年，爲京兆尹主簿。常見詔書嘆息曰：「一見決矣。」建武二十七年，舉孝廉，補淮陽國醫工長，隨王之國。召見，異之。二十九年，朝京師，問以政

〔一〕「百」，傅山全書初版本脱，據手稿補。

事。詔爲扶夷長，追拜會稽太守。永平五年，坐法徵，吏民守闕上書千餘人，得免歸耕種，不交通人物。數歲，拜宕渠令，遷蜀郡太守。肅宗初，代牟融爲司空。上疏請抑損馬氏之權，又疏請勑竇憲閉門自守，無妄交通。元和三年，賜策罷，以二千石俸終其身。年八十卒。范生曰：「倫峭覈爲方，非夫愷悌之士，省其奏議，惇惇歸諸寬厚，將懲苛切之敝使其然乎？」耿恭傳，闕寵求救，倫以爲不宜救。鄭弘傳，太守第五倫行春，見而奇之，召署督郵，後爲太尉。時舉將第五倫爲司空，班次在下，每正朔，弘曲躬自卑。聽置雲母屏風，由此以爲故事。樂恢傳，倫爲司空，恢以與倫同郡，不肯留。袁安傳，議還生口，又安代第五倫爲司空。楊終傳，終疏言：「遠屯伊吾、樓蘭，[一]車師、戊己，民懷土思」云云。司空第五倫同終議。太尉牟融、司徒鮑昱、較書班固等難倫，以爲施行既久，孝子無改父之道。許荆傳。宋均傳序。謝夷吾傳，太守第五倫擢爲督郵。

934 蔡倫

清河王傳。見宋貴人下。宦者傳，字敬仲，桂陽人。永平末給事宮掖，建初中，爲小黃門。和帝卽位，轉中常侍。元初元年，鄧太后封爲龍亭侯。後爲長樂太僕。四年，監典博士東觀讎校，陷安帝祖母宋貴人。安帝親政，勑自致廷尉，飲藥死。倫有才學，休沐閉門，監作祕劍及諸器械，莫不精工堅密，爲後世法。造意，用樹膚、麻頭、敝布、魚網作紙，奉上之。周章傳，謀誅中常侍鄭衆、蔡倫等。何敞傳，敞疾中常侍蔡倫，後奏敞詐病。

[一]「樓」，手稿脫，據後漢書補。

935 楊倫　楊震傳，震爲太常，薦明經名士楊倫等。李固傳，固薦陳留楊倫。樊英傳，建元元年，詔徵陳留楊倫等六人，唯楊倫、郎宗到洛陽。儒林傳，字仲理，陳留東昏人。師事丁鴻，習古文尚書。爲郡文學掾。特徵博士，爲清河王傅。拜侍中。上書論任嘉事，坐不敬，結鬼薪。又徵拜太中大夫。出補常山王傅，以疾上徵詣廷尉，有詔原罪。卒於家。

936 高倫　陳寔傳，中常侍侯覽託太守高倫用吏，倫教署爲文學掾。寔知其非人，乞從外署。

937 孔倫　孔僖傳，註：「孔子裔孫。」

938 馬倫　列女傳，汝南袁隗妻，扶風馬融之女，字倫。

939 丘倫　烏桓傳，安帝永初三年秋，烏桓率衆王無何，與鮮卑大人丘倫等，及南匈奴骨都侯，寇五原。

940 烏倫　鮮卑傳，安帝永寧元年，遼西鮮卑大人烏倫率衆詣鄧遵降，詔封倫爲率衆王。

941 皇子敦　獻紀，建安十七年九月，立皇子敦爲東海王。

942 陶敦　順紀，即位，年十二月，以少府河南陶敦爲司空，代劉授也。永建元年十月丁亥，司空敦免，張皓代之。鄧訓傳，推進賢士陶敦。虞詡傳，順帝省詡章，爲免司寇陶敦。

943 張敦

944 董敦　杜茂傳，註：「續漢書：茂降五校渠帥大將軍杜猛、持節光祿大夫董敦等。」

945 趙敦　寇恂傳，潁川人趙敦爲寇。詳嚴終下。

946 馬敦　馬援傳，兄子嚴、敦並喜譏議，而通輕俠客。援在交阯，還書誡之。字孺卿，亦知名。援卒，與嚴俱歸安陵，居鉅下，號「鉅下二卿」。官至虎賁中郎將。

947 馬敦　趙岐傳，註：「岐娶馬敦女宗姜爲妻。敦兄子融。」傅山曰：娶融兄與註不同。

948 陳敦　謝弼傳，與東海陳敦俱對策，除郎中。

949 薛敦　黨序，朱並告敦爲「八及」。

950 尾敦　劉虞傳，公孫瓚斬虞。傳首京師，故吏尾敦於路劫虞首歸葬之。

951 安敦　西域傳，桓帝延熹九年，大秦王安敦遣使自日南徼外獻象牙、犀角等。

952 夏侯惇　荀彧傳，彧將往，見郭貢，東郡太守夏侯惇止之。曰：「何知貢不與呂布同謀，而輕欲見之。往必危也。」註：「惇字元讓，沛國人。」袁紹傳。呂布傳，操遣夏侯惇救備，爲高順所敗。

953 秦惇　秦彭傳，弟惇，射聲校尉。

954 張温　靈紀，中平元年四月，大司農張温爲司空，代張濟也。二年八月，以司空張温爲車騎將軍，討北宮伯玉，楊賜代之。十一月，張温破北宮伯玉於美陽。三年二月，車騎將軍張温爲太尉，代張延也。四年四月，太尉張温免，崔烈代之。獻紀，初平二年十月壬戌，卓殺衛尉張温。張玄傳，温以車騎將軍征涼州賊邊章，將行，玄説温曰：「剪除中官」云云。温聞之大震，曰：「處虛非不説子之言，顧吾不能行，何！」朱儁傳，司空張温上疏曰：昔秦用白起，燕任樂毅，皆曠年歷載，乃能克敵。儁討潁川，已有功效，引師南指，方略已設，臨軍易將，兵家所忌，宜假日月，責其成功。」靈帝止，徵儁。劉虞傳，後車騎將軍張温討邊章等，發幽州烏桓三千突騎而牢稟逋懸，〔二〕皆

〔二〕「逋」，傅山全書初版本誤作「通」，據手稿改。

畔還本國。董卓傳，邊章、韓遂等大盛。朝廷以司空張温爲車騎將軍，統十餘萬屯美陽，以衛園陵。三年，就長安拜温爲太尉。三公在外，始之於温。後卓使人誣温與袁術交通，遂笞温於市，殺之，初孫堅爲温參軍，勸温陳兵斬卓，温不能從，故及於難。温字子慎。楊璇傳，尚書令張温特薦璇。〔一〕楊賜傳，中平二年，代張温爲司空。趙岐傳，車騎將軍張温西征關中，請岐補長史。劉陶傳，上疏言：「將軍精勇，而主者旦夕迫促，軍無後殿，假令失利，其敗不救。」蓋勳傳，司隸校尉張温舉勳爲京兆尹。帝方欲延接勳，而蹇碩等心憚，並勸從温奏。崔寔傳，時段熲、〔二〕樊陵、張温等雖有功勤名譽，然皆先輸貨財而登公位。曹勝傳，進名人南陽張温。

955 張温

董扶傳，註：「吳使張温敬秦密辯。」

956 張温

漢陰老父傳，温使人問老父云云，温大慙。

957 陳温

獻紀，初平四年三月，袁術殺揚州刺史陳温。袁術傳，術將餘衆奔九江，殺揚州刺史陳温而自領之。

958 趙温

獻紀，初平四年十月，太常趙温爲司空，代楊彪也。十二月辛丑，地震，司空趙温免，張喜代之。興平元年十月，衛尉趙温爲司徒，代淳于嘉也，録尚書事。建安十三年正月，司徒趙温免，自後無司徒矣。〔三〕趙典傳，兄子温字子柔，初爲京兆郡丞，歎曰：〔四〕

〔一〕「特」，傅山全書初版本誤作「持」，據手稿改。
〔二〕「熲」，手稿作「潁」，據後漢書改。
〔三〕「無」，傅山全書初版本誤作「爲」，據手稿改。
〔四〕「歎」，傅山全書初版本誤作「歡」，據手稿改。

「大丈夫當雄飛，安能雌伏！」棄官去。獻帝西遷，爲侍中，封江南亭侯，代楊彪爲司空，徙爲司徒，錄尚書事。傕劫帝幸北塢，內温於塢中，欲殺之，董應諫數日，乃免。從車駕都許。曹操奏選舉不實，免卒。徐璆傳。董卓傳，傕復欲徙帝於池陽黄白城，君臣惶懼。司徒趙温深解譬之，乃止。

959 趙　温　南蠻傳，桓帝世，板楯蠻數反，太守蜀郡趙温以恩信降服之。

960 陳　夤　靈紀，建寧二年九月，丹陽山越賊圍太守陳夤，夤破之。臧洪傳，洪爲揚州刺史，率丹陽太守陳夤擊妖賊許昭。

961 韓　寅　五行志，淫雨服妖，故司徒韓寅爲司隸校尉，以次誅鉏京都。正清傳皆作「演」。

962 田　芬　獻紀，興平二年十二月，少府田芬與傕戰歿。〔一〕

963 董　芬　左慈傳，註：「典論曰：甘始來，衆人無不鴟視狼顧，呼吸吐納。軍祭酒弘農董芬爲之過差，氣閉不通，良久乃蘇。」

964 董　芬　董卓傳，註：「袁宏紀：封中丞董芬爲列侯。」

965 柳　分　五行志，中常侍管霸、蘇康與長樂少府劉囂、太常許咏、尚書柳分、尋穆、史佟、司隸唐珍等，代作脣齒。

966 劉　羣　天文志，熹平二年，太白犯心前星，爲大臣。後六年，司徒劉羣爲中常侍曹節譖，下獄死。

967 周　羣　天文志，中平十七年十二月，有星孛於五諸侯。周羣以爲西方專據者，皆將失土。

〔一〕「歿」，傅山全書初版本誤作「沒」，據手稿改。

968 陳　羣　荀彧傳，彧進謀士陳羣。陳紀傳，子羣，爲魏司空。天下以爲公慙卿，卿慙長。註：「羣字長文。」

969 羊元羣　李膺傳，膺爲河南尹。時宛陵大姓羊元羣罷北海郡，〔一〕臧罪狼藉，郡舍溷軒有奇巧，乃載之歸。膺表欲按其罪。元羣行賂宦官。

970 謝　申　五行志，〔二〕夜龍射闕。註：「太尉鄧盛遣令史謝申以鈴下規應掾自行之，還具條奏。」

971 張　申　北海靖王傳，註：「弘農縣吏張申有伏罪，興收申案論。」

972 薄　申　西羌傳，安帝永初二年，蜀郡徼外羌薄申等八種三萬六千九百口，復舉土内屬。

973 皇女小民　后紀，顯宗女成安公主。

974 桓　彬　見劉猛下，一作郴，〔三〕不知的以「阝」耶「彡」耶？

975 王　斌　王美人紀，帝求母王美人兄斌，將妻子詣長安，拜斌奉車都尉。後遷執金吾，封都亭侯。

976 孫　斌　第五種傳，初，種爲衞相，以門下掾孫斌賢，善遇。及當徙斥，斌具聞單超謀，乃謂其友人同縣閭子直及高密甄子然云：「第五使君當投裔土，而單超外屬爲彼郡守，可爲寒心。吾方今追使君，庶免其難。若奉使君以還，將以付子。」於是將俠客晨夜追種，及之於太原，遮殺送吏，因下馬與種，斌自步從。一日夜行四百餘里，遂得脱歸。

〔一〕「罷」，手稿作「罪」，據後漢書改。

〔二〕「五行志」上，傅山全書初版本衍「載之」二字，據手稿删。

〔三〕「郴」，傅山全書初版本誤作「彬」，據手稿改。

種匿於閭、甄氏。

977 韓斌　楊震傳，註：「魏志：繇與尚書郎韓斌同策謀。天子得出長安。」註「斌」字作火旁武，疑訛。

978 韓斌　董卓傳，註：「袁宏紀：封馮翊韓斌爲列侯。」

979 周斌　皇甫嵩傳，靈帝使勾盾令周斌將三府掾屬，案驗宮省直衞及百姓有事角道者，誅殺千餘人。

980 濟南王劉贇　章帝八王河間王傳，濟南王康薨，子贇嗣。建安十二年，爲黃巾賊所害。

981 樂成隱王劉賓　孝明八王傳，釐王巡薨，子隱王賓嗣。立八年薨，無子，國除。

982 馬賓　馬援傳，註：「東觀記：通生賓，宣帝時以郎持節，號使君。」

983 戴賓　劉昆傳，從受施易。

984 史淑賓　郭泰傳，陳留人也。少有盛名。林宗見而告人曰：「牆高基下，雖得必失。」後果以議論阿枉敗名云。

985 范邠　劉愷傳，時居延都尉范邠復犯贓罪。司徒楊震、司空陳褒、廷尉張皓議依叔孫光比。愷議以爲非春秋「善善及子孫」之議。

986 嚴麟　廉范傳，范奔赴敬陵。時廬江郡掾嚴麟奉章弔國，俱會於路。麟乘小車，塗深馬死，不能自進，范命從騎下馬與之，不告而去。或謂麟曰：「故蜀郡太守廉范」云云。

987 桓麟　桓彬傳，父麟，字元鳳，早有才惠。桓帝初爲議郎，以直道牾左右，出爲許令，病免。

母終，不勝喪，未祥而卒，年四十一。著碑、誄、讚、說、書凡二十一篇。

988 牟　麟　牟融傳，長子麟，除爲郎。

989 劉　麟　堅鐔傳，堵鄉人董訢反宛城，獲南陽太守劉驎。

990 胡　殷　劉玄傳，封尚書胡殷爲隨王。後與張卬等合謀，欲以立秋日貙膢時共劫更始云云。詳張卬下。

991 胡　殷　鄧禹傳，更始將胡殷等詣宗廣降。後欲亡，禹殺之。見宗廣下。

992 滿　殷　袁安傳，註：「袁山松書：南陽太守滿殷等，皆竇氏客。」

993 嚴　春　劉盆子傳，盆子乘王車，駕三馬，從數百騎。乃自南山轉掠城邑，與更始將軍嚴春戰於郿，破春，殺之，遂入安定、北地，至陽城、番須中。

994 伯　春　馬援傳。

995 李　春　鄧禹傳。見李文下。

996 李子春　趙熹傳，熹爲懷令。大姓李子春先爲琅琊相，豪猾兼幷。熹下車，聞其二孫殺人事未發，卽窮詰其姦，收考子春，二孫自殺。

997 趙　根　馮異傳，異擊陽翟賊嚴終、趙根，破之。

998 張　根　張純傳，純卒，子根有病，不得嗣。

999 張　根　張酺傳，靈帝追濟侍講有勞，封濟子根爲蔡陽鄉侯。

1000 杜　根　字伯堅，潁川定陵人。性方實，好絞直。永初元年，舉孝廉，爲郎中。上書諫安帝宜親政事。太后怒，令以囊盛，撲殺之。執法者以根知名，私語行事人使不加力，得蘇，詐死，遁宜城山中酒家。鄧氏誅，歸鄉里，徵詣公車，拜侍御史。順帝時，稍遷濟陰太守。去官還家，七十八卒。

1001 杜　根　陳忠傳，薦杜根等。

1002 劉　根　方術傳，潁川人，隱居嵩山。

1003 李　根　黃昌傳，蜀郡前太守李根年老多悖政，百姓侈冤。及昌到，吏人訟者七百餘人。

1004 枚　根　西南夷傳，以邛都夷爲越巂郡。王莽時，郡守枚根調邛人長貴，爲軍侯。更始二年，長貴攻殺枚根。

1005 于氏根　朱儁傳，黃巾賊後，復有于氏根，多髭者號于氏根也。袁紹傳，紹擊賊于氏根等。

1006 步度根　鮮卑傳，靈帝光和中，魁頭死，弟步度根立。

1007 任　屯　任光傳，隗卒，子屯嗣，爲步兵較尉，徙封西陽侯。

1008 陳　屯　陳球傳，註：「祖父屯，有令名。」

1009 南單于屯　袁安傳，南單于屯首唱大謀，〔一〕空盡北虜云云。

1010 阜陵王便親　阜陵王傳，陽嘉二年，封王代兄便親爲勃遒亭侯。建和元年，桓帝立便親爲懷王恢嗣，是爲恭王。立十三年薨。

1011 萬　親　萬脩傳，法氏侯普卒，子親嗣，徙封扶柳侯。註：「扶柳故城在今信都縣西。」無子，國除。

1012 肥　親　魯恭傳，河南尹袁安，使仁恕掾肥親往廉之。恭隨行阡陌，有雉過，止其傍。傍有童

〔一〕「首」，手稿作「者」，據後漢書改。

兒，親曰：「何不捕之？」兒言「雉方將雛」。親瞿然而起。〔一〕

1013 樂親　樂恢傳，父親，爲縣吏，得罪於令，收將殺之。恢年十一，俯伏寺門，晝夜號泣。令聞而矜之，即解出親也。

1014 朱仲孫　馬嚴傳，註：「東觀記：建武四年，嚴年十三至雒陽，留寄郎朱仲孫家，大奴步護親之也。」

1015 褚少孫　班彪傳，註：「好事褚少孫徒。」

1016 任文孫　任文公傳，任文公父文孫，明曉天官風星秘要。

1017 羊孫　南蠻傳，安帝元初三年，〔二〕零陵蠻羊孫、陳湯等，燒官寺，抄掠百姓。州郡討平之。

1018 張津　襄楷傳，註：「孫策殺于吉，曰：南陽張津爲交州刺史，著絳袙頭，〔三〕鼓琴焚香，讀邪俗道書，卒爲蠻夷所殺。」

1019 張津　何進傳，袁紹因進親客張津勸之曰：「黄門常侍權重日久，又與常樂太后專通姦利。」

1020 范津　傅燮傳，燮出爲漢陽太守。初，郡將范津明知人，舉燮孝廉。及津爲漢陽，與燮交代，合符而去，鄉邦榮之。津字文淵，南陽人也。

1021 趙津　陳蕃傳，小黄門趙津等，乘中官勢犯法，太原太守劉瓆考殺之。王允傳，允爲郡吏，捕趙津，殺之。

〔一〕「瞿」，傅山全書初版本誤作「矍」，據手稿改。
〔二〕「三」，傅山全書初版本誤作「二」，據手稿改。
〔三〕「絳」，傅山全書初版本誤作「降」，據手稿改。

1022 孟　賁　梁商傳，張逵等矯詔縛孟賁等省中。帝勅李歙釋之。見曹騰下。孫程傳，黃龍等誣罔中常侍孟賁。

1023 臨孝存　鄭玄傳，答臨孝存周禮難。孔融傳，融爲北海相，郡人甄子然、臨孝存知名早卒，融恨不及之，乃命配食縣社。

1024 尹　存　李固傳，薦河南尹存。

1025 東海王臻　光武十王傳，頃王肅，子孝王臻嗣。永建二年，封臻二弟敏、儉爲鄉侯。臻及弟蒸鄉侯儉並有篤行，母卒，皆吐血毀背。至服練紅，兄弟追念喪父，幼小，哀禮有闕，因復重行喪制。國相籍褒上聞，順帝詔增臻封五千戶，立四十一年薨。

1026 崔　駰　字亭伯，涿郡安平人。毅生駰，年十三能通詩、易、春秋，博學有偉才，盡通古今訓詁百家之言，善述文。與班固、傅毅齊名。擬楊雄，作達旨。元和中，上四巡頌，肅宗好文章，謂竇憲曰：「卿知崔駰乎」云云。駰由此候憲。憲曰：「亭伯，吾受詔交公，公何得薄哉？」遂爲上客。會帝崩。獻書誡憲。憲爲車騎將軍，辟駰爲掾。掾屬三十人，皆故刺史、二千石，唯駰以處士年少，擢於其間。數指切憲長短，憲不能容，因察高第，出爲長岑長。駰不之官。永元四年，卒於家。註：「華嶠書：駰讀楊雄解嘲，以爲范、蔡、鄒衍之徒，乘釁相傾，誑曜諸侯者也，而云『彼我異時。』又曰，竊貲卓氏，割炙細君，斯蓋士之贅行，而云『不能與此數公者同』。以爲失類而改之也。」又胡廣傳。孔僖傳，僖與崔篆孫駰復相友善，同遊太學，習春秋。孔僖論夫差畫虎不成云云。駰曰：「昔孝武皇帝始爲天子，崇信聖道，及後恣己」云云。爲梁郁告駰等誹謗先帝，僖上書訟之。詔勿問，僖爲臨晉令，駰以家林筮之，不吉。

1027 孟　雲

袁安傳，武威太守孟雲言：「北虜既已和親，而往部復往抄掠，北單于謂漢欺之，謀欲犯邊。宜還生口，以安慰之。」南匈奴傳，章帝元和元年，武威太守孟雲上言北單于復願與吏人合市，詔書聽。冬復上言，北虜以前既和親，而南部復往抄掠，〔二〕謀欲犯塞，謂宜還南所掠生口。

1028 張　雲

陳重傳，太守張雲舉重孝廉。

1029 浮　雲

朱儁傳，黄巾賊後，復有浮雲等徒。

1030 李　雲

字行祖，甘陵人。性好學，善陰陽，初舉孝廉，再遷白馬令。桓帝延熹二年，誅梁冀，中常侍單超等五人皆以功封侯。又立掖庭民女亳氏爲后，數月間，后家封者四人。時地震，頻見災異。雲露布上書，移副三府，帝震怒，逮送黄門北寺獄，死。

1031 李子雲

逢萌傳，萌與平原李子雲相友善，子雲養徒千餘人。

1032 梁　慬

字伯威，北地弋居人。〔三〕和帝徵除爲郎中。常慷慨好功名。初爲車騎將軍鄧鴻司馬，延平元年拜西域副校尉。會徵任尚還，以騎都尉段禧爲都護，西域長史趙博爲騎都尉，守它乾城。慬以它乾城小，不可固，乃詭説龜兹王白霸，欲入共保城，既入，遣將急迎禧、博云云。龜兹吏人共叛其王，而與温宿、姑墨數萬兵反，共圍城。慬等出戰，大破之。永初元年，遂罷都護，發關中兵迎慬、禧、博及伊吾廬、柳中屯田吏士。二

〔二〕「南」，手稿作「往」，據後漢書改。

〔三〕「弋」，手稿作「戈」，據後漢書改。

年春，至敦煌。會衆羌反叛，朝廷發兵擊之，逆詔慬留爲諸軍援。慬進擊，大破之，乘勝追至昭武。及至姑臧，羌大豪三百餘詣慬降，河西四郡復安。詔屯金城，聞羌寇三輔，卽引越戰武功美陽關，大尅護，朝廷嘉之，令爲諸軍節度。三年，詔行度遼將軍事。明年，救耿种，至屬國故城，連戰破之。三月，單于遣日逐王詣慬乞降，會何熙卒，卽拜慬度遼將軍。明年，安定、北地、上郡被寇，穀貴，詔慬發兵迎三郡太守，徙扶風界。坐專擅受優孤塗奴印綬，徵下獄，抵罪。詔原刑。會叛羌寇三輔，關中盜起，拜慬謁者，將兵擊之。至湖縣，病卒。

1033 張馴

字子儁，濟陰定陶人。少遊太學，能誦春秋左氏。以大夏侯尚書教授。辟公府，舉高第，拜議郎。與蔡邕共奏定六經文字。擢拜侍中，遷丹陽太守。光和七年，徵拜尚書，遷大司農。卒官。又蔡邕傳。

1034 召馴

儒林傳，字伯春，九江壽春人。少習韓詩，博通書傳，鄉里曰：「德行恂恂召伯春。」辟司徒府。建初元年，稍遷騎都尉，侍講肅宗。拜左中郎將，入授諸王。出拜陳留太守。元和二年，入爲河南尹。章和二年，代任隗爲光祿勳，卒官。

1035 劉昆

儒林傳，字桓公，陳留東昏人。梁孝王之胤。平帝時，受施氏易於戴賓。昆能彈雅琴，〔二〕知音角之操。莽世，教授五百餘人。莽繫昆於外黃獄。莽敗得免。光武除爲江陵令。止風，〔三〕徵拜議郎，遷侍中、弘農太守。虎負子渡河。代杜林爲光祿勳。入授皇

〔二〕「雅琴」，手稿作「琴雅」，據後漢書改。
〔三〕「止風」，手稿作「反風」，據後漢書改。

太子及諸王小侯，拜騎都尉。中元二年卒。

1036 荀　緄　荀淑傳。又軫韻。

1037 張　淳　張奐傳，父淳，爲漢陽太守。

1038 周　昕　公孫瓚傳，袁術遣公孫越擊袁紹將周昕。袁術傳，袁紹因孫堅討單于未及還，遣其將會稽周昕奪堅豫州。術怒，擊昕，走之。

1039 公乘昕　陳蕃傳。見「蕃」下。

1040 鮮于銀　劉虞傳，虞選從事鮮于銀等蒙險閒行，奉使長安。

1041 於仇賁　鮮卑傳，建武三十年，鮮卑大人於仇賁等率種人詣闕朝賀，〔一〕慕義内屬。

1042 歆志賁　鮮卑傳，建武三十年，漁陽赤山烏桓歆志賁等數寇上谷。永平元年，祭肜賂偏何擊歆志賁，破斬之，於是鮮卑大人皆來歸附。

〔一〕「種人」，手稿作「家人」，據後漢書改。

卷一百七十八　東漢書姓名韻（五）

平聲

九寒

1043 孔　安　光武紀，建武五年二月，封殷後孔安爲殷紹嘉公。十三年二月，又封爲宋公。

1044 環　安　光武紀，建武十一年六月，來歙、馬成破述將王元、環安於下辯。公孫述傳，述死，王元與領軍環安拒河池，來歙急攻王元、環安，環安使刺客殺歙，述復令刺殺岑彭。

1045 袁　安　章帝紀，元和三年，太僕袁安爲司空，代第五倫也。章和元年六月癸卯，司空袁安爲司徒，代桓虞。和帝紀，永元四年三月癸丑，司徒袁安薨，丁鴻代之。本傳，字邵公，汝南汝陽人。少傳祖父業，習孟氏易。初爲縣功曹，〔一〕奉檄詣州從事，因安致書於令。曰：「公事自有郵驛，私請則非功曹所持。」後舉孝廉，除陰平長、任城令。永平十三年，楚王事下郡覆考。三府舉安理劇，拜楚郡太守。理其無明驗者，條上，得出者四百餘家。徵爲河南尹。政嚴明，然未嘗以贓罪鞠人。曰：「錮人於聖世，尹所不忍爲也。」在職十年。建初八年，遷太僕。武威太守孟雲言宜還北單于生口，安議還之便。

〔一〕「縣」，手稿作「郡」，據後漢書改。

司徒桓虞議從安。太尉鄭弘、司空第五倫皆恨之。竟從安議。明年，代第五倫爲司空。章和元年，代桓虞爲司徒。竇憲北征，安與太尉宋由、司空任隗等諫，書連上，太后不聽，又劾竇景擅發邊兵當伏顯誅云云，不報。憲、景等日益横，盡樹親黨於名都大郡，皆賦斂吏人，更相賂遺，其餘州郡，亦望風從之。安與任隗舉奏諸二千石，竇氏大恨。但安、隗素行高，未有以害之。憲復出屯武威。北單于走北地空，餘部不知所屬。憲上立降者左鹿蠡王阿佟爲北單于。安與任隗以爲宜令南單于反北庭，無緣復立阿佟云云。宗正劉方、大司農尹睦同安議。又與憲更相難折。憲詆毁安，稱光武誅韓歆、戴涉故事，安終不移。憲竟立降者於除鞬爲單于，後反叛，如安言。章和四年春，薨。憲引韓歆、戴涉事，以歆、涉皆爲司徒，而安時正司徒也。又丁鴻傳。任光傳。魯恭傳。恭爲中牟令，螟不入界，河南尹袁安聞之，使掾肥親往廉之也。何敞傳，司徒袁安甚敬重敞。南匈奴傳，章帝元和二年，武威太守孟雲上言：「宜還南所掠生口，以慰安北單于。」肅宗從太僕袁安議，許之。

1046 謝　安

質紀，下邳人謝安應募擊徐鳳等，斬之。滕撫傳，謝安應募，率其宗親設伏擊徐鳳，斬之，封爲平鄉侯。

1047 傅　安

律曆中，賈逵論曆：「臣前所上傅安等用黄道度日月弦望多近。史官一以赤道度之，不與日月同，於今曆弦望至差一日以上，輒奏以爲變，至以爲日卻縮退行。於黄道，自得行度，〔二〕不爲變。」

〔二〕「自」，手稿作「日」，據後漢書改。

1048 逢　安　劉盆子傳，樊崇同郡人逢安等各起兵數萬人，盆子立爲左大司馬。詳延岑、李寶下。「東觀記：安字少子，東莞人也。逢，音龐。」

1049 任城王安　光武十王傳，孝王尚薨，子貞王安嗣。安性輕易貪吝，數微服出入，取官屬車馬刀劍，下至衛士米肉，皆不與直。國相奏之，帝以一歲租五分之一贖罪。立十九年薨。

1050 劉　安　劉隆傳，隆卒，子安嗣。

1051 劉　安　李固傳註。孫承傳，江京與黃門令劉安煽動。

1052 蘇　安　耿秉傳，車師後王安得從數百騎，而竇固司馬蘇安欲全功歸固，卽馳謂安得曰：「漢貴將獨有奉車都尉，天子姊壻，爵爲通侯，當先降之。」

1053 杜　安　樂恢傳，註：「華嶠書曰：杜安爲宛令，以病去。章帝行過潁川，安上書，召拜卿史，遷至巴郡太守，恢在家，安與書通問，恢告吏口謝，且讓之曰：爲宛令不合志，病去可也。干人主以闚覦，非也。違平生操，故不報。安亦節士，年十三入太學，號奇童。洛陽令周紆自往候安，安謝不見。京師貴戚，或遺之書，安不發，悉壁藏之。及後捕案賓客，安開壁出書，印封如故。」杜根傳，父安，字伯夷，少有志節云云。

1054 薛　安　戴就傳，揚州刺史遣部從事薛安案倉庫簿領，安謂就曰：「太守罪穢狼藉，君何故以骨肉拒扞耶？」就據地答言：「薛安庸駭，忸行無義」云云。安奇其壯節，卽解械，更與美談。

1055 任　安　董扶傳，扶與鄉人任安齊名，俱事同郡楊厚，學圖讖。諸葛亮問秦密，任安所長。密曰：「任安記人之善，忘人之過」云云。儒林傳，字定祖，廣漢綿竹人。少遊太學，受孟氏易，兼通數經。又從同郡楊厚學圖讖，究極其術，時人稱曰：「欲知仲桓問任安。」又曰：「居今行古任定祖。」初仕州郡。後太尉再辟，除博士，公車徵，皆稱疾不就。州牧劉焉表薦之，時王塗隔塞，詔命竟不至。年七十九，建安七年，卒於家。

1056 鄭　安

鄭衆傳，閎卒，子安嗣鄛鄉侯，國絕。

1057 單　安

單超傳，超弟安爲河東太守。

1058 胡元安

黃瓊傳，李固遺瓊書曰：「自頃徵聘之士，胡元安、薛孟嘗、朱仲昭、顧季鴻等，其功業皆無所採。」

1059 鄯善王安

西域傳，建武九年，遣使貢獻。二十二年，莎車王賢知都護不至，遂遺鄯善王安書，令絕通漢道。安不納而殺其子。賢大怒，發兵攻之。安迎戰，兵敗，亡入山中。

1060 曹　鸞

靈紀，熹平五年閏五月，永昌太守曹鸞坐訟黨人，棄市。黨錮傳序，熹平五年，永昌太守曹鸞上書大訟黨人，言甚方切。帝省奏大怒，卽詔司隸、益州檻車收鸞，送槐里獄掠殺之。

1061 濟北王鸞

章帝八王傳，孝王蕤，子鸞嗣。

1062 桓　鸞

桓焉弟良之子，字始春。以世濁，恥不仕。年四十餘，太守向苗舉孝廉，爲膠東令。奔太守向苗喪。後爲巳吾、汲二縣令，復徵辟議郎。陳五事，悟内豎，不省。中平元年，七十七，卒。子曄。沛劉長卿妻，同郡桓鸞之女也。

1063 馮　鸞

馮緄傳，註：「謝承書：緄子鸞，舉孝廉，除郎中。」

1064 景　鸞

字漢伯，廣漢梓潼人。少隨師學經，涉七州之地。能理齊詩、施氏易，兼受河洛圖緯，作易説及詩解，文句兼取河洛，以類相從，名交集。又撰禮内外記，號禮略。又抄風角雜書，列其占驗，作興道一篇。及作月令章句。〔一〕數上書陳救災變之術。〔二〕不應辟命，以壽終。

1065 梁伯鸞

六十九卷。

1066 戴伯鸞

逸民傳，母卒，伯鸞居廬啜粥，非禮不行。

1067 劉寛

靈紀，熹平五年七月，光禄勳劉寛爲太尉，代許訓也。六年十月癸丑，太尉劉寛免，孟㦸代之。光和二年五月，衞尉劉寛又爲太尉，代段熲也。〔三〕四年九月，太尉劉寛免，許㦸代之。字文饒，弘農華陰人。梁冀辟，五遷司徒長史，再遷東海王臻相。延熹八年，徵拜尚書令，遷南陽太守，罰用蒲鞭。靈帝初，徵拜太中大夫，轉屯騎校尉，遷宗正，轉光禄勳。熹平五年，〔四〕爲太尉。帝常令講經，寛常於坐被酒睡伏云云。寛簡略嗜酒，〔五〕不好盥浴，京師以爲諺。以日食免。光和二年，〔六〕復爲太尉。以日變免。又拜永樂少府，遷光禄勳，以先策黃巾逆謀，封逯鄉侯。中平二年卒，謚昭烈侯。魯丕傳，建初元年，肅宗詔舉賢良方正，大司農劉寛舉丕。楊賜傳，詔封賜臨晉侯。初，賜與

〔一〕「月」，手稿脱，據後漢書補。
〔二〕「上書」，手稿作「十書」，據後漢書改。
〔三〕「熲」，手稿作「潁」，據後漢書改。
〔四〕「熹平」，手稿作「嘉平」，據後漢書改。
〔五〕「嗜酒」，手稿作「不嗜酒」，據後漢書改。
〔六〕「二」，手稿作「三」，據後漢書改。

太尉劉寬、司空張濟並入侍講，自以不宜獨受封賞，上書願分戶邑於寬、濟。帝復封寬及濟子。虞詡傳，少師事太尉劉寬。

1068 劉　寬　循吏傳序。

1069 傅　寬　銚期傳，〔一〕期爲裨將，與傅寬、呂晏俱屬鄧禹。徇傍縣，又發房子兵。禹以期爲能，獨拜偏將軍，授兵二千人，寬、晏各數百人，還言其狀。

1070 傅　寬　陰識傳，所用掾史傅寬等。

1071 鄧　寬　鄧禹傳，帝以禹功高，封弟寬爲明親侯。

1072 曹　寬　西域傳，靈帝建寧三年，涼州刺史孟佗與戊己司馬曹寬等，將焉耆等三萬餘人，討疏勒。

1073 伏　完　獻紀，建安元年八月，封伏完等爲列侯。后紀，伏后父完。伏湛傳，不其侯質卒，子完嗣，尚桓帝女陽安長公主。女爲孝獻皇后。曹操殺后，誅伏氏。荀彧傳，註：「獻帝春秋：董承之誅，伏后與父完書，言司空殺董承，帝方爲報怨。完得書以示彧，彧惡之，隱而不言。」董卓傳，伏后父，帝至洛陽，與董承等封爲列侯。

1074 孔　完　孔僖傳，孔曜卒，子完嗣褒亭侯。

1075 劉　丸　濟南王傳，孝王香叔父篤有罪不得封，香上書分爵土封篤子丸爲列侯。

1076 魏　桓　八十三卷序，桓帝時，安陽人魏桓，字仲英，亦數被徵。鄉人勸之行，桓曰：「干祿

〔一〕「銚」，手稿作「姚」，據後漢書改。

求進，所以行其志也。今後宮千數，可損乎？廄馬萬匹，可滅乎？左右權豪，可去乎？」遂隱身不出。

1077 烏　桓　本國名，傳又曰，袁紹矯制賜烏桓、烏延等，皆以單于印綬。

1078 王　端　王美人紀，王斌卒，子端襲爵。

1079 東平王端　光武十王傳，孝王敞薨，子頃王端嗣，立四十七年薨。

1080 陳　端　袁閎傳，註「七賢」有主簿陳端。

1081 尹　端　朱儁傳，太守尹端以儁爲主簿。熹平二年，端坐討賊許昭失利，罪應棄市。儁乃羸服間行，輕賫數百金到京師，賂主章吏，〔一〕遂得刊定州奏，故端得輸作左校。端喜於降免而不知其由，儁亦終不言。

1082 尹　端　張奐傳，遣司馬尹端擊羌。

1083 韋　端　荀彧傳，註：「韋康父端從涼州牧徵還，康代爲涼州。」

1084 龍　端　東夷傳，建元元年，遼東太守蔡諷追擊句驪、濊貊於新昌，戰歿，兵曹掾龍端以身扞諷，〔二〕俱死。

1085 張　湍　西南夷傳，帝以太守巴郡張翕有遺愛，拜其子張湍爲太守。夷人歡喜，奉迎道路，曰：「郎君儀貌類我府君。」後湍頗失其心，有欲叛者，夷耆老相曉語曰：「當爲先府君。」

〔一〕「主」，手稿作「王」，據後漢書改。

〔二〕「兵」，傅山全書初版本誤作「地」，據手稿改。

1086 何比干

何敞傳，六世祖比干，學尚書於鼂，湯同時。湯持法深而比干務仁恕，數與湯爭，雖不能盡得，然所濟活者以千數，後遷丹陽都尉，徙平陵。

1087 閻盤

竇憲傳，分遣副校尉閻盤等將左谷蠡王師子、右呼衍王須訾等，與北單于戰於稽落山，大破之。西域傳，和帝永元二年，竇憲遣副校尉閻盤將二千餘騎掩擊伊吾，破之。

1088 王磐

馬援傳，初，援兄子壻王磐字子石，莽從兄平阿侯仁之子也。莽敗，磐擁富貲居故國，爲人尚氣而愛士好施，有名江淮間。後遊京師，與衞尉陰興、大司空朱浮、齊王章共相友善。援謂姊子曹訓曰：「王氏，廢姓也。子石當屏居自守，而反游京師長者，其敗必也」云。後歲餘，果與司隸校尉蘇鄴、丁鴻事相連，坐死洛陽獄。

1089 張磐

度尚傳，尚爲荆州刺史，僞言蒼梧賊入荆州界，於是徵交阯刺史張磐下廷尉。辭狀未正，會赦見原。磐不肯出，因自列曰：「長沙賊胡蘭作難荆州，餘黨散入交阯。磐身膺甲胄，斬殄渠帥，冒遁還奔荆州。刺史度尚懼磐先言」云云，「乞傳尚詣廷尉面對，尚不徵者，磐埋骨牢檻。」廷尉以狀上，詔書徵尚到，尚辭窮也。磐字子石，丹陽人，以清白稱，終廬江太守。張酺傳，註：「蓄生磐，磐生濟。」陶謙傳，註：「吳書曰：謙除舒令，郡太守張磐與謙父友，謙恥爲之屈。嘗舞屬謙，謙不爲起，固强之乃舞，舞又不轉。磐曰：不當轉耶？謙曰：不當轉，轉則勝人。」

1090 周磐

字堅伯，汝南安成人。少遊京師，學古文尚書、洪範五行、左氏傳。居貧養母，儉薄不充。誦詩至汝墳之卒章，乃就孝廉之舉。和帝初，拜謁者，除任城長，遷陽夏、重合令。後思母，棄官還鄉。母終，廬冢側。教授不應徵辟。建光元年，七十三，無病終，遺令寫堯一篇置棺前云云。

1091 趙磐

趙岐傳，註：「決錄註：岐長兄磐，州都官從事。」

1092 劉般

字伯興，宣帝玄孫也。父楚王紆，莽時廢爲庶人，因家彭城。數歲而孤，獨與母居。轉側兵革，流至武威。講誦不怠。建武中，河西通，東至洛陽，光武封爲菑丘侯，奉孝王祀，徙封杼秋侯。二十年，爲侍祠侯。永平元年，徙封居巢侯，復就國，十年，徵行執金吾事，從至南陽，還爲朝侯。明年，兼屯騎校尉。議罷常平倉，禁民二業，又通使區種增耕。般上言：「漁獵有助穀食，無關二業。吏舉度田，欲令多前，不種之處，亦通爲租。可申勅」云云。從之。肅宗即位，爲長樂少府。遷宗正，卒。

1093 田槃

黨序，朱並告槃爲「八及」。

1094 臣槃

西域傳，順帝陽嘉元年，徐由遣疏勒王臣槃發二萬人擊于寘，破之。疏勒傳，安帝元初中，疏勒王安國舅臣槃有罪，徙于月氏。後自月氏還，國人素敬愛臣槃，因立爲王。順帝永建二年，遣使奉獻，拜臣槃爲漢大都尉。陽嘉二年，復獻師子、封牛。靈帝建寧元年，爲其季父和得所殺。

1095 申屠蟠

字子龍，陳留外黃人。九歲喪父。服除，不進酒肉十餘年。每忌日，輒三日不食。年十五，爲諸生，見外黃令，論緱玉報讎之節。家貧，傭爲漆工，郭林宗見而奇之。同郡蔡邕被州辟，乃辭讓蟠。後郡召爲主簿，不應。隱居精學，博貫經緯。黃瓊辟之，不就。瓊卒，歸葬江夏，四方名豪會者六七千人，互相談論。唯南郡一生與相酬對，既別，執蟠手曰：「君非聘則徵，如是相見上京矣。」蟠勃然曰：「始吾以子爲可與言也，何意乃相拘教樂貴之徒耶？」振手而去，再舉有道，不就。范滂等非訐朝政，蟠絕跡梁碭間，〔一〕因樹爲屋，自同傭人。大將軍何進連徵不詣。董卓廢立，公車徵，唯蟠不到。終全高志。年七十四終。高彪傳，彪爲外黄令，上書薦縣人申屠蟠。

1096 封觀

袁閎傳，太守趙謙擊黄巾，軍敗，功曹封觀等七人以身扞刃，皆死，號「七賢」。觀有志節，當舉孝廉，以兄未顯，遂稱風疾，喑不能言。火起避之，忍而不告。後兄得舉，乃仕郡。註：「字孝起，南頓人。」

1097 扶漱官

鮮卑傳，順帝永建六年，烏桓豪人扶漱官勇健，每與鮮卑戰，輒陷敵，賜號「率衆君」。

1098 許曼

方術傳，汝南平輿人，少傳父峻學。互見「緄」下。

1099 騫曼

鮮卑傳，光和中，和連死，子騫曼年小，後騫曼長大，與魁頭爭國。

十册

1100 賈丹

光武紀，建武十四年九月，賈丹殺盧芳將尹由來降。杜茂傳，鴈門人賈丹殺尹由詣郭涼。詳郭涼下。

1101 侯丹

光武紀，建武十一年八月，岑彭破述將侯丹於黄石。公孫述傳，述使將軍侯丹開白水關，北守南鄭。順陽懷侯傳，公孫述遣侯丹取南鄭。岑彭傳，述又遣將侯丹率二萬餘人拒黄石。彭使護軍楊翕等拒延岑等，自分兵浮江下還江州，泝都江而上，襲擊侯丹，大破之。晨夜倍道兼行二千餘里，徑拔武陽。

〔一〕「梁」，手稿作「芒」，據後漢書改。

1102 景丹

光武紀。本傳，驃騎大將軍櫟陽侯景丹字孫卿，馮翊櫟陽人也。少學長安。莽時，舉四科，以言語爲固德侯相，遷朔調連率副貳。更始立，使上狗上谷，丹與連率耿況降，復爲上谷長史。與況共謀拒王郎，共將兵南歸。光武拜偏將軍，號奉義侯。從擊王郎將兒宏於南䜌，拜驃騎大將軍。二年，封櫟陽侯。秋，與吳漢等從擊破五校於羛陽，會賊蘇況攻破弘農。丹時病，欲令强起領郡事，夜召入謂云云。力疾拜命，將營到郡，十餘日薨。

1103 郭丹

明帝紀，永平三年二月丙辰，左馮翊郭丹爲司徒，代李訢。四年十月，司徒郭丹免。本傳，字少卿，南陽穰人。七歲而孤，後母憐之，爲鬻衣裝，買產業。從師長安，買符入函谷關，乃慨然歎曰：「丹不乘使者車，終不出關。」既至京師，常爲都講。大司馬嚴尤請丹，〔一〕辭病不就。莽又徵之，遂逃於北地。更始二年，徵爲諫議大夫，持節使歸南陽，安集受降。自去家十二年，果乘車出關，如志。更始敗，獨保平氏不下，爲更始發喪云云。建武二年，〔二〕逃去，求謁更始妻子，奉還節傳，因歸鄉里。十三年，吳漢辟舉高第，再遷幷州牧，轉使匈奴中郎將，遷左馮翊。永平三年，代李訢爲司徒。明年，坐考隴西太守鄧融事，免。五年，卒於家，年八十七。

1104 成丹

劉玄傳，新市人王匡等爲渠帥，諸亡命成丹等往從之。後成丹等西入南郡，號下江兵。更始西入長安，封水衡大將軍成丹爲襄邑王。赤眉立盆子，更始使成丹等屯新豐，拒

〔一〕「尤」，手稿作「光」，據後漢書改。
〔二〕「二」，手稿作「三」，據後漢書改。

之。後張卬等之變，更始東奔新豐。〔二〕王常傳，與丹等別入藍，號下江兵。鄧禹傳，赤眉西入關，更始遷襄邑王成丹等，分據河東、弘農以拒之。禹破，更始將樊岑、成丹等合軍十餘萬，攻禹，禹軍不利，後詣宗廣降，欲亡，廣斬云。見宗廣下。

1105 廉丹　四十一卷。馮衍傳，莽遣更始將軍廉丹討伐山東。丹辟衍爲掾。衍說丹，當屯據大郡，鎮撫吏士，納雄傑之士，詢忠智之謀云云。西南夷傳，莽遣寧始將軍廉丹擊益州諸夷。

1106 金丹　隗囂傳，杜陵、金丹之屬爲賓客。

1107 芳丹　馮異傳，時芳丹據新豐。續漢書「芳」作「茅」。

1108 銚丹　銚期傳，期卒，子丹嗣侯安成。後徙封丹葛陵侯。註：「葛陵，縣名，故城在汝南，故鮦陽。」

1109 王丹　字仲回，京兆下邽人。哀、平時，仕州郡。王莽時，連徵不至。鄧禹徵關中，丹率宗族上麥二千斛。禹表丹領左馮翊，稱疾，免歸。後徵爲太子少傅。客有薦士於丹者，因選舉之，而後所舉者陷罪，丹坐以免，客慙懼自絕。尋復徵爲太子太傅，〔三〕乃呼客謂曰：「何量丹之薄也？」不爲設食以罰之，相待如舊。其後遜位，卒於家。

1110 樊丹　樊宏傳，建武十三年，封宏弟丹爲射陽侯。

1111 陰丹　陰興傳，博弟丹爲郎。

1112 高丹　袁安傳，註：「袁山松書曰：南陽太守滿殷等皆竇氏賓客。」

〔二〕「奔」，手稿作「莽」，據後漢書改。

〔三〕「太」，手稿作「少」，據後漢書改。

1113 井丹　字大春，扶風郿人也。京師語曰：「五經紛綸井大春。」性情高，未嘗脩刺候人。〔一〕

1114 殷丹　孟嘗傳，太守殷丹到官，嘗具陳前寡婦冤事云，丹卽刑訟女而祭婦墓，天應澍雨。

1115 洼丹　儒林傳，字子玉，南陽育陽人。世傳孟氏易。莽時，避世教授。建武初，爲博士，十一年，爲大鴻臚。作易通論七篇，世號洼君。卒官。

1116 鄒丹　公孫瓚傳，烏桓司馬閻柔招誘胡漢數萬人，與瓚所置漁陽太守鄒丹戰於潞北，斬丹等四千餘級。

1117 安衆康侯丹　城陽恭王傳。

1118 公孫丹　董宣傳，爲北海相。以大姓公孫丹爲五官掾。丹新造居宅，而卜工以爲當有死者，乃令其子殺道行人，置尸舍內，厭咎。宣卽收丹父子殺之。又見「岑」下。

1119 范丹　爰延傳，令牛述請爲功曹。

1120 范冉　獨行傳，註云：「冉又作丹。」

1121 范冉　符融傳，薦范冉於太守馮岱。

1122 劉班　順紀，八使。周舉傳，八使，太尉長史劉班。

1123 胡母班　獻紀，初平元年六月，執金吾胡母班安集關東，被殺。註：「風俗通：胡母，姓，本陳胡公後也。齊宣王母弟別封母鄉，遠本胡公，近取母邑，故曰胡母氏也。」蔡邕傳，

〔一〕「刺」，手稿作「勅」，據後漢書改。

召問邕營護侍御史胡母班，邰不爲用致怨之狀。又黨序廚傳。袁紹傳，卓使執金吾胡母班譬解紹。紹使王匡殺之。註：「漢末名士錄曰：胡母班字季友，泰山人，名在八廚。謝承書曰：班，王匡妹夫。匡受紹旨，收班。班與匡書曰：足下拘僕於獄，欲以釁鼓，此何悖暴無道之甚？僕與董卓何親戚？義豈同惡？足下張虎狼之口，吐長蛇之毒，恚卓遷怒，何其酷哉！死者人之所難，然恥爲狂夫所害。若亡者有靈，當訴足下於皇天。婚姻禍福之基，今日著矣。亡人二女，則君之甥，身沒之後，愼勿令近僕尸骸。匡得書，抱班二子哭，班遂死於獄。」

1124 索　班　班勇傳，元初六年，敦煌太守曹宗遣長史索班將千餘人屯伊吾，車師前部王及鄯善王皆來降班。〔二〕後數月，北單于與車師後部遂共攻沒班。又西域傳。

1125 惠　班　列女傳，曹昭之字。

1126 董　班　李固傳，南陽人董班往哭固，殉尸不肯去。太后憐之，聽得襚斂歸葬。由此顯名，三公並辟。班遂隱身，莫知所歸。註：「楚國先賢傳曰：班字季子，宛人也。少遊太學，宗事李固，才高行美，不交非類。」

1127 樓　班　烏桓傳，獻帝初平中，遼西大人丘力居死，子樓班年少，從子蹋頓代立。後難樓、蘇僕延率衆奉樓班爲單于。建安十二年，曹操征烏桓，樓班與袁尚俱奔遼東，公孫康斬之。

1128 郭　頒　袁紹傳，註：「曹瞞傳及郭頒代語並云曹嵩，夏侯氏子，惇之叔父。」

〔二〕「鄯」，手稿作「鄯」，據後漢書改。

1129 胡蘭

桓紀，延熹八年五月，桂陽胡蘭、朱蓋等復反，太守陳球拒之。陳球傳，州兵朱蓋反，與桂陽賊胡蘭攻零陵。度尚傳，桂陽胡蘭。見「蓋」下。

1130 薛蘭

黨序，朱並告蘭爲「八俊」。

1131 薛蘭

袁紹傳，註：「曹襲定陶，呂布將薛蘭屯鉅野。」

1132 陳蕃

桓紀，延熹八年七月，太中大夫陳蕃爲太尉，代楊秉也。九年七月，太尉陳蕃免，周景代之。靈紀，建寧元年正月，以前太尉陳蕃爲太傅，九月丁亥，曹節等矯詔誅。本傳，字仲舉，汝南平輿人。初仕郡，舉孝廉，除郎中。遭母憂，去官行喪。後李固薦，徵拜議郎，再遷樂安太守。時李膺刺史青州屬城聞風，多引去，蕃獨以清績留。梁冀遺書請託，不得通，使者詐求謁，蕃怒，笞殺之，左轉脩武令。稍遷，拜尚書。時議討零陵、桂陽山賊，又詔下州郡，一切皆得舉孝廉。蕃疏駁之，忤左右，出爲豫章太守。徵爲尚書令，遷大鴻臚。救李雲，不得，免歸。復徵拜議郎，遷光祿勳。時封賞踰制，内寵猥盛，上疏諫之。帝頗納其言，爲出宮女五百餘人，但賜黃儁爵關内侯，而鄧萬世南鄉侯。延熹六年，諫較獵，不納。自蕃爲光祿勳，與五官中郎將黃琬共典選舉，爲勢家郎所譖訴，免歸。頃，徵爲尚書僕射，轉太中大夫。八年，代楊秉爲太尉，讓胡廣、王暢、李膺等，帝不許。中常侍蘇康、管霸等復被用，排陷忠良。劉祐、馮緄、李膺皆以忤旨，抵罪。因朝會，固理膺等，不聽。與司徒劉矩、司空劉茂共諫劉瓆、成瑨、黃浮、翟超等罪，帝不悦。有司劾奏之，矩、茂不敢復言。蕃獨上疏，帝愈怒，宦官由此疾蕃彌甚。九年，李膺等以黨事下獄考實，蕃上書極諫，帝諱其言切，託以辟召非其人，策免之。永康元年，帝崩。竇太后臨朝，以蕃爲太傅，録尚書事。靈帝卽位，太后復優詔封蕃高陽侯，讓章十上，竟不受封。與竇武謀誅中官。蕃自以既從人望而德於太后，謂其志可申，乃先上疏，言侯覽、曹節、公乘昕、王甫、鄭颯等與趙夫人並亂天下云云。太后不納。及曹節等矯詔誅武等。蕃時年七十五，聞難作，將官屬八十餘人，拔刃突入承明門，大呼曰：「大將軍忠以衛國。」王甫出，與蕃相迕，讓蕃，遂令收蕃，送黄門北寺獄，卽日害之，徙家屬於比景。李膺傳，太尉陳蕃曰：「今所考案，皆海内人譽，憂國忠公之臣。此等猶將十世宥也。」竇武傳，書言尚書令陳蕃僕射胡廣，尚書朱寓、荀緄、劉祐、魏朗、劉矩、尹勳等，皆國之貞士，又謂武當誅曹節等。王龔傳，引進郡人陳蕃。蕃性氣高明，初到，龔不卽召見之，乃留記謝病去。黄琬傳，與陳蕃同心，顯用志士，爲富郎中傷，免官。李雲傳，大鴻臚陳蕃上疏救雲，上恚，免歸田里。周景傳，代陳蕃爲太尉。桓彬傳，蕃與竇武輔政，復徵用之。王堂傳，爲汝南太守功曹。見「堂」下。又六十九卷。劉愷傳。蘇章傳。胡廣傳。爰延傳。黄憲傳。欒巴傳。謝弼傳。左雄傳。張奂傳。郭泰傳。皇甫規傳。何休傳。董卓傳。

1133 鄧　蕃　皇女小姬，適昌安侯侍中鄧蕃。鄧禹傳，昌安侯襲嗣子蕃，亦尚顯宗女平皋長公主，和帝時爲侍中。

1134 張　蕃　張酺傳，子蕃以郎侍講，〔二〕因令小黄門勅蕃云，令酺復視事。又皇甫規傳。

〔二〕「以」，手稿作「少」，據後漢書改。

1135 劉　番　陳思王傳，註：「封鈞弟番陽都鄉侯。」

1136 宣　璠　董卓傳，卓諷朝廷使光祿勳宣璠持節拜卓爲太師，位在諸侯王上。袁紹傳，註：「卓使司隸宣璠收紹宗族。」

1137 馬　檀　馬武傳，武卒，子檀嗣，坐兄伯濟與顔忠謀反，國除。

1138 唐　檀　方術傳，字子産，豫章南昌人。習京易、韓詩、顔氏春秋，尤好災異星占。永建五年，舉孝廉，除郎中。時白虹貫日，唐檀上便宜三事。書奏，棄官去。著書二十八篇，名爲唐子。卒於家。

1139 單于檀　耿國傳。

1140 萬氏尸逐　南匈奴傳，單于師子死，單于長之子萬氏尸逐單于檀立。時永元十年也。

單于檀

1141 韋　顔　臧宫傳，與耿弇擊更始將韋顔。註：「華嶠書作韓。」

1142 鄭伯山　楊厚傳，純又就同郡鄭伯山受河洛書及天文推步之術。

1143 史孝山　班彪傳，好事者謂史孝山之徒。

1144 詹　山　應奉傳，武陵蠻詹山等四千餘人反，執縣令，屯結連年。奉爲武陵太守，慰納悉降。南蠻傳，桓帝元嘉元年秋，武陵蠻詹山等四千餘人反叛，屯結深山。〔二〕至永興元年，太守應奉招誘之，降散。

〔二〕「深」，手稿作「淥」，據後漢書改。

1145 朱　山　黄琬傳，顯用志士，河東朱山。

1146 鄯善王尤還　班勇傳，勇曰：「今鄯善王尤還，漢人外孫，若匈奴得志，則尤還必死。」

1147 且凍傳難　西羌傳，順帝元和五年夏，且凍傳難種羌反叛。傅山曰：「此羌種非人名，以再無見，記之。」

卷一百七十九　東漢書姓名韻（六）

平聲

十一先

1148 淮陽公延　光武紀。

1149 蓋　延　光武紀。本傳，虎牙大將軍安平侯延字巨卿，漁陽要陽人。身長八尺，彎弓三百斤。彭寵署爲營尉，行護軍。與吳漢同謀歸光武。至廣阿，拜偏將軍，號建功侯，從平河北。光武卽位，爲虎牙將軍。建武二年，更封安平侯。南擊敖倉等。夏，督馬武等伐劉永。永棄軍走譙，延進攻薛，而彭城等縣皆降。定沛，修高祖廟。三年，復攻破永於睢陽。四年春，擊蘇茂、周建於蘄，與董憲戰留下，皆破之。攻西防，拔之。又往來要擊別將於彭城、郯、邳間，共討龐萌於桃鄉，從征董憲於昌慮，皆破平之。六年春，屯長安。十一年，攻河池，以病引還。十五年，卒。劉永傳，蓋延圍睢陽數月，拔之。彭寵傳，寵與護軍蓋延等及光武於廣阿。來歙傳，歙被刺，屬以軍事。

1150 蓋　延　第五倫傳，註：「華嶠書：蓋延代鮮于褒爲馮翊，多非法。倫數切諫，延恨之，故滯不得舉。」

1151 蓋延　馮異傳，時蓋延據盩厔。與虎牙同姓名。

1152 施延　順紀，陽嘉二年八月己巳，大鴻臚沛國施延爲太尉，代龐參也。註：「延字君子，蘄人也。」四年四月甲子，太尉施延免。註：「東觀記曰：以選舉貪汙策免。」又以龐參代之。律曆中，安帝延光二年，太尉愷上侍中施延等議：「太初過天，日一度，弦望失正，月以晦見西方，食不與天相應；元和改從四分，四分雖密於太初，復不正，皆不可用。甲寅元與天相應，合圖讖，可施行。」來歙傳，歷要結侍中施延。陳忠傳，拜有道高第士施延爲侍中，後位至太尉。註：「謝承書：延字君子，蘄縣人。少爲諸生，明五經，星官風角。家貧母老，周流傭賃。常避地廬江臨湖縣種瓜，後到海鹽，取卒月直，〔一〕賃作半路亭父以養母」云。

1153 張延　靈紀，中平二年五月，太僕河南張延爲太尉，代鄧盛也。註：「字公威，歆之子。」三年二月，太尉張延罷，張溫代之。冬十月，前太尉張延爲宦人所譖，下獄死。

1154 虞延　明帝紀，永平三年二月己未，南陽太守虞延爲太尉，代趙熹也。永平八年三月辛卯，太尉虞延爲司徒，代范遷。十四年三月甲戌，司徒延免，自殺，邢穆代之。本傳，字子大，陳留東昏人。初生時，其上有物若一疋練，遂上昇天，占者以爲吉。及長，長八尺六寸，腰帶十圍，力能扛鼎。少爲戶牖亭長。莽末長嬰甲胄，擁衞親族，扞禦鈔盜。建武初，仕執金吾府，除細陽令。歲時伏臘，輒休遣徒繫，皆應期而還。後去官

〔一〕「直」，手稿作「值」，據後漢書改。

還鄉，爲太守富宗署功曹。二十年帝東巡，過小黄，時延爲部督郵，引見，問園陵之事，[二]勑從駕到魯。還封丘城，門小不容羽蓋，帝怒，使撻御史，延引咎，以爲罪在督郵，詔以陳留督郵貰御史罪。二十三年，辟司徒玉況府。元正朝賀，帝望而識延，即日召拜公車令。明年，遷洛陽令。外戚斂手，遷南陽太守。永平三年，徵代趙熹爲太尉；八年，代范遷爲司徒。歷位二府，十餘年無異政。陰氏中傷之，使人私以楚謀告延，延不能。及英事發，詔書切讓，延自殺。趙熹傳，永平八年，代虞延行太尉事，居府如眞。陰識傳，用掾史虞延等。

1155 阜陵王延

光武十王傳，郭后生阜陵質王延。建武十五年封淮陽公，十七年進爲王，二十八年就國。延性驕奢而遇下嚴烈。永平中，有告延與姬兄謝弇及姊館陶主壻韓光招姦猾作圖讖事，徙爲阜陵王。既徙封，懷怨望。建初中，復有告延與子魴造逆，貶爲阜陵侯，食一縣。章和元年，幸九江，賜延書會車駕壽春。復侯爲阜陵王。明年入朝。立五十一年薨。

1156 劉延

彭城王傳，註：「定弟延，昌城亭侯。」

1157 劉延

馮衍傳。

1158 劉延

袁紹傳，紹遣顏良攻操別將劉延於白馬。

1159 繇延

郅惲傳，太守歐陽歙臨享禮訖，教曰：「西部督郵繇延，天姿忠貞，秉性公方，摧破姦凶，不嚴而理」云云，「太守敬嘉厥休，牛酒養德。」主簿讀書教，戶曹引延受賜。

[二]「陵」，手稿作「林」，據後漢書改。

憚於下坐愀然前曰：「司正舉觥，以君之罪，告謝於天。延資性貪邪，外方内圓」云云。歙色動，不知所言。

1160 梁　延　梁統傳，註：「梁溥子延，以明軍謀特除西域司馬。延生統。」

1161 桓　延　桓郁傳，〔一〕註：「華嶠書：郁六子，延。」

1162 爰　延　字季平，〔二〕陳留外黄人。清苦好學。質懿，少言。縣令牛述請爲廷掾，又令史昭以爲鄉嗇夫，仁化大行，人但聞嗇夫，不知郡縣。桓帝時徵博士，舉賢良方正，遷侍中。帝遊上林，從容問曰：「朕何如主？」對曰：「陛下爲漢中主。」帝曰：「何？」對曰：「陳蕃任事則化，中常侍黄門豫政則亂，是以知陛下可與爲善，可與爲非。」帝曰：「敬聞闕。」拜五官中郎將，轉長水校尉，遷魏郡太守，徵拜大鴻臚。時太史令言客星犯帝坐，延上封事極論「鄧萬恩重惠豐」云云。〔三〕因乞骸歸，卒。

1163 李　延　華佗傳，註：「府吏倪尋、李延俱苦頭痛，佗曰：延當發汗。尋曰内實。」

1164 任　延　循吏傳，字長孫，南陽宛人。年十二爲諸生，學於長安，明詩、易、春秋，號爲「任聖童」。避兵隴西。囂請，延不應。更始元年，以延爲大司馬屬，拜會稽都尉。建武初，上書乞骸。詔徵爲九眞太守。教鑄田器，墾田疇，定婚嫁之禮。視事四年，徵詣洛陽，以病左轉睢陽令，拜武威太守。河西少雨澤，爲置水官吏，脩理溝渠，自掾吏

〔一〕「傳」，傅山全書初版本脱，據手稿補。
〔二〕「平」，手稿作「延」，據後漢書改。
〔三〕「萬」，手稿作「禹」，據後漢書改。

子孫，皆令詣學受業，左轉召陵令。拜潁川太守。永平二年，徵令辟雍，因爲河內太守。病卒。南蠻傳，中興，任延守九眞。

1165 霍延 周紆傳，亭長霍延遮止竇篤，遂拔劍擬篤。

1166 滕延 侯覽傳，濟北相滕延一切收捕，殺侯覽、段珪賓客數十人，坐徵廷尉。字伯行，後爲京兆尹，有理名。

1167 馬延 袁尚敗走藍口，尚將馬延等臨陣降。

1168 趙延 傅燮傳，趙忠遣弟城門校尉趙延謂燮曰：「南容少答我常侍，萬戶侯不足得也。」燮正色拒之，忠愈懷恨。

1169 公孫延 王烈傳，註：「公孫度之父延，避吏居玄菟，爲郡吏。時玄菟太守公孫琙子豹，年十八死，度少時名豹，又與琙子同年，琙親愛之。」公孫度傳，度父延，度自立爲遼東侯，追封延爲建義侯。

1170 暮延 西南哀牢夷傳，和帝永元六年，敦忍乙王暮延慕義，譯獻犀牛、大象。

1171 宗延 西羌傳，肅宗建初元年，安夷縣吏略妻卑南種羌婦，吏爲其夫所殺，安義長宗延追之出塞，種人恐見誅，遂共殺延。

1172 莎車王延 西域莎車傳，匈奴因王莽之亂，略有西域，惟延最强，不肯附屬。元帝時，常爲侍子，長於京師，慕樂中國，亦復參其典法，常勑諸子，當世奉漢家。天鳳五年死，謚忠武。

1173 蘇僕延 烏桓傳，靈帝初，遼東蘇僕延衆千餘落，自稱峭王。建安初，袁紹矯制賜單于印綬。

1174 烏延 烏桓傳，右北平烏延衆八百餘落，自稱汗魯王。袁紹亦矯賜單于印綬。後與袁尚走遼

1175 左翊公焉　東，公孫康斬之。光武紀。

1176 程　焉　光武紀，建武四年十二月，馮異破公孫述將程焉於陳倉。馮異傳，公孫述遣將程焉，將數萬人就呂鮪出屯陳倉。馮異與趙匡迎擊，破之，焉追走漢川。追戰於箕谷，復破之。

1177 桓　焉　順紀，永建元年二月丙戌，太常桓焉爲太傅，代馮石也。十二月己亥，〔二〕太傅桓焉免。註：「東觀記曰：無清介辟召，策罷。」永和五年九月壬午，太常桓焉爲太尉，代王龔也。漢安元年十月辛未，太尉桓焉免，趙峻代之。桓郁傳，郁中子焉字叔元，少以父任爲郎。永初元年，入授安帝，三遷爲侍中步兵校尉。永寧中，順帝爲太子，焉爲少傅，月餘，爲太傅，以母憂自乞，聽以大夫行喪。踰年，詔賜牛酒，奪服，拜光祿大夫，遷太常。爭濟陰王事，不能得。順帝卽位，拜太傅，與朱寵並錄尚書事。復入授經禁中，建言宜引三公、尚書入省事，從之。封陽平侯，固讓。坐辟禁錮者爲史，免。復拜光祿大夫。陽嘉二年，代來歷爲大鴻臚，遷太常。永和五年，代王龔爲太尉。漢安元年，以日食免。明年，卒。來歙傳，歷與太常桓焉等議太子不宜廢。梁商傳，使太常桓焉奉策就第拜商大將軍。鄭衆傳，與太常桓焉共諫爭濟陰王事。周舉傳，議北鄉侯號，同舉議。劉矩傳，見朱寵下。又五十六卷。張皓傳。

1178 中山簡　光武十王傳，建武十五年封左馮翊公，十七年進爲王。以郭太后少子故，獨留京師。

〔二〕「十二」，手稿作「十」，據後漢書改。

王　焉　三十年，徙封中山。永平二年就國，從以虎賁官騎。以郭太后偏愛，特加恩寵，獨得往來京師。十五年，姬韓序有過，焉縊殺之，國相舉奏，削安險縣。元和中，肅宗復以縣還中山。立五十二年，永元二年薨。時竇太后臨朝，憲兄弟擅權，太后及憲等，東海出也，故睦於焉而於禮，加賻錢一億。大爲脩冢，平夷吏人冢墓以千數云云。凡徵發搖動六州十八郡，〔二〕制度餘國莫及。

1179 中山王焉　馬援傳。宋意傳。陳寵傳註。

1180 劉　焉　字君郎，江夏竟陵人，魯恭王後。肅宗時，徙竟陵。少任州郡，以宗室拜郎中。去官居陽城山，精學教授。舉賢良方正，稍遷南陽太守、宗正、太常。靈帝時建議改置牧伯，乃陰求爲交趾，以避時難。出爲監軍，領益州牧，後以它事殺州中豪傑十餘人，士民怨之。初平二年，擊破任岐、賈龍等，意氣漸盛，造作乘輿云云。興平元年，馬騰與子範謀誅李傕，戰敗，範及誕並見殺。而天火又燒其城府庫重，徙居成都，疽發背卒。董扶傳，扶謂劉焉曰：「益州分野有天子氣。」焉信之，遂求爲益州牧。任安傳，表薦任安。王堂傳。

1181 高　焉　公孫瓚傳，瓚疏紹罪：「故上谷太守高焉等，紹以貪惏，〔三〕横責其錢，錢不備，二人幷命。」紹罪八也。互見姚貢下。

1182 何　鄢　何敞傳，註：「顯生鄢，爲光祿大夫，鄢生寵。」

〔二〕「發」，手稿無，據後漢書補。
〔三〕「惏」，手稿作「淋」，據後漢書改。

1183 李　研　桓紀，延熹六年七月，桂陽盜賊李研寇郡界。陳球傳，桂陽黠賊李研，陸梁荆部，球爲零陵太守，設方略，期月間賊虜消散。

1184 羌　研　西羌傳，爰劒曾孫忍，忍子羌研，至豪健，故羌中號其後爲研種。

1185 樂　玄　光武紀，孫登將樂玄殺登，降。見孫登下。

1186 橋　玄　靈紀，建寧三年八月，大鴻臚橋玄爲司空，代劉囂也。四年三月，〔二〕司空橋玄爲司徒，代許訓也，來豔代之。七月，司徒橋玄免，許栩代之。光和元年十二月丁巳，光祿大夫橋玄爲太尉，代陳球也。二年三月乙丑，太尉橋玄罷，段熲代之。〔三〕本傳，字公祖，梁國睢陽人。少爲縣功曹。時豫州刺史周景行部到梁國，玄謁言陳相羊昌罪，乞爲部陳從事，窮案其奸。景壯其意，署而遣之，案昌罪。舉孝廉，補洛陽左尉。時梁不疑爲河南尹，玄以公事當詣府受對，恥爲所辱，棄官歸。後四遷爲齊相，坐事爲城旦。刑竟，徵，再遷上谷太守，又爲漢陽太守。謝病歸，復徵爲司徒長史，拜將作大匠。後四府舉爲度遼將軍，假黄鉞，討擊叛虜伯固等。靈帝初，徵爲河南尹，轉少府、大鴻臚。建寧三年，遷司空，轉司徒。素與南陽太守陳球有隙，而薦球爲廷尉。歲餘，拜尚書令。奏免大中大夫蓋升，帝不從。玄託病，拜光祿大夫。光和元年，遷太尉。數月，以疾罷，拜大中大夫，就里。六年卒。玄性剛無大體，曹操感其知己。仲長統傳，推達名臣橋玄。蔡邕傳，辟司徒橋玄府，又因災異對曰：「伏見光祿大夫橋玄聰達方

〔二〕「年」，手稿作「月」，據後漢書改。

〔三〕「熲」，手稿作「穎」，據後漢書改。

直。」段熲傳，〔一〕復代橋玄爲太尉。單颺傳。

1187 劉玄 字聖公，光武族兄也。弟爲人殺，玄結客欲報之。客犯法，玄避吏平陵，詐死。莽末，從平陵人陳牧等，爲其軍安集掾。地皇四年，號爲更始將軍。遂共議更始爲天子。二月辛巳，設壇淯水上沙中，卽位。更始素懦弱，羞愧流汗，擧手不能言。於是大赦天下，建元曰更始元年。後降盆子，爲謝祿縊殺之。光武詔大司徒鄧禹葬於霸陵。

1188 李玄 岑彭傳，彭留領軍李玄軍夷道。

1189 傅玄 祭遵傳，屯良鄉拒彭寵，遣護軍傅玄擊寵將李豪於潞，大破之。

1190 馬玄 馬成傳，棘陵侯豐卒，子玄嗣。

1191 馬玄 西羌傳，順帝建康元年春，護羌從事馬玄爲諸羌所誘，將羌衆亡出塞，領護羌校尉衛瑶追擊，斬之。

1192 張玄 竇融傳，囂使辯士張玄游說河西曰：「更始事業已成，尋復亡滅，此一姓不再興之效。今卽有所主，便相係屬，一旦拘制，自令失柄。今豪傑競逐，雌雄未决，當各據其土宇，與隴、蜀合從，高可爲六國，下不失尉佗。」後梁統刺殺玄。

1193 張玄 陵弟，字處虛，有才略，以時亂不仕。司空張温禮辟，不能致。中平二年，温征邊章，玄自田廬被褐帶索，說曰：「天下賊雲起，豈不以黄門常侍無道故乎」云云。温不能行，玄曰：「事行爲福，不行爲賊。」卽仰藥。温執其手曰：「出口入耳，誰今知之。」遂隱去魯陽山中。董卓秉政，臨之以兵，强起，至輪氏，道病終。

〔一〕「熲」，手稿作「潁」，據後漢書改。

1194 張　玄　儒林傳，字君夏，河内河陽人。少習顔氏春秋，〔一〕兼通數家法。建武初，舉明經，補弘農文學，遷陳倉縣丞。清淨無欲，嘗以職事對府，不知官曹處，吏白門下責之。去官，舉孝廉，除爲郎。會顔氏博士缺，玄試策第一，拜博士。諸生上言玄兼説嚴氏，不宜專爲顔氏。未及遷卒。

1195 蔡　玄　儒林傳，字叔陵，汝南南頓人。通五經，門徒著録者萬六千人。徵辟並不就。順帝特徵議郎，遷侍中，出爲弘農太守，卒官。

1196 鄭　玄　字康成，北海高密人。少爲鄉嗇夫。以書戒子曰：「吾家舊貧，不爲父母昆弟所容，去厮役之吏，游學周、秦之都，往來幽、幷、兖、豫之域，獲覲在位通人，處逸大儒，得意者咸從捧手，有所授焉。遂博稽六藝，粗覽傳記，時覩秘書緯術之奥。年過四十，乃歸供養，假田播殖，以娱朝夕。遇閹尹擅執，坐黨禁錮，十有四年，而蒙赦令，舉賢良方正有道，辟大將軍三司府。公車再召，比牒併名，早爲宰相。惟彼數公，懿德大雅，克堪王臣，故宜式序。吾自忖度，無任此，但念述先聖之元意，思整百家之不齊，亦庶幾以竭吾才，故聞命罔從。而黄巾爲害，萍浮南北，復歸邦鄉。入此歲來，已七十矣。宿素衰落，仍有失誤，案之禮典，便合傳家。今我告爾以老，歸爾以事，將閑居以安性，覃思以終業。自非拜國君之命，問族親之憂，展敬墳墓，觀省野物，胡嘗扶杖出門乎！家事大小，汝一承之。咨爾煢煢一夫，曾無同生相依。其勗求君子

〔一〕「顔」手稿誤作「嚴」，據後漢書改。

之道，研鑽勿替，敬愼威儀，以近有德。顯譽成於僚友，德行立於己志。若致聲稱，亦有榮於所生，可不深念耶！吾雖無紱冕之緒，頗有讓爵之高。自樂以論贊之功，庶不遺後人之羞。末所憤憤者，徒以亡親墳壟未成，所好羣書率皆腐敝，不得於禮堂寫定，傳與其人。日西方暮，其可圖乎！家今差多於昔，勤力務時，無恤饑寒。菲飲食，薄衣服，節夫二者，尚令吾寡恨。若忽忘不識，亦已焉哉！」年七十四，袁紹迫隨軍，載病到元城，卒。傳曰，玄經傳洽熟，〔二〕稱爲純儒。然質於辭訓，通人頗譏其煩。申屠蟠傳。馬融傳。蔡邕傳，邕死，玄歎曰：「漢世之事誰與正之。」盧植傳。杜密傳，行春到高密縣，見鄭玄爲鄉佐，知異器，卽召署郡職，遣就學。鄭太傳，詭詞兄東州鄭玄學疏古今。孔融傳，薦賢良鄭玄。李郃傳，李歷與爲友。楊倫傳。互見「林」下。衞宏傳。董鈞傳，馬融作周官傳，授鄭玄，玄作周官註。玄本學小戴禮，後以古經較之，取其義長者，故爲鄭氏學。又註小戴所傳禮記四十九篇，通爲三禮焉。朱儁傳，陶謙等奏記儁，列名有博士鄭玄。

1197 魏 玄

黨序，朱並告玄爲「八俊」。

1198 譙 玄

獨行傳，字君黃，巴郡閬中人。爲繡衣使者。莽居攝，於是縱使者車，變易姓名，竄歸，隱遁。公孫述賜之毒藥。子瑛奉錢贖之。建武十一年卒。

1199 仇 玄

仇覽傳，少子玄最知名。

1200 趙 玹

蔡邕傳，長水較尉趙玹、屯騎較尉蓋升，並叨時倖，榮富優足。宜念小人在位之咎，

〔二〕「經」，手稿脫，據後漢書補。

退思引身避賢之福。

1201 唐　玹

趙岐傳，先是，唐衡兄玹爲京兆虎牙都尉，郡人以玹進不由德，輕侮之。岐數貶議，玹深恨。延熹元年，玹爲京兆尹，岐懼禍，逃避之。玹果收岐家屬，陷，殺。

1202 王　元

光武紀。隗囂傳，長陵人王元等爲大將軍。王元、王捷常以天下成敗未可知，不願專心內事。元遂說囂曰：「昔更始西都，四方響應，天下喁喁，謂之太平。一旦敗壞，大王幾無所厝。今南有子陽，北有文伯，江湖海岱，王公十數，而欲牽儒生之說，棄千乘之基，羈旅危國，以求萬全，此循覆車之軌，計之不可者也。今天水完富，士馬最强，北收西河、上郡，東收三輔之地，案秦舊跡，表裏山河。元請以一丸泥爲大王東封函谷關，此萬世一時也」云云。光武伐蜀，使來歙喻旨。囂疑懼，即勒兵，使王元據隴坻，伐木塞道，謀欲殺歙。因使王元、行巡侵三輔，馮異、祭遵等擊破之。八年春，來歙襲得略陽城。囂出不意，懼更有大兵，使王元拒隴坻。後囂大將十三人皆降，王元入蜀求救，囂奔西城。數月，王元、行巡、周宗將蜀兵五千餘人，乘高卒至，鼓噪大呼曰：「百萬之衆方至！」漢軍大驚，未及成陳，元等決圍，殊死戰，遂得入城，迎囂歸冀。於是安定、北地、天水、隴西復反爲囂。九年，囂死，立囂子純爲王。來歙等攻破落門，周宗等將純降。唯元留爲蜀將。及臧宮破延岑，元舉衆詣宮降。元字惠孟，初拜上蔡令，遷東平相，坐墾田不實，下獄死。又見公孫述傳。來歙傳。馮異傳，囂使其將王元舉衆降。祭遵傳。岑彭傳，述遣將延岑、呂鮪、王元等及其弟恢悉兵拒廣漢及資中。馬援傳，會囂用王元計，〔一〕意更狐疑。〔二〕應劭傳，駁募鮮卑不便曰：「往烏桓校尉王元」云云。南匈奴傳，順帝永和五年，馬續與烏桓校尉王元發緣邊兵，擊吾斯，破之。

1203 梁敬王元　孝明八王傳，夷王蕘，子敬王元嗣，立十六年薨。

1204 姊　元　齊武王傳，至小長安，與莽前隊大夫等戰，軍敗。姊元弟仲遇害，追爵爲新野長公主。鄧晨傳，娶光武姊元。光武兵敗，與女弟伯姬共騎而奔。見元，趣令上馬。元撝去曰：「無兩沒也。」與三女遇害。追爲節義長公主。

1205 杜　元　杜茂傳，茂卒，子元嗣。永平十四年，坐與王平反，減死一等，國除。

1206 陳　元　字長孫，蒼梧廣信人。少傳父欽業，〔三〕莽時以父任爲郎。建武初，詣闕上書議駁范升左氏四十五事之失。〔四〕范升與元辯，凡十餘上。帝卒立左氏，太常選博士四人，元爲第一。帝以元新忿爭，乃用其次李封，元辟司空李通府。時大司農江馮言，宜令司隸校尉督察三公。元上書言：「不宜使有司察公輔。」從之。復辟司徒歐陽歙府，數陳當世便事、郊廟之禮，不用。以病去，老卒。馬嚴傳，註：「東觀記：嚴從司徒祭酒陳元受春秋。」孫期傳，陳元傳費氏易。歐陽歙傳，歙掾陳元上書追訟，〔五〕言甚切至。鄭玄

〔一〕「用」字上，手稿衍一「計」字，據後漢書删。
〔二〕「意」，手稿作「言」，據後漢書改。
〔三〕「欽」，手稿作「觀」，據後漢書改。
〔四〕「事」，手稿作「年」，據後漢書改。
〔五〕「掾」，手稿作「傳」，據後漢書改。

1207 陳　元　仇覽傳，元母詣覽告元不孝，覽親到元家，與其母子飲，因爲陳人倫孝行，譬以禍福之言，元卒爲孝子。謝該傳。

云云，元卒爲孝子。

1208 房　元　侯霸傳，師事九江太守房元，治穀梁春秋，爲元都講。

1209 李　元　楊厚傳，厚言「陰臣、近戚當受禍」云云。明年，宋娥母與宦者褒信侯李元等搆姦廢退。孫程傳，中黄門李元封褒信侯。永建元年就國，三年復徵還拜騎都尉。

1210 李　元　獨行傳。

1211 李　元　楊秉傳，註：「侯參與同郡諸生李元之官，共飲酒，醉後，戲故相犯，誣言有淫慝之罪，應時捶殺。」

1212 鄧疊母元　竇憲傳。見都鄉侯暢下。

1213 第五元　鄭玄傳，師事第五元，先通京氏易、公羊春秋、三統曆、九章算術。

1214 曹子元　郭泰傳，同郡曹子元等。

1215 馬　援　光武紀。本傳，字文淵，扶風茂陵人。年十二而孤，少有大志。嘗受齊詩，意不能守章句。後爲郡督郵，送囚至司命府，援哀而縱之，亡命北地，因留牧畜。轉游隴、〔二〕漢間。莽末，爲新成大尹。莽敗，避地梁州。囂以爲綏得將軍。建武四年，囂使援奉書洛陽。從幸梨丘，還爲待詔，歸隴右。隨隗恂將家屬歸洛陽。上書求屯田上林苑中。

〔二〕「隴」，手稿作「龍」，據後漢書改。

上書請伐囂，使將突騎，〔二〕往來游說離囂支黨。又與囂將陽廣書，使喻囂。八年，決策進軍，囂衆潰。九年，拜大中大夫，副來歙監平涼州。十一年，拜隴右太守。擊諸羌，議無棄金城破羌以西。十三年，擊武都參狼羌，徵入爲虎賁中郎將，議鑄五銖錢。十七年，討妖人李廣，征交趾，平，封新息侯。二十年秋，振旅還京師，朝見位次九卿。還，請伐匈奴、烏丸。十二月，復出屯襄國。明年，出高柳，虜散去，無所得而還。二十四年，請擊五溪蠻。明年，軍至臨鄉，病卒。隗囂傳，與援相善。蘇竟傳。宋均傳。南蠻傳，建武二十五年，遣伏波將軍馬援等將兵至臨沅，擊武陵精夫相單程，破之。烏桓傳，建武二十一年，馬援出五院關掩擊烏桓。烏桓相率逃，追斬百級而還。烏桓尾援後，援晨夜奔，比入塞，馬死者千餘匹。

1216 耿　援

匽皇紀，註：「長社公主，桓帝姊，耿弇弟霸玄孫尚焉。」耿弇傳，喻麇侯顯卒，子援嗣。尚桓帝姊長社公主，爲河陽太守。

1217 陳　援

五行志，延熹元年，日食。註：「梁冀別傳：徐璜上言：『日食甲戌』云云。『史官上占，去重見輕。』璜召太史陳援詰問，乃以實對。梁冀怨援不爲隱諱，冀使人陰求其短，發摘上聞。收殺獄中。」

1218 伏　援

伏隆傳，以子援爲郎中。

1219 董　援

第五種傳，單超以事陷種，坐徙朔方。超外孫董援爲朔方太守，種怒待之，孫斌具聞超謀。

〔二〕「騎」，手稿作「歸」，據後漢書改。

1220 皇甫援　耿恭傳，秦彭與謁者王蒙、皇甫援擊車師。

1221 丁原　靈紀，董卓殺執金吾丁原。何進傳，使武猛都尉丁原燒孟津，火炤城中。公孫瓚傳，瓚疏紹罪曰：「招來不軌，疑誤社稷，至令丁原焚燒孟津。」註：「續漢書：何進欲誅中常侍趙忠等，進乃詐令武猛都尉丁原放兵數千人，爲賊於河内，稱『山伯』，上事以誅忠等爲辭，燒平陰、河津幕府人舍，以恐怖太后。」董卓傳，卓使呂布殺執金吾丁原。註引英雄記：「原字建陽，爲人粗略有勇，善射，受使不辭，有驚急，追寇虜輒在前。」呂布傳，丁原爲騎都尉，以布爲主簿。原受何進召，將兵詣洛陽，爲執金吾。會進敗，卓誘丁原，布殺原而幷其兵。

1222 左原　郭泰傳，左原者，陳留人。爲郡學生，犯法見斥。林宗嘗遇諸路，爲設酒肴以慰之：「昔顏涿聚梁甫之巨盜，段干木晉國之大駔，卒爲齊之忠臣，魏之名賢」云云。原納其言而去。

1223 邴原　鄭太傳，詭詞曰：「北海邴原，清高直亮。」孔融傳，薦賢良邴原。

1224 馬員　馬援傳，援兄員，莽時爲增山連率，莽敗與援俱去郡，避地涼州。世祖即位，員先詣洛陽，帝遣員復郡，卒於官。註：「東觀記：員字季主。續漢書：自賓客天水，仲又嘗爲牧帥令，〔二〕員爲護苑使者。」〔三〕

1225 宗員　盧植傳，護烏桓中郎將宗員副植討黄巾。

〔二〕「仲」，手稿作「中」，據後漢書改。
〔三〕「使」，手稿作「死」，據後漢書改。

1226 陰　員　陰興傳，博弟員爲郎。

1227 范　遷　明帝紀，永平四年十月丙辰，河南尹范遷爲司徒，代郭丹。八年正月己卯，司徒遷薨，虞延代之。牟融傳，司徒范遷薦融，宜在本朝，並上其理狀。註：「漢官儀曰：遷字子盧，沛人也。」郭丹傳，丹卒，以河南尹范遷有清行，代爲司徒。遷字子盧，沛國人，初爲漁陽太守，以智略安邊，匈奴不敢入界。及在公輔，有宅數畝，田不過一頃，復推與兄子云云。在位四年薨。虞延傳，永平八年，代范遷爲司徒。

1228 師　遷　靈紀，熹平二年五月，沛相師遷坐誣罔國王，下獄死。註：「東觀記：『陳相師遷奏，沛相魏愔，前爲陳相，與陳王寵交通。』明愔爲沛相，此言遷爲沛相，誤。」陳愍王傳，國相師遷追奏前相魏愔與寵共祭天神云云。後以誣告，誅死。

1229 金　遷　竇融傳，融遷大司空。久不自安，〔一〕數辭讓爵位，因侍中金遷口達至誠。

1230 單　遷　馮緄傳，山陽太守單遷以罪繫獄，緄考死。遷，故車騎將軍超之弟也。

1231 荀　遷　劉愷傳，陳忠疏曰：「少府荀遷，嚴毅剛直而薄於藝文」云云，「忠父寵，爲司空，時遷爲掾屬。」

1232 李君遷　蘇章傳。

1233 司馬遷　邊韶論曆引之。

1234 雷　遷　南蠻傳，建武二十三年，南郡潳山蠻雷遷等始反叛，寇掠，武威將軍劉尚討破之，徙

〔一〕「久」，傅山全書初版本誤作「永」，據手稿改。

其種七十餘口置江夏界中，今沔中蠻是也。

1235 郭　虔　順紀，永和二年三月丁丑，光祿勳馮翊郭虔爲司空，代王卓也。註：「虔字君賢，池陽人。」六年三月庚子，司空郭虔免，趙戒代之。胡廣傳，與尚書郭虔上疏諫探籌立后，又與郭虔上疏駮左雄改策舉之制。杜根傳，僕射郭虔舉成翊世爲尚書。左雄傳，與僕射郭虔共上疏。周舉傳，尚書郭虔疏稱舉忠直。

1236 劉　虔　蔡邕傳，四事，曰：涼州刺史劉虔等，各有奉公疾姦之心。

1237 服　虔　字子愼，初名重，又名祇，後改虔，河南滎陽人也。作左氏傳解。又以左傳駮何休之所駮漢事六十條。舉孝廉，稍遷，中平末拜九江太守，免。遭亂客行，卒。著有九憤。朱儁傳，陶謙奏記儁，列名有前九江太守服虔。

1238 許　虔　許劭傳，兄虔亦知名，汝南稱平輿淵二龍。

1239 趙王虔　鄭玄傳。

1240 鄧　乾　后紀，皇女致適高密侯鄧乾。鄧禹傳，禹子高密侯震卒，子乾嗣，尚顯宗女沁水公主。永元十四年，陰后巫蠱事發，乾從兄奉以后舅被誅，乾從坐，國除。元興元年，和帝復封乾本國，拜侍中，卒。

1241 劉　乾　趙孝王傳，靖王宏薨，子惠王乾嗣。趙相奏乾居父喪私聘小妻，又白衣出司馬門，坐削中丘縣。立四十八年薨。

1242 徐　乾　黨序，朱並告乾爲「八俊」。

1243 周　乾　朱儁傳，陶謙等奏記儁，列名有揚州刺史周乾。

1244 李堅　桓紀，建和元年，陳留盜賊李堅自稱皇帝，伏誅。抗徐破斬之。〔二〕

1245 孫堅　靈紀，見「觀」、「鵠」下。獻紀，初平元年十一月，孫堅殺荊州刺史王叡、南陽太守張咨。三年正月，袁術遣堅攻劉表於襄陽，堅戰歿。公孫瓚傳，袁術遣公孫越隨其將孫堅擊紹將周昕。又瓚疏紹罪曰：「長沙太守孫堅，前領豫州刺史，遂能驅走董卓，掃除陵廟，忠勤王室，其功莫大。紹遣小將盜居其位，斷絕堅粮，不得深入，使董卓久不服誅。紹罪十也。」董卓傳，長沙太守孫堅，亦率豫州諸郡兵討卓。既敗，收合散卒，進屯梁縣之陽人。堅追擊，胡軫、呂布進洛陽宣城門，更擊呂布，布復破走。堅乃掃除宗廟，平塞諸陵，分兵出函關。後以截卓後，堅爲張温參軍。又見周慎下。袁術傳，劉表表堅領豫州刺史，使荊、豫之卒破董卓。初平三年，術遣孫堅擊劉表於襄陽，堅戰死。袁術聞孫堅得傳國璽，遂拘堅妻奪之。劉表傳，袁術共孫堅合從襲表，表敗。堅圍襄陽，中流箭死。

1246 皇女堅　后紀，桓帝女，潁陰長公主。

1247 傅堅　五行志，永康元年八月，巴郡言黃龍見。時吏傅堅以郡欲上言，内白事以爲走卒戲語，不可。太守不聽。

1248 劉堅　城陽恭王傳，建武十三年，封祉祕子堅爲高鄉侯。

1249 劉堅　彭城王傳，註：「定弟堅，西安亭侯。」

〔二〕末句錯位，當在1129「胡蘭」下。

1250 梁恭王堅　孝明八王傳，節王菑，子恭王堅嗣，立二十六年薨。

1251 程　堅　趙孝王良傳，郎中南陽程堅有志行，拜爲趙王乾傅。堅輔以禮義，乾改悔前過，堅列上，復削縣。

1252 趙　堅　鮑昱傳，註：「泚陽人趙堅殺人繫獄，昱令將妻入獄，得有子。」

1253 李子堅　范冉傳。

1254 阿　堅　烏桓傳，順帝永和五年，烏桓大人阿堅、羌渠等反叛，張耽擊破斬之，餘衆降。

1255 闕　宣　獻紀，初平四年六月，下邳賊闕宣自稱天子。

1256 鄧后母宣　鄧后猛女紀，宣適鄧香，生后。改嫁梁紀，封母宣爲長安君，又改昆陽君。梁冀傳，鄧香妻宣生女猛，香卒，更適梁紀。〔二〕冀易猛姓爲梁，冀恐猛姊壻邴尊沮敗宣意，結客刺殺尊，又欲殺宣。宣家在延熹里，與中常侍袁赦比。刺客登赦屋，欲入宣家。赦覺之，鳴鼓會衆以告宣，宣入白帝云。

1257 嚴　宣　律曆志，殷彤薦宣，詔太史丞弘試十二律，其二中，其四不中，其六不知何律，宣遂罷。自此律家莫能爲準施弦候部。〔三〕

1258 嚴　宣　彭寵傳，都尉嚴宣等會光武於廣阿。吳漢傳，初，漁陽尉嚴宣，與漢俱會光武於廣阿，以爲偏將軍，封建信侯。

1259 陳　宣　五行志，註：「謝承書曰：陳宣字子興，沛國蕭人也。莽篡，隱處不仕。光武即位，

〔二〕「適」，手稿無，據後漢書補。
〔三〕「自此」，手稿作「此自」，據後漢書改。

1260 徐　宣　拜諫議大夫，言洛水必不入城。」劉盆子傳，東海人徐宣、謝祿、楊音，各起兵數萬，復引從樊崇，共還攻莒，後立盆子爲帝。宣故縣吏，能通易經，遂共推宣爲丞相。既降，光武謂崇等曰：「得無悔降乎？今遣卿歸營勒兵，鳴鼓決其勝負，不欲强相服也。」徐宣等叩頭曰：「臣等出長安東都門，君臣計議，歸命聖德。百姓易與樂成，難與圖始，故不告衆」云云。帝曰：「卿所謂鐵中錚錚，傭中佼佼者也。」令各與妻子居洛陽，賜宅舍一區，田二頃。後歸鄉里，卒於家。註：「東觀記曰：宣字驕穉，東海臨沂人。」徐防傳，祖父宣爲講學大夫，以易授王莽。

1261 徐　宣　單超傳，璜兄子宣爲下邳令，暴虐尤甚。求故汝南太守李暠女不得，至家，載其女歸，射殺之。又見黃浮下。陳蕃傳。

1262 翟　宣　城陽恭王傳。

1263 王　宣　馮異傳，降赤眉將王宣。見劉始下。

1264 竇　宣　竇融傳，穆與子宣俱死平陵獄。

1265 劉　宣　卓茂傳，茂與安衆侯劉宣不仕莽。宣字子高，安衆侯崇之從弟。知莽當篡，變姓名，抱經書，隱避林藪，建武中襲封安衆侯。

1266 劉　宣　种暠傳，時八使所糾奏，爲梁冀及諸宦官互爲請救，事皆被寑遏。暠復劾諸爲八使所舉蜀郡太守劉宣等罪惡，從之。

1267 劉　宣　李固傳，復與光祿勳劉宣上言：「選舉無道，侈害百姓。」

1268 董　宣　酷吏傳，字少平，陳留圉人。初爲司徒侯霸辟，累遷北海相。殺公孫丹。青州奏其濫，坐徵廷尉獄，諷誦無憂色。及刑，光武馳詔特原宣刑云云。左轉懷令。會江夏有劇賊，以宣爲江夏太守。到官，賊夏喜聞，懼，降散。坐輕慢外戚陰氏，免。徵爲洛陽令。格殺湖陽主蒼頭，帝怒，宣乞一言而死，曰：「縱奴殺良人」云云。帝勑彊項令出。京師號爲「臥虎」，歌曰：「枹鼓不鳴董少平。」年七十四，卒於官。死以布被覆屍，有大麥數十斛云。帝曰：「董宣廉潔，死乃知之。」蔡茂傳，茂喜宣剛正，上書禁制貴戚。

1269 鮑　宣　蔡邕傳。

1270 鮑　宣　列女傳。

1271 宰　宣　梁冀傳，弘農人宰宣素佞邪，欲取媚於冀，上言大將軍有周公之功，其妻宜爲邑君。

1272 武　宣　李固傳，竊聞長水司馬武宣等無他功德。

1273 李　宣　李瓚子。見「瓚」下。

1274 趙　宣　陳蕃傳，樂安民趙宣葬親而不閉埏隧，居其中，行服二十餘年，鄉邑稱孝，蕃與相見，問及五子，皆服中所生。大怒，致罪。

1275 闕　宣　陶謙傳，下邳闕宣自稱天子，謙始與合從，後殺之而幷其衆。註：「劉攽曰：案紀作闕宣，仍云闕黨童子之後，此作闕，誤。」

1276 張　宣　董卓傳，註：「韓暹失楊奉，孤特，與千餘騎欲歸幷州，爲張宣所殺。」

1277 單于宣　南匈奴傳，伊屠于閭鞮單于宣，元和二年立，立三年死。

1278 孫　諠　楊秉傳，條奏遼東太守孫諠等五十餘人。

1279 孫　權　獻紀，建安五年，孫策死，弟權襲其餘業。二十四年十一月，權取荆州。二十五年，帝遜位。明年，權自王於吳。

1280 李　權　劉焉傳，註：「蜀志：焉殺李權等。」

1281 黃　權　劉焉傳，璋迎劉備拒操。主簿黃權諫曰：「備有梟名」云云。註：「字公衡，閬中人。」

1282 夏侯淵　獻紀，建安十九年十月，曹操遣將夏侯淵誅宋建於枹罕，〔二〕獲之。董卓傳，操遣擊宗建。魏志，淵字妙才，沛人也。

1283 侯　淵　侯霸傳，族父淵，以宦者有才辯，任職元帝時，坐石顯等領中書，號曰太常侍。

1284 國　淵　鄭玄傳，門人樂安國淵等，時並童幼，玄稱淵爲國器。註：「淵字子尼，〔三〕魏司空掾，遷太僕。」

1285 鄧　泉　獻紀，興平二年十一月庚午，李傕、郭汜等追乘輿，戰於東澗，王師敗績，殺光祿勳鄧泉。

1286 呼廚泉　南匈奴傳，獻帝興平二年，單于於扶羅死，弟呼廚泉立。

1287 平春王全　章帝八王傳，以建初四年封，其年薨，葬京師。無子，國除。

1288 竇　萬全　竇融傳，安豐侯嘉卒，子萬全嗣。子卽竇武，別有傳。

〔二〕「宋」，手稿作「朱」，據後漢書改。

〔三〕「尼」，手稿作「居」，據後漢書改。

1289 陰萬全　陰興傳，鮦陽侯琴卒，子萬全嗣。

1290 牢川　五行志，河内牢川詣闕上書：「汝、潁、南陽，〔一〕上采虛譽，專作威福；甘陵有南北二部」云云。

1291 劉騫　安成孝侯傳，註：「亭長子報殺更始弟騫。」

1292 王除鞬　耿國傳。

1293 於除鞬〔二〕　袁安傳。南匈奴傳，和帝永元三年，北單于逃亡不知所在，弟右谷蠡王於除鞬自立爲單于，遣使款塞。竇上書，立爲北單于，朝廷從之。

1294 其至鞬　鮮卑傳，安帝永寧元年，遼西大人其至鞬率衆詣鄧遵降，奉貢獻。詔封其至鞬爲率衆侯。建光元年，〔三〕其至鞬復叛，寇居庸，雲中太守成嚴擊之，敗死。延光二年冬，〔四〕其至鞬自將萬餘騎入東領候，分爲數道，攻南匈奴于曼柏。三年秋，〔五〕復寇高柳，殺漸將王。順帝永建元年秋，寇代郡，其至鞬死，而鮮卑抄盜稍稀。

1295 駟鞬　莎車傳，莎車王賢，立其國貴人駟鞬爲嬀塞王。又分龜茲爲烏壘國，徙駟鞬爲烏壘王，更以他貴人爲嬀塞王。數歲，龜茲國人殺駟鞬。

1296 馬鱄　馬嚴傳，肅宗卽位，除子鱄爲郎，令勸學省中。又上聲。

〔一〕「潁、南陽」，手稿作「南潁陽」，據後漢書改。
〔二〕「於」，手稿作「于」，據後漢書改。
〔三〕「光」，手稿作「元」，據後漢書改。
〔四〕「二」，手稿作「元」，據後漢書改。
〔五〕「三年」二字，手稿脫，據後漢書補。

1297 荀專 荀淑傳，「八龍」，八專。

1298 韋賢 韋彪傳，高祖賢，宣帝時爲丞相。

1299 楊賢 杜林傳，囂令刺客楊賢追杜林於隴坻遮殺。賢見林身推鹿車，載弟喪，乃歎曰：「我雖小人，何忍殺義士！」因亡去。

1300 董賢 桓譚傳，董賢爲大司馬，聞譚名，欲與之交。譚先奉書於賢，說以輔國保身之道，賢不能用，遂不與通。

1301 張賢 蘇章傳，段熲使從事張賢就家殺之，〔一〕先以鴆與賢父云云。

1302 張賢 虞詡傳，宦者張賢等。孫程傳，中黃門張賢封祝阿侯。永建元年，與程訟虞詡罪。

1303 馬賢 馬融傳，時征西將軍馬賢與胡疇征西羌，稽久不進。皇甫規傳，疏曰：「馬賢始出，頗知必敗。」西羌傳，安帝永初七年夏，騎都尉馬賢與侯霸掩擊零昌別部牢羌於安定，〔二〕首虜千人，得驢騾駱駝馬牛羊二萬餘，以畀得者。元初元年，號多與零昌通謀。侯霸、馬賢將湟中吏人及降胡于枹罕擊之，斬首二百餘級。二年，以馬賢代龐參領校尉事。四年冬，任尚將諸郡兵與馬賢並進北地擊狼莫，賢先至安定青石岸，狼莫逆擊破之。六年春，勒姐種與隴西種羌號良通謀欲反，馬賢逆擊之於安故，斬號良及種人數百，種皆降散。永寧元年春，上郡沈氏種羌寇張掖。夏，馬賢將萬人擊之。初

〔一〕「熲」，手稿作「潁」，據後漢書改。
〔二〕「安定」，手稿作「定安」，據後漢書改。

戰失利，明日復戰，破之，斬首千八百級，牛羊萬數，餘虜悉降。時當煎種大豪飢五等，以賢兵在張掖，乘虛寇金城，賢還軍追之出塞，斬首數千級而還。燒當種聞賢軍還，率三千餘人復寇張掖。初，飢五同種大豪盧怱、忍良等千餘戶別留允街，而首施兩端。建光元年春，〔一〕率兵召盧怱斬之，因放兵擊其種人，首虜二千餘人，掠馬牛羊十萬頭，忍良等皆亡出塞。璽書封賢安亭侯，食邑千戶。忍良等以麻奴兄弟本燒當世嫡，而賢撫恤不至，常有怨心。秋，遂相結共脅諸種寇湟中，攻金城。賢將先零羌赴擊之，戰於牧苑，兵敗。麻奴等又脅將先零、沈氏諸種四千餘戶，西寇武威。賢追到鸞鳥，招引之，諸種降者數千，麻奴南還湟中。延光元年春，賢追到湟中，麻奴出塞渡河，賢復追擊，破之，種衆逃散。順帝永建元年，隴西鍾羌反，〔二〕馬賢將七千餘人擊之，戰臨洮，斬首千餘級，皆率種人降。進封賢都鄉侯。自是涼州無事。四年，賢以犀苦兄弟數背叛，因繫質于令居。其冬，賢坐徵免。〔三〕陽嘉三年，鍾羌良封等復寇隴西、漢陽，詔拜前校尉馬賢爲謁者，鎮撫諸種。四年，賢發隴西吏士及羌胡兵擊殺良封，斬首千八百級，獲牛羊五萬餘頭，良封親屬並詣賢降。賢復進擊鍾羌且昌，且昌等率種十餘萬詣梁州刺史降。永和元年，復以馬賢代馬續爲校尉。二年春，賢擊斬武都塞上白馬羌渠帥饑指累祖等三百級，於是隴右復平。明年，燒當那離等三千餘騎寇金城，

〔一〕「光」，手稿作「元」，據後漢書改。
〔二〕「鍾」，手稿作「種」，據後漢書改。
〔三〕「坐」，傅山全書初版本脫，據手稿補。

賢將兵赴擊，斬首四百餘級，獲馬千四百匹。那離等復西招羌胡，〔一〕殺傷吏民。四年，賢將湟中義從兵及羌胡萬餘騎掩擊那離等，〔二〕斬之，獲首虜千二百餘級，得馬牛羊十萬餘頭。徵賢爲弘農太守。五年夏，且凍、傅難種羌反叛，與西塞及湟中雜種大寇三輔。於是發京師近郡及諸州討之，拜賢爲征西將軍，將左右羽林、五校及諸郡兵十萬人屯漢陽。又於扶風、漢陽、隴道作塢壁三百所，置屯兵，以保聚百姓。且凍分遣種人寇武都，燒隴關，掠苑馬。六年春，賢將五六千騎擊之，到射姑山，軍敗，賢及二子皆戰歿。順帝愍之，賜布三千疋，穀千斛。自永初七年至永和六年，戰事凡二十九年。

1304 譚賢

周黨傳，黨與同郡譚賢伯升，俱守節不仕莽世。建武中，徵幷不到。

1305 駟賢

楊倫傳，上書曰：「往者蕭令駟賢」云云。

1306 叔賢

叔先雄傳，弟賢，夕夢雄告之：「後六日，當共父同出。」至期伺之，果然。

1307 郭大賢

朱儁傳，黃巾賊後，復有郭大賢等徒。袁紹傳，紹擊賊郭大賢等。

1308 莎車王賢

西域傳，序，莎車王賢誅滅諸國，賢死之後，〔三〕遂更相攻伐。于窴傳曰，〔四〕建武末，莎車王賢强盛，攻幷于窴。莎車傳，建武九年，王康死，弟賢立，攻破拘彌、西夜國，殺其王，而立兄兩子爲其王。十四年，賢與鄯善王遣使貢獻，於是西域始通。葱嶺以東皆屬賢。十七年，復遣使貢獻，請都護。天子問竇融，融以賢父子兄弟事漢，款至，

〔一〕「復」，傅山全書初版本脫，據手稿補。
〔二〕「羌」字下，傅山全書初版本衍一「復」字，據手稿删。
〔三〕「死」，手稿作「後」，據後漢書改。
〔四〕「窴」，手稿作「寘」，據後漢書改。下同。

宜加號位以鎮安之。因賜賢西域都護印綬。以裴遵言，復收還之。賢由是始恨，而猶詐稱大都護，移書諸國，悉服屬，號賢爲單于。賢浸驕横云云。二十一年冬，車師前王等十八國遣子入侍，皆流涕願得都護。天子未許，賢自負强，欲幷西域諸國。賢知都護不至，遂攻鄯善，殺龜茲王，兼其國。嫣塞王自以國遠，殺賢使者，賢擊滅之，立其國貴人駟鞬爲嫣塞王。又自立其子則羅爲龜茲王。後龜茲屬匈奴。賢以大宛貢税減少，攻大宛，大宛王延留降云云。後敗於于窴王，休莫霸脱身走歸國，與于窴王廣德和，卒爲廣德詐，會執，歲餘殺之。

1309 楊　璇

字機平，會稽烏傷人。初舉孝廉，靈帝時爲零陵太守。時蒼梧、桂陽賊衆，而璇力弱。璇乃制車馬數十乘，以排囊盛石灰車上，繫布索於馬尾，又爲兵車，專彀弓弩，戰時令車馬居前，順風鼓灰，燒布馬驚，奔突賊陣，而後車弓弩亂發，盜賊波駭破散也。爲趙凱誣，事白，拜議郎，三遷勃海太守，後徵拜尚書僕射。卒。

1310 甄子然

第五種傳，孫斌謂高密甄子然。詳見孫斌下。

1311 甄子然

孔融傳，郡人甄子然、臨孝存知名早卒，[一]融恨不及之，乃命配食縣社。

1312 張仲然

袁閎傳，註「七賢」，有記室史張仲然。

1313 王季然

郭泰傳，西河王季然等。

1314 許君然

孔僖傳，僖卒於臨晉，遺令卽葬。蒲坂令許君然勸令反魯。

1315 朱　駢

朱暉傳，南陽太守桓虞，召暉子駢爲吏。

[一]「存」，手稿作「行」，據後漢書改。

1316 周　燕　周嘉傳，高祖燕。註：「燕字少卿，宣帝時爲郡決曹掾。太守欲枉殺人，燕諫不聽，遂殺囚而黜燕。因家守闕稱寃，詔遣復考，燕見太守曰：「願謹定文書，皆著燕名，君但言時病而已」云云。受掠楚，無屈橈。當下蠶室，乃歎曰：「我平王之後，正公玄孫，豈可以刀鋸之餘見先君？」遂不食死。周燮傳。

1317 呂奉先　臧洪傳，洪與陳琳書曰：「呂奉先討卓來奔，請兵不獲，告去何罪，復見斫刺。」

1318 劉　先　劉表傳，表別駕劉先，與韓嵩同說表附曹操。註：「零陵先賢傳曰：先字始宗，博學强記，尤好黃老，明習漢家典故。」

1319 東郭延年　甘始傳，東郭延年率能行容成御婦人術。

1320 區　憐　南蠻傳，順帝永和二年，日南、象林徼外蠻夷區憐等攻象林縣，燒城寺，殺長吏。

1321 令　田　莋都夷傳，安帝永初二年，青衣道夷邑長令田，與徼外之種夷三十一萬口，賫萬金，旄牛旄，舉土内屬。賜令田爵號爲奉通邑君。

1322 放　前　西域傳，順帝永建四年，于窴王放前殺拘彌王興，〔二〕自立其子爲拘彌王，遣使者貢獻。敦煌太守徐由上求討之，帝赦其罪，令歸拘彌國，放前不肯。陽嘉元年，徐由遣臣槃擊破之。永建六年，遣侍子詣闕貢獻。

1323 和　連　鮮卑傳，靈帝光和中，檀石槐死，子和連立。才力不及父，亦數爲寇。後出攻北地，廉人善弩射者射中和連，卽死。

〔二〕「窴」，手稿作「寘」，據後漢書改。

卷一百八十　東漢書姓名韻（七）

平聲

十二蕭

1324 王　饒　光武紀，光武圍鉅鹿。王郎守將王饒堅守，月餘不下。王昌傳，光武引兵北圍鉅鹿。郎太守王饒據城，數十日連攻不尅。

1325 張　饒　孔融傳，融爲北海相，賊張饒等羣輩二十萬從冀州還，融逆擊，爲饒所敗。

1326 隗　囂　光武紀，建武元年十二月，隗囂據隴右。本傳，字季孟，天水成紀人也。少仕州郡。莽國師劉歆引囂爲士。隗崔等起兵，謂囂素有名，好經書，共推爲上將軍云云。遂擊殺雍州牧，平安定。分遣諸將狥隴西、武都、金城、武威、張掖、酒泉、敦煌，皆下之。更始二年，徵囂至長安，更始以爲大將軍。告崔、義叛，更始以爲忠，爲御史大夫。後謀劫更始東歸，事覺，更始使兵圍隗囂，斬平城門關，亡歸天水。復招聚其衆，據故地，自稱西州上將軍。旣逆擊破馮愔，鄧禹承制命囂爲西州大將軍，得專制涼州。建武三年，囂上書詣闕。報以殊禮，言稱字，用敵之儀。其後述數出漢中，遣使以大司空扶安王印綬授隗囂。囂恥所臣，斬其使，出兵擊之，以故蜀兵不復北出。後稱臣於述，述以囂爲朔寧王。九年春，囂病餓，恚憤而死於冀。劉玄傳。馮異傳。杜林傳。

班彪傳。郭憲傳。循吏傳。

1327 劉　囂　靈紀，建寧二年六月，太僕長沙劉囂爲司空，代許栩也。註：「囂字重寧。」三年七月，司空劉囂罷，橋玄代之。五行志中。見柳分下。

1328 劉　囂　劉般傳，宣帝封子囂於楚，是爲孝王。

1329 王　調　光武紀，初，樂浪人王調據郡不服。建武六年，遣樂浪太守王遵擊之，郡吏殺調降。王景傳。見劉憲下。殺憲，自稱大將軍。

1330 王　調　宋意傳，河南尹王調等出入竇憲門，負勢放縱。樂恢傳，時河南尹王調等與竇憲厚善，縱舍自由。恢劾奏之。袁安傳，註：「袁山松書曰：河南尹王調等，皆竇憲賓客。」

1331 王　調　李固傳，門生勃海王調貫械上書，證固之枉，河內趙承等十人亦要鐵鑕詣闕通訴，〔一〕太后明之，乃赦焉。及出獄，京師市里皆稱萬歲。冀聞之大驚。

1332 陳　調　律曆中，論月食，太常就耽選右郎中陳調等難問馮恂、孫誠。

1333 龔　調　來歙傳，歷要結持書侍御史龔調證太子無過，龔調據法律明之，以爲男、吉犯罪，太子不當坐。

1334 李　調　馬防傳，令將兵長史將四千餘人繞其西，〔二〕三道擊羌。

1335 樊　調　梁竦傳，貴人姊南陽樊調妻嫕上書云云。擢調爲羽林左監。調，光祿大夫樊宏兄之曾

〔一〕「內」，手稿作「南」，據後漢書改。
〔二〕「繞」，手稿作「驍」，據後漢書改。

孫也。〔一〕

1336 雍由調

西南夷傳，和帝永元九年，徼外蠻及撣國王雍由調遣重譯奉國珍寶，賜金印紫綬。安帝永寧元年，雍由調復遣使者朝賀，獻樂及幻人，〔二〕能變化吐火，自支解，易牛馬頭。又善跳丸，數乃至千。自言我海西人。明年元會，安帝作樂於庭，封雍由調爲漢大都尉，賜印綬、金銀、綵繒有差。

1337 劉儵

靈紀，使守光祿大夫劉儵至河間迎帝。陳球傳，司徒劉郃兄侍中儵，與竇武同謀俱死。竇武傳，武召侍御史河間劉儵，問其國中王子侯之賢者，儵稱解瀆亭侯宏。

1338 樊儵

樊宏子，字長魚，謹約有父風，事後母至孝。宏卒，嗣壽張侯。從丁公受公羊嚴氏春秋。建武中，諸王各招引賓客，爭致儵，儵清淨，無所交結。及沛王輔事發，儵以不豫得免。帝崩，爲復土校尉。永平元年，拜長水校尉，與定郊祀禮儀，以讖記正五經異說。二年，以壽張國益東平王，徙封燕侯。廣陵王荆有罪，詔儵與羽林監任隗雜理其獄。事竟，請奏誅荆。引見宣明殿，帝怒曰：「諸卿以我弟故，欲誅之，即我子，卿等敢爾耶！」儵仰而對曰：「天下高帝天下，非陛下之天下」云云，「臣等以荆屬託母弟，陛下留聖心，加惻隱，故敢請耳。如令陛下子，臣等專誅而已。」帝歎息良久。儵益以此知名。十年，卒，謚曰哀侯。刪定公羊嚴氏春秋章句，世號「樊侯」，弟

〔一〕「樊宏」，手稿作「調宏」，據後漢書改。

〔二〕「樂」，手稿脱，據後漢書補。

子潁川李脩、〔二〕九江夏勤，皆爲三公。張霸傳，就長水校尉樊儵受嚴氏春秋。丁恭傳，長水校尉樊儵受業。

1339 廣陵侯條　光武十王傳，侯商卒，子條嗣，傳國於後。

1340 宋　條　宋均傳，除子條爲太子舍人。

1341 宗　佻　光武紀，更始元年五月，昆陽之戰，夜自與驃騎將軍宗佻、五威將軍李軼等十三騎，出城南門，收兵。

1342 劉　姚　劉玄傳，劉巡卒，子姚嗣。

1343 馬　瑶　矯慎傳，慎同郡馬瑶，隱於汧山，以兔罝爲事。所居俗化，百姓美之，號馬牧先生焉。

1344 衞　瑶　西羌傳，順帝建康元年，護羌從事馬玄亡出塞，領護羌校尉衞瑶追擊，斬八百餘級，得馬牛羊二十餘萬頭。

1345 來　苗　明帝紀，永平十六年，騎都尉來苗出平城，無功還。竇固傳，騎都尉來苗、護烏桓校尉文穆將太原、〔三〕鴈門、上谷、漁陽、右北平、定襄郡兵及烏丸、鮮卑萬一千騎出北平城塞，至匈奴河水上，虜皆奔走，無所獲。又五十五卷。南匈奴傳，永平六年，副校尉來苗等將梨陽虎牙營士屯五原曼柏。十六年，以騎都尉來苗行度遼將軍。章帝建初元年，來苗遷濟陰太守。

1346 何　苗　靈紀，中平四年三月，河南尹何苗討滎陽賊，破之，拜苗爲車騎將軍。光熹元年八月，

〔二〕「潁」，傅山全書初版本誤作「穎」，據手稿改。

〔三〕「烏桓」，手稿作「丸」，據後漢書改。

吳匡與苗戰於朱雀闕下，苗敗斬之。何進傳，中平四年，滎陽盜起，詔使進弟河南尹苗出擊之。苗攻破，平定而還。詔遣使迎於成皋，拜苗爲車騎將軍，封濟陽侯。及進欲誅宦官，太后母舞陽君及苗數受諸宦官賂遺，數白太后，爲其障蔽。又言：「大將軍專殺左右，擅權以弱社稷。」太后信之。後苗謂進曰：「始從南陽來，俱以貧賤，依省内以致富貴」云云，「且與省内和也。」進意更狐疑。後爲吳匡殺之，棄其屍苑中。

1347 朱　苗　應劭傳，辟車騎將軍何苗掾。董卓傳，何進及弟苗所領部曲皆歸於卓。五行志，皇后異父兄朱苗封濟陽侯。

1348 向　苗　桓鸞傳，太守向苗有名迹，乃舉鸞孝廉，爲膠東令。始到官而苗卒，鸞卽去職奔喪，終三年然後歸。

1349 薛　昭　明帝紀，永平十三年三月，河南尹薛昭下獄死。

1350 韓　昭　質紀，南陽太守韓昭坐贓，下獄死。

1351 許　昭　天文下，熹平元年十月，熒惑入南斗，會稽賊許昭聚衆自稱大將軍，昭父生爲越王。臧洪傳，會稽妖賊起兵句章，自稱「大將軍」，攻破城邑，衆以數萬。洪破平之，獲昭父子。朱儁傳，太守尹端坐討賊許昭失利。

1352 董　昭　賈琮傳，琮爲刺史，臧過者，望風解印綬去，唯癭陶長濟陰董昭、觀津長梁國黃就當官待琮。荀彧傳，董昭等欲共進操爵國公，九錫備物。註：「昭字公仁，濟陰人也。」

1353 史　昭　爰延傳，令史昭以延爲鄉嗇夫。

1354 班　昭　曹世叔之妻班昭，字惠班。

1355 曹壽妻昭　班超傳，妹同郡曹壽妻昭上書請超。

1356 朱仲昭　黄瓊傳。見胡元安下。

1357 樊子昭　許劭傳，賞識樊子昭等，並顯名於世。

1358 張　喬　安帝紀，元初六年十二月，益州刺史張喬討破永昌、益州蜀郡叛夷，降之。順紀，永和三年六月，交趾刺史張喬慰誘日南叛蠻，降之。永和六年十一月庚子，以執金吾張喬行車騎將軍事，將兵屯三輔。漢安元年十月甲戌，行車騎將軍張喬罷。王堂傳，刺史張喬表其能。南蠻傳，李固駁發將無益曰：「尹就徵還，以兵付刺史張喬。喬因其將吏，旬月之間，破殄寇虜。」又曰：「南陽張喬，前在益州有破虜之功，皆可任用。」四府從固議，拜張喬爲交趾刺史。喬至，開示誘慰，並皆降散。莋都夷傳，延光二年，張喬擊破旄牛夷。西羌傳，安帝元初四年，以益州刺史張喬領就軍屯。招誘叛羌，稍稍降散。永和六年，遣行車騎將軍執金吾張喬將左右羽林、五校士及河内、南陽、汝南兵萬五千屯三輔。順帝漢安元年，羌種五千餘戶降，乃罷張喬軍屯。

1359 杜　喬　桓紀，建和元年六月，大司農杜喬爲太尉，代胡廣也。九月丁卯，京師地震。太尉喬免，趙代之。十一月，前太尉喬下獄死。本傳，字叔榮，河内林慮人。少爲諸生，舉孝廉，辟司徒楊震府。稍遷南郡太守，轉東海相，入拜侍中。漢安元年，守光祿大夫，狥兖州。還拜太子太傅，遷大司農。上書言，梁冀子弟五人及中常侍等以無功受封，不省。累遷大鴻臚、光祿勳。建和元年，代胡廣爲太尉，以不借觀冀金蛇，不會冀小女喪，桓帝納冀妹，冀欲厚禮迎，喬執舊典，不聽，冀屬氾宫爲尚書，不用，積恨。

及清河事起，冀遂諷有司劾喬與李固等交通，太后知喬忠，策免而已。冀怒，使人脅喬曰：「早從宜，妻子可得全。」喬不肯。明日遣騎至門，不聞哭者，遂白執繫之，死獄中。梁冀傳。崔瑗傳，杜喬爲八使，狥行郡國，奏瑗贓罪。种暠傳，梵單駕迎太子太傅，杜喬惶惑，不知所爲。种暠止之，喬退而歎息。又八使杜喬等多所舉奏。又八十七卷欒巴傳。周舉傳，八使。荀淑傳，光祿勳杜喬等舉淑賢良方正。李固傳，言侍中杜喬學深行道。

1360 杜　喬

杜林傳，林薨，除子喬爲郎。詔曰：「公侯子孫，必復其始，賢者之後，宜宰城邑。其以喬爲丹水長。」

1361 燕　喬

天文志，延熹四年，監黎陽謁者燕喬坐贓，棄市。

1362 楊　喬

楊璇傳，兄喬，爲尚書，容儀偉麗，桓帝愛其才貌，詔妻以公主，喬固辭不聽，閉口不食，七日死。竇武傳，書言尚書郎楊喬等文質彬彬。孟嘗傳，上書薦嘗。

1363 王　喬

方術傳，河東人。顯宗時，爲葉令。有神術，或云卽古仙人王子喬也。

1364 孔　喬

樊英傳，建元元年，復詔公車賜策書，徵及同郡孔喬。註：「字子松，宛人也，學古文尚書、春秋左氏傳。幽居修士。」

1365 陳　僑

馮異傳，更始遣白虎公陳僑等守洛陽。見武勃下。賈復傳，度河，與白虎公陳僑戰，連破降之。

1366 布　橋　馬防傳，羌豪布橋等圍南部都尉于臨洮。〔一〕燒當種皆降，〔二〕唯布橋二萬餘人在臨洮西南望曲谷，防三道擊，降之。西羌傳，章帝建初二年，迷吾又與封養種豪布橋等五萬餘人共寇隴西、漢陽，馬防、耿恭破之。

1367 梁　橋　梁統傳，子都之子橋，以貲千萬徙茂陵。

1368 龍　橋　西羌傳，安帝永初元年，蜀郡徼外羌龍橋等六種，萬七千二百八十口内屬橋。傅山曰：龍橋似是種名，非人名，以不再見，記入之。

1369 李　超　順紀，永建元年八月，鮮卑寇代郡，太守李超戰殁。鮮卑傳，順帝永建元年秋，其至鞬寇代郡，太守李超戰殁。

1370 單　超　桓紀，延熹二年十一月壬寅，中常侍單超爲車騎將軍。三年正月丙午，車騎將軍死。宦官傳，超河南人，桓帝時爲中常侍，帝誅冀，齧超臂出血爲盟。冀誅，封新豐侯。超病，遣使拜車騎將軍，死。第五種傳，遣刺客刺衛羽。梁冀傳。馮緄傳。楊震傳。李雲傳。陳蕃傳。

1371 翟　超　靈紀，建寧二年十月，鉤黨死，前山陽太守。陳蕃傳，山陽太守翟超，没入中常侍侯覽財産。又黨序，八及。〔三〕張儉傳，太守翟超請儉爲東部督郵。

1372 馬　超　獻紀。見韋康、曹操下。竇武傳。荀彧傳註。董卓傳，建安七年，操徵馬騰爲衛尉，

〔一〕「圍」，手稿脱，據後漢書補。
〔二〕「降」，手稿作「羌」，據後漢書改。
〔三〕「八」字，手稿無，按本書文例補。

騰應召，而留子超領部曲。十六年，〔一〕超與韓遂舉關中背操，操擊破之。後奔漢中，降劉備。又一百五卷。

1373 張　超　文苑傳，字子並，河間鄚人也，〔二〕留侯良之後，有文才。靈帝時，從車騎將軍朱儁征黄巾，爲別駕司馬。著賦、頌、碑文、薦、檄、牋、書、謁文、嘲，凡十九篇。又善草書，妙絕時人，世共傳之。朱儁傳，儁攻韓忠，忠乞降，司馬張超等皆聽之。

1374 張　超　臧洪傳，廣陵太守張超請爲功曹。洪説超誅卓，超然其言，與洪西至陳留，見兄邈計事，遂爲酸棗之盟。曹操圍超於雍丘，洪徒跣號泣，從紹請兵，紹不聽，超城遂陷，張氏族滅。袁紹傳，初平元年，紹與廣陵太守張超起兵討卓。呂布傳，邈與弟超迎呂布爲兗州，布東奔劉備。邈詣術求救，留超將家屬屯雍丘。操屠之。

1375 來　超　來歙傳，永建元年，歷弟超爲黄門侍郎。

1376 班　超　字仲升，扶風平陵人，彪少子。永平五年，隨兄固至洛陽，初除爲蘭臺令史。十六年，竇固擊匈奴，以超爲假司馬，將兵別擊伊吾，遂遣使西域。服鄯善，又爲軍司馬，令遂前功。至于窴時，〔三〕匈奴使護其國。于窴王廣德聞超在鄯善事，爲殺匈奴使降超。遣吏田慮縛疏勒王兜題。超至，悉召疏勒將兵，説以龜茲無道之狀，國人大悅。疏勒由是與龜茲結怨。肅宗初立，詔徵超還，至于窴，王侯以下皆號泣云云。超更還疏勒，〔四〕

〔一〕「年」，手稿脱，據後漢書補。
〔二〕「鄚」，手稿作「鄭」，據後漢書改。
〔三〕「窴」，手稿作「寘」，據後漢書改。下同。
〔四〕「還」，手稿作「遣」，據後漢書改。

疏勒自超去，復向龜茲，與尉頭連兵。超捕斬反者，擊破尉頭，疏勒復安。建初三年，超率疏勒、康居、于窴、拘彌兵攻破姑墨，上疏請兵，伐龜茲。遂以徐幹爲假司馬，將兵就超，共破疏勒反叛都尉番辰。上疏可遣使招慰烏孫，與共合力，納之。八年，拜超爲將兵長史，假鼓吹幢麾。尋發疏勒、于窴兵擊莎車。疏勒王忠反從莎車，〔一〕保烏即城。超攻之，康居救之。時月氏新與康居親，超使以錦帛遺月氏，令曉示康居王，康居王執忠歸國，烏即城遂降超。後三年，忠還據損中，詐降超，超僞許，至，即斬忠，南道於是遂通。明年，擊莎車，降，威震西域。永元二年，月氏奉貢獻。明年，龜茲、姑墨、温宿皆降，乃以超爲都護，居龜茲它乾城。西域唯焉耆、危須、尉黎以前沒都護，懷二心，其餘悉定。六年秋，遂發龜茲、鄯善等八國兵討焉耆，因大會斬焉耆王廣、尉黎王汎等於陳睦故城。立元孟爲焉耆王。於是西域五十餘國皆納質内屬。明年，封超定遠侯。十二年，上疏願生入玉門關，〔二〕徵還。十四年八月至洛陽。九月卒，年七十一。西域傳，建初二年，時司馬班超留于窴，綏集諸國。安息國，〔三〕和帝永元九年，都護班超遣甘英使大秦，以海水廣大，止。焉耆國傳，永元六年，都護班超發諸國兵討焉耆、危、黎、山國，斬焉耆、尉黎二王首，立焉耆左侯元孟爲王，尉黎、危須、山國皆更立其王。莎車傳，章帝元和三年，大破莎車，遂降。班固傳，弟超馳

〔一〕「忠」，手稿作「超」，據後漢書改。
〔二〕「門」，手稿無，據後漢書補。
〔三〕「安息」，手稿作「息安」，據後漢書改。

詣闕上書，得召見，具言固所著述意。

1377 崔　朝

崔駰傳，高祖父朝，昭帝時爲幽州從事，諫刺史無與燕王刺通。及刺敗，擢爲侍御史。

1378 東郭祖朝

劉陶傳，註引說苑，有東郭祖朝者，上書於晉獻公。

1379 宰　鼂

彭脩傳，西部都尉宰鼂行太守事。互見鍾離意下。

1380 袁　紹

靈紀，中軍校尉。獻紀，建安二年三月，袁紹自爲大將軍。五年九月，操與紹戰官渡，紹敗走。七年五月庚戌，袁紹薨。本傳，字本初，汝南汝陽人，祖湯，父成。紹壯健好交結，少爲郎，除濮陽長，遭母憂去官。三年禮畢，追感孤幼，又行父服。紹有姿貌，愛士養名。士無貴賤，與之抗禮，輜軿柴轂，塡接街陌。後辟何進掾，爲侍御史、虎賁中郎將。中平五年，爲佐軍校尉。靈帝崩，紹勸進徵卓等，脅太后云云，轉司隸校尉。及卓議廢立，紹勃然曰：「天下健者，豈惟董公！」長揖出，奔冀州。卓遣授紹勃海太守，封邟鄉侯，紹猶稱兼司隸。初平元年，遂以勃海起兵討卓，紹爲盟主，自號車騎將軍，領司隸校尉。用逢紀謀說韓馥，使讓冀州。冬，與公孫瓚戰，破之。三年，瓚挑戰紹，又破之，瓚還幽州，不敢復出。四年，討于毒等。興平二年，拜右將軍。沮授勸迎駕鄴都。〔二〕紹不能用。建安元年，操迎天子都許，下詔責紹以地廣兵多，不聞勤王之師而但擅相討伐。紹上書辯之。於是以紹爲太尉，封鄴侯。時操自爲大將軍，紹恥爲之下，紹表辭不受。操懼，乃讓位於紹。二年，拜紹大將軍，錫弓矢節鉞，虎賁百人，兼督冀、青、幽、幷四州，然後受之。田豐說紹「宜早圖許，迎天

〔二〕「鄴都」，手稿作「都鄴」，據後漢書改。

子，不爾，終爲人擒。」紹不從。四年，擊瓚，遂定幽土，而驕心轉盛，貢御稀簡。欲出兵攻許，沮授止之，郭圖、審配從之。五年，操擊玄德，田豐勸襲許，不從。操破玄德，而紹進軍，豐曰：「失機矣。」而紹又不從。操屯官渡，紹進保陽武。沮授説「宜曠日持久。」紹又不從，進逼官渡。授又説可遣蔣奇爲支軍，以絶鈔。紹又不從。許攸説紹輕軍襲許。紹又不從。及攸奔操，操攻殺淳于瓊等，紹軍大潰。紹與譚幅巾乘馬，與八百騎渡河，至黎陽北岸，入其將蔣義渠營。把義渠手曰：「孤以首領相付矣。」自軍敗，後發病。七年夏，薨。鄭玄傳，舉玄茂才，表左中郎將，不行。官渡時，令其子譚逼玄隨軍。蓋勳傳，勳謂劉虞、袁紹曰：「若併力共誅嬖倖，然後徵拔英俊，以興漢室，功遂身退，豈不快乎！」臧洪傳，洪至河間，幽冀交兵，因寓於袁紹，以洪領青州刺史。陳紀傳，紹爲太尉，讓紀，紀不受。何顒傳，紹與結爲奔走之交。何進傳，虎賁中郎將袁紹爲中軍校尉，進白遣紹東擊徐兗二州兵。紹與進謀誅中官，以紹爲司隸校尉。紹又詐宣進意，使捕案中官親屬。後紹閉北宫門，勒兵捕宦者，無少老皆殺之。或有無鬚而誤死者，自發露然後得免者。劉虞傳，袁紹欲以劉虞爲主。見趙岐下。鄭太傳，説卓以紹爲勃海太守，發山東之謀。又詭詞謂卓曰：「袁本初公卿子弟，生長京師。無軍旅之才」云云。袁安傳。應劭傳。崔寔傳。趙岐傳。許劭傳。董卓傳。又見李瓚下。

1381 曹紹

謝弼傳，曹節從子紹，以它罪掠弼，死獄中。初平二年，〔一〕司隸校尉趙謙訟弼忠節，求

〔一〕「二」手稿作「一」，據後漢書改。

報怨，乃收紹斬之。

1382 竇紹　竇武傳，兄子紹，爲虎賁中郎將，性疎簡奢侈。武數切厲〔二〕，不悟，乃上書求退紹位。紹更遵節。靈帝立，封鄠侯，遷步兵校尉。後自殺。見武傳中。

1383 邊韶　律曆志，漢安二年，尚書侍郎邊韶上言：「世微于數虧，道盛於得常」云云。楊秉傳，有司劾楊秉、韋著大不敬。尚書令周景與尚書邊韶議，明王之世，必有不召之臣云云。竇武傳，書言尚書郎邊韶等文質彬彬。曹騰傳，進名人邊韶。文苑傳，字孝先，陳留浚儀人，以文學知名。桓帝時臨潁侯相，徵拜大中大夫，著作東觀。再遷北地太守，入拜尚書令。後爲陳相，卒官。著詩、頌、碑、銘、書、策凡十九篇。崔寔傳，廷篤傳。

1384 韓韶　字仲黄，潁川舞陽人。少仕郡，辟司徒府。以能理劇，爲嬴長。賊不入境。餘縣廢耕桑，流入縣界，韶開倉賑之。主者爭謂不可，太守素知韶名德，竟無所坐。病卒官。又上成公傳。

1385 馬廖　明德后紀，太夫人起墳微高，太后以爲言，兄廖等即時減削。永平四年，封三舅廖、防、光爲列侯。並辭讓，願就關内侯。后聞之云云，廖等受封退位。馬援傳，子廖，字敬平，少以父任爲郎。明德皇后立，拜爲羽林左監、虎賁中郎將。顯宗崩，受遺詔典門禁，〔三〕代趙熹爲衛尉，上疏長樂宮以勸成德云云。建初四年，封爲順陽侯。八年，

〔二〕「數」，手稿作「毅」，據後漢書改。

〔三〕「遺」，傅山全書初版本誤作「遣」，據手稿改。

遺歸國，後詔還。永元四年，卒。謚安。〔一〕鄭衆傳，與馬廖擊車師。江革傳，衛尉馬廖、侍中竇憲慕革行，奉書致禮，無所報受。第五倫傳，上書「聞衛尉馬廖及防以布三千疋，私贍三輔衣冠，知與不知，莫不畢給。又臘日亦遺其在洛中者錢各五千。」楊終傳，終遺廖書戒訓諸子，不納。廖子豫後坐懸書誹謗，廖以就國。李育傳，舉方正。

1386 劉　遼　劉矩傳，以叔父遼未得仕進，遂絕州郡之命，以此遼爲諸公所辟。

1387 張　遼　袁紹傳。

1388 卿仲遼　黃香傳，永元十二年，東平清河奏妖言卿仲遼等，所連及且千人。香科別據奏，全活甚衆。

1389 哀　焦　孝明八王傳。見章初下。

1390 王　翹　楊彪傳，註：「王甫使門生王翹辜榷。」〔二〕

1391 張　貂　解奴辜傳。

1392 宋　梟　蓋勳傳，涼州左昌坐斷盜徵，以扶風宋梟代之。梟患多寇叛，謂勳曰：「涼州寡於學術，故屢致反暴。今欲多寫孝經，令家家習之。」勳曰：「太公封齊，崔杼殺君，伯禽侯魯，〔三〕慶父篡位。此二國豈乏學者？今不及靜難之術，當取笑朝廷。」梟不從，遂奏行之。被詔書詰責。

〔一〕「安」，手稿作「哀」，據後漢書改。

〔二〕「榷」，手稿作「權」，據後漢書改。

〔三〕「伯」，手稿作「白」，據後漢書改。

1393 司馬苞　安帝紀，元初元年九月辛未，大司農山陰司馬苞爲太尉，代李脩。二年六月丙戌，苞薨，馬英代之。

1394 王苞　王美人紀，趙國人也，祖父苞，五官中郎將。

1395 景苞　景丹傳，余吾侯尚卒，子苞嗣。

1396 史苞　竇融傳，時張掖都尉史苞，融以苞爲張掖太守，嚣破。

1397 趙苞　獨行傳，字威豪，甘陵東武城人。舉孝廉，再遷廣陵令，遷遼西太守。迎母及妻子，道經柳城，爲鮮卑所劫，遂進戰，母妻皆被害，苞嘔血死。

1398 張苞　董卓傳，獻帝紀曰：「汜與傕將張苞、張龍謀，誅傕。」

1399 李苞　西羌傳，中元元年，武都參狼羌反，〔二〕隴西太守劉盰遣監軍掾李苞等，將五千人越武都，斬其酋豪千餘。

1400 衛包　耿弇傳，弇從吏孫倉、衛包。詳見孫倉下。

1401 薛包　六十九卷傳序，安帝時，汝南薛包至孝。父娶後妻憎包，出之，包日夜號泣，至被毆杖廬舍外，旦入而洒掃云云。包與兄弟分財，奴婢引老者，田廬取荒傾者，器物取朽敗者，弟子數破產，輒復賑給。建光中，徵拜侍中，稱疾不就。

〔二〕「狼」，傅山全書初版本誤作「狠」，據手稿改。

1402 薛　包　黄瓊傳，薦大中大夫薛包。

1403 耿　包　袁紹傳，紹主簿耿包密白紹曰：「赤德衰盡，袁爲黄胤」云云。紹以包白事示僚屬，議者以包妖妄宜誅。紹知衆情未同，不得已乃殺包以弭其迹。

1404 程　包　南蠻傳，靈帝光和三年，巴郡板楯蠻復叛，帝問益州計吏征伐方略，漢中上計程包對：「忠功如此，本無惡心。長吏鄉亭，更賦至重」云云，「但選明能牧守，自然安集。」

1405 盛　包　西羌傳，安帝元初二年秋，行征西將軍司馬鈞，督北地太守盛包等，並北擊零昌。鈞令包等收羌禾稼，違節度，〔一〕並沒。

1406 陳　褒　安帝紀，永寧元年十月癸酉，衛尉陳褒爲司空，代李郃。註：「字伯人，廬江舒人也。」延光元年四月癸巳，褒免，劉授代之。和帝陰后紀，尚書陳褒考案鄧、朱事。見張愼下。劉愷傳，司空陳褒議范邠事。陳忠傳，忠疏曰：「近以地震策免司空陳褒。」

1407 鄧　褒　公主紀，註：「禹玄孫少府褒尚舞陰長公主。」鄧禹傳，高密侯成卒，子褒嗣，尚安帝妹舞陰長公主，桓帝時爲少府。卒。

1408 來　褒　來歙傳，子褒嗣。

1409 廉　褒　廉范傳，范曾祖褒，哀、平間右將軍。

1410 陸　褒　陸康傳，父褒有志，操連徵不仕。陸續傳，少子褒，力學好行，不慕榮名，連徵不就。

〔一〕「違」，手稿作「連」，據後漢書改。

褒子康。

1411 竇 褒

竇憲傳，叔父霸弟褒，將作大匠。

1412 延 褒

馮魴傳，魴爲郟令。潁川盜賊延褒等三千餘人攻縣，魴率吏士七十許人，力戰連日，弩盡，城陷，魴遁去，詣行在所。帝案行鬭處，嘉之「此健令」云。褒等聞帝至，自髡剔，請罪。帝且赦之，使魴轉降諸聚落，縣中平定，詔以褒等還魴。魴責讓以行軍法，皆叩頭曰：「死無所恨。」魴曰：「汝知悔過伏罪，一切相赦，聽各反農桑，爲令作耳目。」是後每有盜賊，輒爲褒等發。

1413 曹 褒

字叔通，魯國薛人也。少傳父業慶氏禮。常恨朝廷制度未備，晝夜精研。初舉孝廉，再遷圉令，太守馬嚴奏褒耎弱，免歸郡，爲功曹。徵拜博士。肅宗元和二年，承詔上疏，宜制禮制作樂，太常巢堪奏不可許。明年，承詔復上疏，陳制改之意。拜侍中，從南巡。章和元年正月，召褒詣嘉德門，令小黃門持班固所上叔孫通漢儀十二篇，勑褒條正。受命，乃次序禮事，依準舊文，雜以五經讖律之文，撰次天子至於庶人吉凶制度，百五十篇，寫以二尺四寸簡，上之。會帝崩，和帝即位，擢羽林左騎。永元四年，遷射聲校尉。又遷城門校尉、將作大匠。出爲河内太守，免。有頃徵，復爲侍中。卒官。褒作通義十二篇，演經雜論百二十篇，又傳禮記四十九篇。儒林傳，禮序，曹充傳其子褒。

1414 籍 褒

東海王臻傳，國相籍褒，具以狀聞。

1415 宣 褒

黨序傳，朱並告褒爲「八及」。

1416 孔　褒　孔融傳，張儉與融兄褒有舊，亡抵褒，不遇，融留之。事泄，國相密掩捕褒、融送獄。褒曰：「彼來求我，〔一〕非弟之過。」上讞，詔書竟坐褒。

1417 秦　褒　秦彭傳，彭弟褒，射聲較尉。

1418 鮮于褒　第五倫傳，始以營長詣郡引鮮于褒，署爲吏。後褒左轉高唐令，臨去，握倫臂訣曰：「恨相知晚。」註：「東觀記：倫步擔往候之，留十餘日，將倫上堂，令妻子出相對，屬託。」

1419 謝　暠　桓帝紀。見劉文下。清河王傳，劉文、劉鮪，欲共立蒜。事發覺，文等遂劫清河相謝暠，將至王宮司馬門，曰：「當立王爲天子，暠爲公。」暠不聽，罵之，文因刺殺暠。

1420 种　暠　桓紀，延熹四年二月，大司農种暠爲司徒，代盛允也。五年二月戊午，司徒种暠薨，許栩代之。本傳，字景伯，河南洛陽人，仲山甫之後。父爲定陶令，有財三千萬。父卒，暠悉以賑卹宗族邑里之貧者。始爲縣門下史。河南尹田歆召署主簿，遂舉孝廉，辟太尉府，舉高第。順帝末，爲侍御史。奏請勅四府條舉近臣父兄及知親爲刺史、〔二〕二千石尤殘穢不勝任者，從之。擢監太子於承光宮。出爲益州刺史，夷落向化。永昌太守以黃金文蛇，獻梁冀，暠糾發建捕，冀銜怒，〔三〕因服直事陷暠。李固疏救之，免官。後爲梁州刺史，遷漢陽太守，遷使匈奴中郎將，轉遼東太守，烏丸率服。坐事免。後

〔一〕「彼」，手稿作「波」，據後漢書改。
〔二〕「請」，手稿作「清」，據後漢書改。
〔三〕「怒」，手稿作「恕」，據後漢書改。

1421 常山王子暠 司隸舉賢良方正，徵拜議郎，遷南郡太守，入爲尚書。擢爲度遼將軍，入爲大司農。延熹四年，遷司徒。推達名臣橋玄、皇甫規等。[二]在位三年，六十一薨。單于每入朝，望見墳墓，輒哭泣祭之。朱穆傳，穆薦种暠、梁冀，請爲從事中郎。劉淑傳，种暠舉淑賢方。劉矩傳，司徒种暠。杜喬傳。曹騰傳，益州刺史种暠于斜谷搜得蜀郡太守賂遺騰書，奏之。不纖介，常稱暠能吏，暠後爲司徒，曰：「今爲公，乃曹常侍力焉。」孝明八王傳，節王薨，子暠嗣。三十二年，遭黄巾，棄國走，國除。

1422 李暠 蘇章傳，魏郡李暠爲美陽令，與中常侍具瑗交通，爲民患。蘇謙案，論輸左較。見「謙」下。宦者傳。見上韻。

1423 曹暠 趙咨傳，滎陽令燉煌曹暠，咨之故孝廉也，迎謁，咨不爲留。暠謂主簿曰：「趙君過界不見，必爲天下笑！」卽棄印綬，追至東海。謁咨畢，還家。

1424 劉陶 靈紀，中平二年十月，諫議大夫劉陶坐直言，下獄死。本傳，字子奇，一名偉，潁川潁陰人，濟北貞王勃之後。遊太學，時梁冀專朝，桓帝無子，陶上疏陳事，不省。時有言貨錢輕薄，故致貧困，宜改鑄大錢。事下四府羣僚及太學能言之士。陶上議：「生養之道，先食後貨」云云。帝竟不鑄錢。舉孝廉，除順陽長，以病免。明尚書、春秋，爲之訓詁。推三家尚書及古文，是正文字七百餘事，[三]名曰中文尚書。頃之，拜侍

[二]「皇」，手稿作「黄」，據後漢書改。
[三]「七」，手稿作「三」，據後漢書改。

御史。靈帝宿聞其名，數引納之。上書言張角之禍。帝不悟，方詔陶次第春秋條例。明年，角反，帝思陶言，封中陵鄉侯，三遷尚書令。以所舉將爲尚書，難與齊列，乞從宂散，拜侍中。以數切諫，爲權臣所憚，徙京兆尹。恥出脩宮錢，〔一〕稱疾不聽政。帝重其才，原罪，拜諫議大夫。上書：「天下大亂，皆由宦官。」下黄門北寺獄，閉氣死。朱穆傳，太學生劉陶等數千人詣闕上書訟穆，願黥首繫趾。〔二〕代穆較作。帝覽其奏，赦之。楊賜傳，黄巾起，賜時在司徒，召掾劉陶曰：「且欲切勑二千石，簡別流人」云云。陶對：「此廟勝之術。」〔三〕

1425 殷陶　范滂傳，同囚鄉人殷陶、黄穆，亦免俱歸，並衞侍於滂，〔四〕應對賓客。滂謂陶等曰：「今子相隨，是重吾禍也。」〔五〕

1426 梁桃　梁冀傳，永興二年，封胤子桃爲城父侯。

1427 陳洮　五十七卷註：「東觀記曰：郭丹從宛人陳洮買入關符，既入關，分符乞人也。」

1428 曹操　靈紀，點軍校尉。獻紀，初平三年，東郡太守曹操大破黄巾於壽張，降之。建安元年八月，鎮東將軍操自領司隸校尉，録尚書事。帝遷許都，幸操營。十一月丙戌，操自爲司空，行車騎將軍事。三年十二月，操擊吕布於徐州，斬布。五年九月，操與袁術

〔一〕「脩」，手稿作「隮」，據後漢書改。
〔二〕「繫」，手稿作「擊」，據後漢書改。
〔三〕「廟」，手稿作「朝」，據後漢書改。
〔四〕「滂」，手稿作「傍」，據後漢書改。
〔五〕「禍」，手稿作「福」，據後漢書改。

戰官渡。九年八月戊寅，操破袁尚，平冀州，自領冀州牧。十年正月，操破袁譚於青州，斬譚。十一年，〔一〕操破高幹於并州，獲之。十二年八月，操大破烏桓於柳城，斬其蹋頓。十三年六月癸巳，操自爲丞相。七月，征劉表。十月，伐孫權，權將周瑜敗之。十六年九月庚戌，操與韓遂、馬超戰於渭南，遂等敗，關西平。十八年五月丙申，操自立爲魏公，九錫。十九年，操殺伏后，滅其族。二十年，操破漢中，張魯降。二十一年，曹操自進魏王。二十五年正月庚子，操死。趙典傳。琅琊王傳。楊彪傳，建安元年，天子新遷，大會公卿，兗州刺史曹操上殿，見彪色不悦，恐於此圖之，未得讌設，託疾如廁，因出還營。見陳躭下。臧洪傳，洪爲東郡太守，時曹操圍張超於雍丘，甚急。趙岐傳，操爲司空，舉岐自代。盧植傳。九十七卷。見李瓚下。何進傳，議郎曹操爲點軍校尉。孔融傳。荀彧傳，聞操有雄略，而度紹終不能定大業，乃去紹從操。皇甫嵩傳，嵩奔波才陳，驚走。會帝遣騎都尉曹操將兵適至，合兵更戰，大破之。陶謙傳，初平四年，曹操擊謙，破彭城傅陽。謙退保郯，操攻之不能克，乃還。過拔取慮、睢陵、夏丘，皆屠之。凡殺男女數十萬人，鷄犬無之餘，泗水爲之不流，自是五縣城保，無復行跡。初三輔遭李傕亂，百姓流迻依謙者，〔二〕皆殲。興平元年，曹操復擊謙，略定琅琊、東海諸縣，會張邈迎呂布據兗州，操還擊布。列女傳。華佗傳。左慈傳。王眞傳。邊讓傳。董卓傳，董承患韓暹，潛召兗州牧曹操。曹操詣闕貢獻，因表

〔一〕「年」，手稿作「月」，據後漢書改。

〔二〕「迻」，傅山全書初版本誤作「逃」，據手稿改。

遲與張楊之罪。後帝忌操逼，密詔董承等共誅之。呂布傳。劉表傳。袁紹傳，八校尉。註：「議郎曹操爲點軍校尉。」建安元年，迎天子都許，下詔責紹，紹上書。時操爲大將軍，紹恥爲之下，操讓於紹。

1429 應　操　郭泰傳，註：「賈淑爲舅宋瑗報仇，爲吏所捕，繫獄當死。泰與語，淑懇惻流涕。泰詣縣令應操，陳其報怨陷入之士。被赦，縣不宥之，〔一〕郡上言，乃得原。」

1430 司馬德操　龐公傳，註引襄陽記：「司馬德操嘗詣德公，值其渡沔上先人墓，德操徑入其室，呼德公妻子，使速作黍，徐元直向云當來就我與德公談。其妻子皆羅拜於堂下，奔走共設。德公還，直入相就，不知何者是客也。諸葛孔明每至德公家，獨拜牀下，〔二〕德公初不令止。」

1431 李　豪　祭遵傳，彭寵將。見傳玄下。

1432 畢　豪　劉茂傳，永初二年，劇賊畢豪等入平原界。

1433 莊　豪　西南夷傳，楚頃襄王時，遣將莊豪從沅水伐夜郎，軍至且蘭，椓船於岸而步戰。〔三〕既滅夜郎國，〔四〕留王滇池，〔五〕以且蘭有椓船牂柯處，〔六〕乃改其名爲牂柯。

〔一〕「之」，傅山全書初版本誤作「子」，據手稿改。
〔二〕「牀」，手稿作「林」，據後漢書改。
〔三〕「椓」，手稿作「掾」，據後漢書改。下同。
〔四〕「既」，手稿作「阮」，據後漢書改。
〔五〕「池」，手稿作「地」，據後漢書改。
〔六〕「處」，手稿作「虔」，據後漢書改。

1434 東　號〔一〕 鄧訓傳，迷唐遠徙千餘里，燒當豪帥東號稽顙歸死。

1435 東　號 西羌傳，和帝永元元年，滇羌東吾之子東號立。傅山曰：號字不音作何聲，姑用平聲斷之。

1436 張　敖 張酺傳。

1437 龍伯高 馬援傳，龍伯高敦厚周慎，口無擇言，謙約節儉，廉公有威。

1438 韓伯高 薛漢傳，弟子鉅鹿韓伯高知名。〔二〕

1439 虞偉高 何顒傳，友人虞偉高有仇未報，而病篤將終，顒往候之，偉高泣而訴。顒感其義，爲復仇，以頭醊其墓。傅山曰：事同郅君章。

1440 程　高 郭玉傳，涪翁弟子程高尋求積年，翁乃授之。高亦隱跡不仕。玉少師事高。

1441 禁　高 哀牢夷傳，註：「九隆代代相傳，名號不可得而數，至於禁高，乃可記。」

1442 哀　牢 哀牢傳，註：「建非死，子哀牢代，國名哀牢，而王又名之。」

1443 類　牢 哀牢夷傳，章帝建初元年，哀牢王類牢與守令忿爭，遂殺守令而反叛，攻越嶲唐城。明年春，昆明夷鹵承等應募，擊類牢於博南。註：「劉攽曰：嶲唐自是縣，屬永昌，後人不知，妄增『越城』二字。」

〔一〕「東」，手稿作「尢」，據後漢書改。本條下同。
〔二〕「鹿」，手稿作「野」，據後漢書改。

十四歌

1444 蘇伯阿　光武紀，論，望氣者蘇伯阿爲莽使者至南陽，〔一〕遙望舂陵郭，唶曰：「氣佳哉，鬱鬱葱葱。」

1445 程阿　宋后紀。盧植傳，註：「后以王甫、程阿所搆，憂死。靈帝後夢見桓帝怒曰：『宋后何罪而絕其命』云云。」

1446 楊子阿　馬援傳，相馬法丁君都傳成紀楊子阿，臣援嘗師事子阿，受馬骨法。

1447 樊阿　華佗傳，彭城樊阿從佗學。阿善針術。凡醫言背及匈藏之不可妄針，針之不可過四分，而阿針背入一二寸，巨闕匈藏乃五六寸，而病皆瘳。佗授阿漆葉青黏散。註：「青黏，一名地節，一名黃芝，主理五藏，益精氣，本出於迷谷入山者，見仙人服之，以告佗。佗語樊阿，祕之。黏，相傳音女廉反。」

1448 趙阿　列女傳，沛郡周郁妻，字阿。郁驕淫輕躁。郁父偉謂阿曰：「新婦賢者，當以道匡夫」云云。卒自殺。

1449 劉文河　安帝紀，永初四年正月，海賊張伯路復與勃海、平原劉文河、周光等攻厭次。法雄傳，張伯路復與劉文河等稱「使者」，攻厭次城，殺長史。

1450 章河　順紀，陽嘉元年三月，揚州六郡妖賊章河等，寇四十九縣。

1451 吳河　吳漢傳，蘇茂、周健出兵圍漢。漢選四部精兵黃頭吳河等，及烏丸突騎三千餘人，齊

〔一〕「莽」，手稿作「奔」，據後漢書改。

鼓而進。建軍大潰。

1452 屯屠河　竇憲傳，憲與南單于屯屠河將萬餘騎出滿夷谷。

1453 屯屠何　南匈奴傳，休蘭尸逐侯鞮單于屯屠何，章和二年立。上書請伐北單于云云。黨衆最盛，領戶三萬四千，口二十三萬七千三百，勝兵五萬一百七十。

1454 偏何　祭肜傳，招呼鮮卑，其大都護偏何遣使奉獻，願歸化。其後偏何落邑諸豪並願自効。肜令擊匈奴，斬首，乃信偏何。卽擊左伊秩訾部云云。永平元年，偏何破赤山，斬其魁帥。鮮卑傳，建武二十五年，鮮卑始通驛使。其後都護偏何等詣祭肜求自効，因令擊北匈奴左伊育訾部。其後偏何連歲出兵擊北虜，還輒持首詣遼東受賞。明帝永平元年，祭肜復賂偏何擊烏桓歆志賁，斬之。

1455 封何　竇融傳，更始時，先零羌封何諸種殺金城太守，居其郡，囂使賂遺封何，與共結盟，欲發其衆。融等因軍出，進擊封何，大破之，斬千餘級，得牛馬羊萬頭，穀數萬斛，因並河揚威武，伺候車駕。

1456 留何　西羌傳，景帝時，研種留何率種人求守隴西塞，於是徙留何等於狄道、安故，至臨洮、氐道、羌道縣。

1457 雕何　西羌傳，安帝元初五年，鄧遵募上郡全無種羌雕何等刺殺狼莫，賜雕何爲羌侯。

1458 無何　烏桓傳，安帝永初三年秋，烏桓率衆王無何寇五原，漢兵擊破之，無何乞降。互見「熙」、「慬」下。〔二〕

〔二〕「慬」，手稿作「憒」，據後漢書改。

1459 李　娥　五行志，建安四年二月，武陵充縣女子李娥，六十餘，物故，瘞城外數里，凡十四日，塚中有聲。家往視，發出，遂活。

1460 小　娥　清河王傳，安帝所生母左姬，字小娥，犍爲人也。初，伯父左聖坐妖言伏誅，家屬没官，娥數歲入掖庭。小娥善史書，喜詞賦。和帝賜諸王宮人，因入清河第。慶初聞其美，儐傅母以求之。後上尊號孝德后。

1461 大　娥　清河王傳，小娥姊字大娥，並有才色。姊妹皆卒，葬於京師。

1462 曹　娥　列女傳，女孝。

1463 趙　娥　列女傳，酒泉龐淯母，趙氏，字娥，於都亭刺父仇。

1464 宋　娥　虞詡傳。左雄傳。孫程傳，黄龍等九人與阿母山陽君宋娥更相貨賂云云，娥奪爵歸舍。李固傳。

1465 任城王佗　光武十王傳，熹平四年，靈帝復立河間貞王遜子新昌侯佗爲任城王，奉孝王後。立四十六年，〔二〕魏受禪，以爲崇德侯。

1466 劉　佗　五行志，註：「劉伯文作書，與兒劉佗識其紙，是父亡送箱中文書也。」

1467 華　佗　方術傳，字元化，沛國譙人，一名旉。遊學徐土，兼通數經。曉養性之術，年且百歲而有壯容。

1468 楊　佗　孫程傳，中黄門楊佗封山都侯。

〔二〕「年」字下，手稿衍一「薨」字，據後漢書刪。

1469 孟　佗　張讓傳，扶風人孟佗，資產饒贍，與讓奴朋結，奴咸德之，問佗曰：「君何所欲？力能辦也。」曰：「望汝曹爲我一拜耳。」時謁讓者，車恒數百千兩，佗時詣讓，及至，不得進，監奴率諸蒼頭迎拜於路，賓客咸驚，爭以珍玩賂之。佗分以遺讓，讓以佗爲涼州刺史。西域傳，靈帝建寧三年，涼州刺史孟佗遣從事任涉等，將焉耆、龜茲、車師前後部三萬餘人討疏勒，攻楨中城，[二]四十日不下。

1470 濟北王多　章帝八王傳，節王蕘，子哀王多嗣，立三年薨，無子。

1471 郭　多　董卓傳，汜一名多。

1472 號　多　龐參傳，燒當羌號多降。西羌傳，安帝元初二年春，號多等率衆七千餘人詣龐參降，詣闕，賜印綬遣之。

1473 尤利多　班超傳，超脅龜茲廢其王尤利多而立白霸，使姚光將尤利多還京師。

1474 阿羅多　西域傳，桓帝永興元年，車師後部王阿羅多與戊部嚴皓不相得，遂反叛，攻圍漢屯田且固城。後部侯炭遮畔阿羅多降漢，阿羅多迫急，將其母妻子亡走匈奴中。後復從匈奴中還，與卑君爭國。戊校尉閻詳復許爲王，互見「詳」、「君」下。

1475 彭城孝王和　孝明八王傳，頃王蕘，子孝王和嗣。性至孝，太夫人薨，行喪陵次，毀胔過禮。初平中，和爲賊昌務所攻，避奔東阿，後得還國。立六十四年薨。

1476 劉　和　劉虞傳，虞遣田疇等奉使。時虞子和爲侍中，因遣和從武關出，告虞將兵來迎。道由

[二]「楨」，手稿作「損」，據後漢書改。

南陽，後將軍袁術聞其狀，遂質和，使報虞遣兵俱西。虞乃使數千騎就和奉迎天子，〔一〕而術竟不遣。公孫瓚乃陰勸術執和，〔二〕使奪其兵，和尋逃術還北，復爲袁紹所留。公孫瓚傳，烏桓峭王感虞恩德，率種人及鮮卑七千餘騎，共鮮于輔南迎劉和，共攻瓚。興平二年，破瓚於鮑丘。代郡、廣陽、上谷、右北平各殺瓚所置長吏，復與輔、和兵合。

1477 焦和

臧洪傳，洪領青州，前刺史焦和好立虛譽，能清談。時黃巾盜起，青部殷實，軍革尚衆。和欲與諸同盟西赴京師，未及行，而賊已屠城邑。和不理戎警，〔三〕但坐列巫史，禜禱羣神。恐賊乘凍而過，命多作陷冰丸，投於河。衆遂潰散，和亦病卒。洪收撫離叛，百姓復安。

1478 蘇正和

蓋勳傳，勳爲漢陽長史。時武威太守倚恃權勢，恣行貪橫，從事武都蘇正和案致其罪。涼州刺史梁鵠欲殺正和以免其負，乃訪之於勳。勳素與正和有仇，或勸勳可因此報隙。勳曰：「不可。謀事殺良，非忠也；乘人之危，非仁也。」乃諫鵠曰：「夫紲食鷹鳶欲其鷙，鷙而亨之，將何用哉？」鵠從其言。正和喜於得免，詣勳求謝。勳不見，曰：「吾爲梁使君謀，不爲蘇正和謀也。」怨之如初。

1479 叔泥和

叔先雄傳，父泥和，永建中爲縣功曹。縣長遣拜檄謁巴郡太守，乘船墮湍水物故。

1480 白波

朱儁傳，黃巾賊，後復有白波等徒。

〔一〕「和」，手稿作「術」，據後漢書改。
〔二〕「執」，手稿作「報」，據後漢書改。
〔三〕「警」，傅山全書初版本誤作「驚」，據手稿改。

1481 於扶羅 袁術傳，黑山餘賊及匈奴於扶羅等佐術，與曹操戰於匡亭，大敗。南匈奴傳，持至尸逐侯單于於扶羅，中平五年立。國人殺其父者畔，共立須卜骨都侯爲單于，而於扶羅詣闕自訟。會靈帝崩，天下亂，於扶羅將數千騎與白波賊寇河内，後復欲歸國，國人不受，乃止河東，死。是爲劉元海之祖。

1482 則羅 西域傳，莎車王賢立其子則羅爲龜茲王。後龜茲人共殺則羅。

1483 滇那 西羌傳，桓帝延熹五年冬，滇那等五六千人復攻武威、張掖、酒泉。

1484 匆柯 南匈奴傳，和帝永元八年，任尚率烏桓大人匆柯等，要擊逢侯於滿夷谷。

十五麻

1485 彊華 光武紀，建武元年，同舍生彊華自關中奉赤伏符，曰「劉秀發兵捕不道」云云。

1486 曹華 曹后節紀，操進女華爲夫人，十九年，拜爲貴人。

1487 皇女華 后紀，桓帝女華，陽安長公主，適伏完。

1488 陰后麗華 光烈陰后麗華，南陽新野人。光武常歎曰：「仕宦當作執金吾，娶妻當得陰麗華。」〔二〕顯宗卽位，尊爲太后。

1489 張華 律曆下，註：「蔡邕上章言十志皆當撰錄，遂與議郎張華等分受之。」蔡邕傳，光和元年，詔邕與議郎張華等詣金商門，引入崇德殿，問災異。

〔二〕「當」，手稿脫，據後漢書補。「得」，傅山全書初版本誤作「如」，據手稿改。

1490 董　巴　五行志，撰建武以來災異。

1491 欒　巴　字叔元，魏郡内黄人。好道。順帝世，以宦者給事掖庭，補黄門令。後陽氣通暢，白上乞退，擢拜郎中，四遷桂陽太守，視事七年。徵拜議郎，受光禄大夫，與杜喬等八人巡行州郡。使徐州還，遷豫章太守。遷沛相。徵拜尚書。會帝崩，營起憲陵。左右墳冢，主者欲毁，巴連上書苦諫。梁太后臨朝，詔詰巴下獄，抵罪，禁錮還家。二十餘年，靈帝即位，竇武、陳蕃徵拜議郎。蕃、武被誅，巴以其黨，復謫永昌太守。辭病不行，上書陳陳、竇之寃。帝怒，切責，收付廷尉。巴自殺。周擧傳，八使，尚書欒巴。

1492 淳于嘉　獻紀，初平二年七月，光禄大夫濟南淳于嘉爲司空，代种拂也。三年九月，司空淳于嘉爲司徒，代趙謙也，並録尚書事。興平元年九月，司徒淳于嘉罷，趙温代之。楊彪傳，代淳于嘉爲司空。

1493 申屠嘉　申屠剛傳。

1494 僮侯嘉　沛王輔傳，永平元年，封輔子嘉爲僮侯。

1495 劉　嘉　城陽恭王傳，竟陵侯禹卒，子嘉嗣。

1496 劉　嘉　順陽懷侯，字孝孫，光武族兄也。少孤，性仁厚，南頓君養視如子，與伯升俱學長安，習尚書、春秋。義兵起，隨更始征伐。即位，以爲偏將軍。攻破宛，封興德侯，遷大將軍。擊延岑於冠軍，降之。西都長安，以嘉爲漢中王。岑反，嘉兵敗走。又追岑至散關，破之。廖湛將赤眉十八萬攻嘉，嘉與戰於谷口，手殺湛，後隨來歙詣鄧禹。三年，到洛陽，拜千乘太守，六年，徵詣京師。十三年，封順陽侯。十五年卒。來歙傳，歙女弟爲漢中王劉嘉妻，妻迎歙，南之漢中。更始敗，歙勸嘉歸光武。劉玄傳，封大將軍劉嘉爲漢中王。鄧禹傳，漢中王劉嘉詣禹降。賈復傳，復爲嘉校尉，說嘉曰：「大王以親戚爲藩輔，天下未定而安守所保，所保得無不可保乎？」嘉曰：「卿言大，非吾任也。大司馬劉公在河北，必能相施，弟持我書往。」復遂辭嘉，受書北渡河。岑彭傳，與彭共討鄧奉，有偏將軍劉嘉。齊武王傳，使宗室劉嘉往誘新市、平林王匡、陳牧等。陳俊傳，更始立，以宗室劉嘉爲太常將軍，俊爲長史。光武狥河北，嘉遺書薦俊。

1497 劉　嘉　劉虞傳，虞祖父嘉，光祿勳。

1498 竇　嘉　竇融傳，永平十四年，封勳弟嘉爲安豐侯，奉融後。和帝初，爲少府。及勳子憲誅，免就國。

1499 孔　嘉　孔奮傳，奮爲武都郡丞。時年已五十，唯一子，爲賊隗茂劫質，奮擊賊不顧，妻子爲賊所殺。晚有一子嘉，官至城門校尉，作左氏說云。

1500 崔　嘉　八十三卷序，註：「新序曰：申屠狄非時，將自投河，崔嘉聞而止之，曰：吾聞聖事於天地之間，人之父母也，今爲濡足之故，不救溺人乎？」

1501 趙　嘉　九十四卷趙岐傳。

1502 壺　嘉　范康傳，侯覽誣康與兗州刺史第五種及都尉壺嘉詐上賊降。

1503 郭　嘉　荀彧傳，彧進計謀士鍾繇、郭嘉。註：「嘉字奉孝，潁川人。操與論天下事，曰：使孤成大業者，必此人也。」

1504 王嘉　李業傳，平帝時，王嘉爲郎。莽篡，棄官西歸。公孫述稱帝，遣使徵嘉等，恐不至，先繫其妻子。使者速裝，對曰：「犬馬猶識主，况人乎！」聞王皓自刎，以首付使者，曰：「後之哉！」伏劍而死。

1505 周嘉　獨行傳，字惠文，汝南安城人。爲郡主簿。莽末，賊入汝陽，從太守何敞討賊，爲流矢所中，嘉擁敞，以身扞之，呵賊云云。拜尚書侍郎。光武詔嘉尚公主，稱病不肯。稍遷零陵太守。

1506 高嘉　高詡傳，曾祖父嘉，以魯詩授元帝，仕至上谷太守。

1507 任嘉　楊倫傳，邵陵令任嘉在職貪穢，倫上書請坐舉者。

1508 尹嘉　龐淯母刺殺父仇。福祿長嘉義之，解印綬欲與俱亡。娥不肯去。

1509 延牙　蘇竟傳，與劉龔書曰：「流星狀似蚩尤旗，或曰營頭，或曰天槍，出奎而西北行，至延牙營上，散爲數百而滅。奎爲毒螫，主庫兵。此延牙士所共見。故延牙避之武當。」

1510 夏牙　夏恭傳，子牙，少習家業，著賦、頌、誄凡四十篇。舉孝廉，早卒，鄉人號曰文德先生。

1511 沙麻　西域傳，安帝永寧元年，車師後王軍就及母沙麻反叛，殺部司馬及敦煌行事。

十六遮

1512 炭遮　西域傳，桓帝永興元年，車師後部侯炭遮領餘人畔阿羅多詣漢吏降。

卷一百八十一　東漢書姓名韻（八）

平聲

十七陽

1513 趙王良　光武紀，九歲而孤，養於叔父良。本傳，字次伯，光武叔父。平帝時舉孝廉，爲蕭令。光武兄弟少孤，良撫循甚篤。更始立，以良爲國三老。光武即位，良亡奔洛陽。建武二年，封廣陽王。五年，徙趙王，始就國。十三年，降爲趙公。十七年，薨於京師。劉玄傳，更始立，以族父良爲國三老。隗囂傳，聞光武即位河北，囂即說更始歸政於光武叔父國三老良，更始不聽。劉盆子傳。鮑永傳，劾趙王良大不敬。趙熹傳，趙王良爲李子春乞命。

1514 祝　良　順帝紀，永和三年六月，九眞太守祝良等慰誘日南叛蠻，〔一〕降之。南蠻傳，李固駁書曰：「故幷州刺史長沙祝良，性多勇決，宜拜良等，便道之官。」四府從議，即拜良爲九眞太守。良到官，單車入賊中，設方略，招以威信，降者數萬人，皆爲良等起府寺。由是嶺外平。龐參傳，參素與洛陽令祝良不平。參夫人疾前子，投於井而殺之。良聞

〔一〕「慰」，手稿作「尉」，據後漢書改。

之，率吏卒入太尉府案實其事，乃上參罪云。有司以良不先奏聞，輒折辱宰相，坐繫詔獄。良能得百姓心，洛陽吏人守闕請代罪，日數千萬人，詔原刑。陳龜傳，龜上疏言，前涼州刺史祝良，功效卓然。實應賞異。

1515 耿　良　公主紀，註：「弇曾孫侍中良，尚漢陽長公主。」耿弇傳，馮卒，子良嗣，一名無禁。延光中，尚安帝妹漢陽長公主，位至侍中。

1516 彭　良　天文志，廷熹四年，重泉令彭良殺無辜，棄市。

1517 杜季良　馬援傳，杜季良豪俠好義，憂人之憂，樂人之樂，父喪致客，數郡畢至。季良名保。

1518 鄧　良　見鄧康下。

1519 任　良　馮異傳，時任良據鄠，延岑引攻異。

1520 吳　良　字大儀，齊國臨淄人。〔二〕初爲郡吏。東平王蒼辟，署西曹。上疏薦良「公方廉恪，白首一節，又治尚書，經任博士，〔三〕行中表儀」云云。拜議郎，爲即丘長，遷司徒長史，復拜議郎，卒於官。餘見王望、徐匡下。

1521 王　良　字仲子，東海蘭陵人。少好學，習夏侯尚書。莽時，稱病不仕。建武二年，吳漢辟，不應。三年，徵拜諫議大夫，遷沛郡太守。至蘄縣，稱病不之府，徵拜太中大夫。六年，代宣秉爲司徒司直，妻子不入官舍。一歲復徵，至滎陽，疾篤，過友人，拒之云云。良慚，自後連徵，輒稱病。卒於家。杜林傳，林代良爲大司徒司直。周黨傳，博

〔二〕「國」，手稿作「魯」，據後漢書改。
〔三〕「經」上，手稿衍一「五」字，據後漢書删。

士范升奏曰：「伏見東海王良等」云云。楊倫傳，中興，東海王良習小夏侯尚書。

1522 袁　良　袁安傳，祖父良，習孟氏易，平帝時舉明經，爲太子舍人；建武初，爲成武令。

1523 馮　良　陳忠傳，忠薦馮良等。

1524 馮　良　周燮傳，延光二年，〔一〕與燮同聘，載病到近縣，送禮西還。良，南陽人，字君郎。〔二〕少作縣吏，爲尉從佐。奉檄迎督郵，慨然，恥在厮役，因壞車殺馬，遁至犍爲，從杜撫學。積十餘年，乃還。

1525 桓　良　桓郁傳，註：「華嶠書：郁六子，一曰良。」

1526 戴　良　字叔鸞，汝南愼陽人。少誕節，母喜驢鳴，良嘗學之以娛樂焉。母卒，食肉飲酒，哀至而哭。答謝季孝曰：「我若仲尼長東魯，大禹出西羌，獨步天下，誰與爲偶！」舉孝廉，不就。再辟司空，彌年不到。黄憲傳，同郡戴良，才高倨傲，見憲未嘗不正容，及歸，罔然有失。其母曰：「汝復從牛醫兒來耶？」

1527 移　良　楊震傳，震卒，弘農太守移良承樊豐等旨，遣吏於陝縣留停震喪，露棺道側，謫震諸子代郵行書，道路皆爲隕涕。

1528 顔　良　荀彧傳，見「醜」下。袁紹傳，紹攻許，以顔良、文丑將軍。

1529 衞　良　張奐傳，與尚書衞良同薦王暢、李膺。

1530 滇　良　西羌傳，滇良者，燒當之玄孫也。自燒當至滇良，世居河北大允谷，種小人貧。而先

〔一〕「光」，手稿作「熹」，據後漢書改。

〔二〕「郎」，手稿作「都」，據後漢書改。

零、卑湳並强富，〔一〕數侵犯之。滇良父子積見陵易，憤怒，而素有恩信於種中，於是集附落及諸雜種，入大榆，掩擊先零、卑湳，大破之，奪居其地大榆中，由是始强。

1531 號　良

西羌傳，安帝元初六年春，勒姐種與隴西種羌號良等通謀欲反，馬賢逆擊之於安故，斬號良。

1532 忍　良

西羌傳，當煎豪飢五與同種大豪盧忽、忍良等千餘戶別留允街，〔二〕而首施兩端。安帝建光元年，〔三〕馬賢斬盧忽矣，忍良等亡出塞。

1533 王　梁

光武紀，建武元年七月丁丑，以野王令王梁爲大司空。〔四〕二年二月，大司空王梁免，宋弘代之。本傳，河南尹阜成侯王梁字君嚴，漁陽安陽人。爲郡吏，彭寵以梁守狐奴令，與蓋嚴等俱南及世祖於廣阿，拜偏將軍。既拔邯鄲，賜爵關内侯。從平河北，拜野王令，與寇恂南拒洛陽，〔五〕北守天井關。及卽位，擢拜大司空，封武强侯。建武二年，與吳漢共擊檀鄉，違命進軍，遣尚書宗廣卽軍中斬梁。廣不忍，檻車詣京師，赦之。月餘，爲中郎將，行執金吾事。北守箕關，擊赤眉别校，降之。三年春，轉擊五校，追至信都、趙國，破之，拜前將軍。四年春，擊肥城、文陽，拔之。進與杜茂擊佼彊、蘇茂楚、沛間，拔大梁、齧桑。五年，從救桃城，破龐萌等，拜山陽太守，將兵如故。

〔一〕「湳」，手稿作「南」，據後漢書改。
〔二〕「街」，手稿作「衛」，據後漢書改。
〔三〕「光」，手稿作「元」，據後漢書改。
〔四〕「司」，手稿脱，據後漢書補。
〔五〕「南」，手稿作「共」，據後漢書改。

數月徵入，代歐陽歙爲河南尹。穿渠引穀注洛陽城下，東寫鞏川，渠成不流，慙乞骸骨，以梁爲濟南太守。十三年，定封阜城侯。十四年，卒官。彭寵傳，寵與狐奴令王梁等及光武於廣阿。宋弘傳，建武二年，代王梁爲司空。

1534 張　梁　靈紀，中平元年十月，皇甫嵩獲角弟梁。皇甫嵩傳，張角弟梁稱「人公將軍」。嵩與戰於廣宗，斬之。

1535 郭　梁　郭后紀，後叔父梁早終，無子。

1536 劉　梁　文苑傳，字曼山，一名岑，東平寧陽人也。宗室子孫，少孤貧，賣書於市以自資。著破羣論，不存。又作辯和同之論。桓帝時，舉孝廉，除北新城長，儒化大行，詔拜尚書郎。後爲野王令，未行。光和中，卒。

1537 劉　梁　東平王傳，永元十年，封蒼孫梁爲矜陽亭侯。

1538 劉　梁　成武孝侯傳，順叔父弘弟梁，以俠氣聞，更始元年，起兵豫章，自號「就漢大將軍」，暴病卒。

1539 金　梁　來歙傳，巡至洛陽，斬囂將金梁。

1540 荀　梁　耿弇傳，弇攻臨淄。護軍荀梁爭之，以爲宜速攻西安。

1541 桓　梁　宋弘傳，推進賢士馮翊、桓梁三十餘人，〔二〕咸相及爲卿相。班固傳，奏記東平王曰：「故司空掾桓梁，〔三〕宿儒盛名，德冠州里，七十從心，不踰矩，蓋清廟之光輝，當世之

〔二〕「三十」，手稿作「四十」，據後漢書改。
〔三〕「掾」，手稿脱，據後漢書補。

俊彥。」

1542 **郭涼**

杜茂傳，建武九年，與雁門太守郭涼擊盧芳將尹由於繁時。先是，雁門人賈丹、霍匡、解勝等爲尹由所略，由以爲將率，共守平城。丹等聞芳敗，遂共殺由詣郭涼；涼上狀，皆封爲列侯。涼誅其豪右郇氏之屬，鎮撫羸弱，旬月之間雁門且平，芳遂亡入匈奴。帝擢涼子爲郎。涼字公文，右北平人。身長八尺，氣力壯勇，雖武將，通經書，多智略，尤曉邊事。初，幽州牧朱浮闢爲兵曹掾，擊彭寵有功，封廣陵侯。傅山曰：郭公文名「涼」而心甚熱，賈丹等詣，赴熱耶！

1543 **許涼**

何進傳，中平五年，望氣者謂京師有大兵，大將軍司馬許涼、假司馬伍宕說進「太公六韜有天子將兵事，可以威厭天下。」

1544 **王常**

光武紀。本傳，橫野大將軍山桑侯字顏卿，潁川舞陽人。莽末，爲弟報仇，亡命江夏。久之，與王鳳、王匡等起兵雲杜綠林中。後與成丹、張卬別入南郡藍口，號下江兵。莽遣嚴尤等擊破之。常與丹、卬收散卒入蔞谿，劫略鍾、龍間，衆復振。引兵與荆州牧戰上唐，大破之。伯升聞下江兵在宜秋，即與光武、李通俱造常壁，曰：「願見下江一賢將，議事。」丹、卬推常云云。丹、卬負衆，欲自爲主。常心獨歸漢，說其將帥。諸將素敬常，即引兵與漢軍及新市等兵合。常與南陽士大夫同意欲立伯升，朱鮪、張卬不聽。更始立，常爲廷尉、大將軍，封知命侯。與光武共破王尋、王邑。封鄧王。更始敗，詣洛陽，爲漢忠將軍，擊鄧奉、董訢。北擊河間、漁陽諸屯。五年秋，攻拔湖陵，〔一〕從破蘇茂、龐萌等。進攻下邳，一日數合，降之。別率騎都尉王霸共平沛郡賊。六年，徵還洛陽，西屯長安，拒囂。七年，卽拜横野大將軍，位次與諸將絕席。別擊破高峻於朝那。轉降保塞羌。九年，擊內黄賊，降之。北屯故安，拒盧芳。十二年，薨於屯，謚節侯。劉玄傳，諸亡命馬武、王常、成丹等往從之；從王匡等也。後常等西入南郡，號下江兵。

1545 姬常 光武紀，建武二年五月，封周後姬常爲周承休公。十三年二月，封爲衞公。

1546 孟常 四十四卷。

1547 徐常 耿夔傳，建光中，〔二〕鮮卑圍烏丸校尉徐常於馬城。夔救之，追出塞。鮮卑傳，安帝建光元年，鮮卑圍烏丸校尉徐常於馬城。度遼將軍耿夔、幽州刺史龐參救之；常夜得潛出，與夔等幷力，攻賊圍，解之。

1548 皮常 鮑永傳，董憲別帥皮常。見彭豐下。

1549 劉常 梁冀傳，冀殺袁著。學生桂陽劉常，當世名儒，素善著，召補令史以辱之。

1550 孔常 蓋勳傳，勳初與從事辛曾、孔常俱屯阿陽，及左昌檄到，曾等疑不肯赴。勳怒曰：「昔莊賈後期，穰苴奮劍。今之從事，豈重於古之監軍哉！」曾等懼而從之。

1551 薛孟嘗 黄瓊傳。見胡元安下。

1552 孟嘗 字伯周，會稽上虞人。仕郡爲戶曹，察孝廉，舉茂才，拜徐令，遷合浦太守。被徵，

〔一〕「陵」，手稿作「陽」，據後漢書改。

〔二〕「光」，手稿作「元」，據後漢書改。下同。

遁去。尚書楊喬薦曰：「去珠復還，饑民蒙活」云云。又別見殷丹下。

1553 郭　昌　郭后紀，父昌，讓田產數百萬與異母弟，仕郡功曹。二十六年，郭主薨，遣使者迎柩，
與主合葬，追贈昌陽安侯，謚思。

1554 劉　昌　安成孝侯傳，商卒，子昌嗣。

1555 鄧　昌　鄧禹傳，高密侯褒卒，長子某嗣，少子昌襲母爵，爲舞陰侯，拜黃門侍郎。

1556 馬　昌　馬成傳，延熹二年，帝復封成玄孫昌爲益陽亭侯。

1557 傅　昌　傅俊傳，俊卒，子昌嗣，徙封蕪湖侯。建初中，遭母憂，上書以國貧不願之封，乞錢
五十萬，爲關內侯。肅宗怒，貶爲關內侯，竟不賜錢。

1558 蒲　昌　馬援傳，註：「東觀記：援受齊詩，事穎川蒲昌。」

1559 侯　昌　侯霸傳，於陵侯建卒，子昌嗣。

1560 許　昌　楚王英傳，永平元年，特封英舅子昌爲龍舒侯。

1561 羊　昌　橋玄傳，玄謁周景，言陳相羊昌罪惡，景署而遣之。玄收昌賓客，具考臧罪。昌，梁
冀所厚，冀馳檄救之。景承旨召玄，玄還檄不發，案之益急。昌坐檻車徵。

1562 左　昌　蓋勳傳，中平元年，北地羌胡與邊章等寇隴右，刺史左昌因軍興斷盜數千萬。勳固諫，
昌怒，乃使勳別屯河陽以拒賊鋒，欲因軍事罪之，而勳數有戰功。邊章等遂攻金城，
殺郡守陳懿，勳勸昌救之，昌不從。邊章等進圍昌於冀，昌懼而召勳。

1563 滇　昌　皇甫規傳，沈氏大豪滇昌等十餘萬口，詣規降。

1564 黃　昌　酷吏傳，字聖眞，會稽餘姚人。仕郡決曹，刺史辟從事，拜宛令，好發姦伏，遷蜀郡

太守。徵，再遷陳相，河內太守，再遷潁川太守。永和五年，拜將作大匠。漢安元年，〔一〕進大司農，左轉大中大夫，卒。

1565 王昌 董卓傳，李傕令虎賁王昌追殺皇甫酈。昌僞不及，酈得免。

1566 賈昌 南蠻傳，順帝永和三年，侍御史賈昌使在日南，與州郡并力討交阯、九眞叛兵，不利，遂爲所攻圍。

1567 零昌 西羌傳，滇零死，子零昌立。安帝永初七年夏，騎都尉馬賢擊零昌別部牢羌於安定。元初元年，零昌遣兵寇雍城，又號多與零昌通謀。二年，零昌種復分寇益州，中郎將尹就擊其黨與呂叔都等。征西將軍司馬鈞等分道並擊零昌於靈州。秋，任尚募陷陣擊零昌於北地，殺其妻子。四年秋，任尚募効功種刺殺零昌。

1568 且昌 西羌傳，順帝陽嘉四年，馬賢進擊種羌且昌，且昌等率種衆十餘萬詣梁州刺史降。

1569 右師郎 光武紀，註：「獲賊帥右師郎。」伏隆傳，隆移檄青、徐，獲索賊右師郎卽時降。

1570 王郎 光武紀。昌一名郎，趙國邯鄲人。素爲卜相工，明星歷，嘗以爲河北有天子氣云云。光武拔邯鄲。郎夜亡走，道死，追斬之。

1571 王郎 袁閎傳，閎見太守王郎徒從整飭，心嫌之。註：「忠見郎左右僮從皆著青鋒采衣，卽辭疾退。」

1572 霍郎 馮異傳，註：「東觀記曰：黽池、霍郎等稱將軍者皆降。」

1573 任光 光武紀。本傳，信都太守阿陵侯任光字伯卿，南陽宛人。爲鄉嗇夫，郡縣吏。漢兵至

〔一〕「安」，手稿作「元」，據後漢書改。

宛，軍人見光冠服鮮明，將殺而奪之，光祿勳劉賜救之。因從賜，爲安集掾，拜偏將軍，從破尋、邑。更始以光爲信都太守，固守。待光武至，建議募發奔命，攻傍縣，恣聽掠之。拜左大將軍，封武成侯，光仍遣歸郡。建武二年，更封阿陵侯。五年，徵詣京師，奉朝請，冬卒。

1574 韓光

明帝紀，永平十六年，駙馬都尉韓光下獄死。註：「坐與淮陽王延同謀。」又皇女紅夫，適駙馬都尉韓光。與淮陽王謀反，誅。皁陵王傳，館陶主壻韓光被誅。見皁陵王延下。

1575 姚光

安帝紀。見龐奮下。馮緄傳，玄菟太守姚光失人和。怨者詐作璽書殺之。見馮煥下。班超傳，永元三年，遣司馬姚光送白霸，立爲龜茲王。超遣光將廢王尤利多還京師。東夷傳，安帝建光元年，玄菟太守姚光等出塞擊句驪、濊貊，斬其渠帥，獲兵馬財物。互見「煥」、「諷」下。王宮遣子遂成逆光等，詐降。秋，宮死，姚光上言欲因其喪擊之。

1576 馬光

和帝紀，永元六年二月，許侯馬光自殺。註：「坐附憲，歸國，爲憲客奴誣告，自殺。」明德后紀。見「廖」下。援子。永平十二年，爲黃門侍郎。永元二年，爲侍郎，自越騎校尉遷執金吾。建初四年，封爲許陽侯。明年，爲衞尉。六年，免就國。詔思僟田廬。爲人小心周密，喪母過哀，帝親愛之，復位特進。竇憲誅，光坐與厚善，復免就封。後憲奴誣光與逆，自殺。第五倫傳，上書言：「越騎校尉馬光，臘月羊三百頭，米四百斛，肉五千斤。臣愚以不應經義。」

1577 馬光 西羌傳，馬賢及二子皆戰歿，順帝封賢孫馬光爲舞陽亭侯，租入歲百萬。

1578 仲光 安帝紀，元初二年十月，右扶風仲光等與羌戰，敗歿。西羌傳，安帝元初二年，司馬鈞、督右扶風仲光等分道北擊零昌。仲光等違鈞節度，深入遇伏，沒。互見「恢」、「包」下。

1579 周文光 安帝紀。見劉文河下。

1580 劉光 順帝紀，永建二年七月庚子，太常劉光爲太尉，錄尚書事，代朱寵也。註：「光字仲遼，卽太尉矩弟。」四年八月丁巳，太尉劉光免。註：「東觀記：以陰陽不和，久託病，策免，龐參代之。」又順帝紀，尚書令劉光等奏，請條案禮儀，分別具奏。劉表傳，琮降操，操以劉光爲尚書令。劉矩傳，叔父光，順帝時爲司徒。

1581 昭陽亭侯光 彭城王傳，註：「東觀記：定弟光，昭陽亭侯。」〔一〕

1582 張光 律曆上，熹平六年，東觀詔典律者太子舍人張光等問準意。光等不知，歸閱舊藏，乃得其器，〔二〕形制如房書。〔三〕

1583 馮光 熹平四年，五官郎中馮光、沛相上計掾陳晃言：〔四〕「曆元不正，故妖民叛寇」云云。

〔一〕「陽」，手稿作「爲」，據後漢書改。
〔二〕「器」，手稿脫，據後漢書補。
〔三〕「房書」，手稿作「書房」，據後漢書改。
〔四〕「計」，手稿作「升」，據後漢書改。

1584 陳光　來歙傳，歷要結待中陳光。

1585 孔光　卓茂傳，事光，光稱爲長者。

1586 嚴光　郭丹傳，丹至京師，大司馬嚴光請，丹辭病不就。

1587 嚴光　逸民傳，字子陵，會稽餘姚人。

1588 伏光　伏湛傳，不其侯翕卒，子光嗣。

1589 石光　梁商傳，内者令石光等共譖商，謀廢立，伏誅。

1590 賈光　賈逵傳，曾祖父光爲常山太守，宣帝時以吏二千石自洛陽徙焉。

1591 宋光　霍諝傳，有誣諝舅宋光妄刊章文云，諝奏記梁商曰：「光衣冠子孫，位極州郡，日望徵辟，無故刊定詔書，欲以何名」云云。商奏原之。

1592 孟光　梁鴻妻，字曰德曜。

1593 錫光　任延傳，平帝時，漢中錫光爲交趾太守，教導蠻夷，化以禮義。莽末，閉境拒守。建武初，遣使貢獻，封鹽水侯。岑彭傳，交趾太守錫光等，遣使貢獻。南蠻傳曰，光武中興，錫光爲交趾。

1594 苗光　孫程傳，中黄門苗光封東阿侯。注：「東觀記：程賦棗脯，與光以爲信，漏盡，光爲尚席直事通燈，解劍置外，持燈入章台門，程等適入。光走出門，欲取劍，王康呼光還，不應。光得劍，欲還入，門已閉，光便守宜秋門，會李閏來，出光，因與俱迎濟陰王幸南宮雲台。〔一〕詔錄功臣，康詐疏光入章台門。光謂康曰：「緩急有問者當相證也」云云。光取保全封邑。

1595 楊　光　鄭弘傳，弘爲太尉，奏上洛陽令楊光，憲之賓客，在官貪錢，〔二〕不宜處位。書奏，吏與光故舊，因以告之。光報竇憲，憲奏弘大臣漏洩密事也。

1596 公孫光　公孫述傳，述立爲帝，以其弟光爲大司馬。述用荆邯計，欲悉發兵，使延岑、田戎分出兩道，光以爲不宜空國云云。

1597 叔孫光　劉愷傳，安帝初，清河相叔孫光坐贓抵罪，遂增錮二世，釁及其子。

1598 泠壽光　華佗傳，泠壽光等三人，皆與佗同時。壽光年可百五六十歲，行容成公御婦人法，常屈頸鷮息，鬚髮盡白，而色理如三四十時，死於江陵。

1599 馮　珖　馮魴傳，石弟珖，和帝時封楊邑侯，亦以石寵，官城門校尉。卒。

1600 兄子章　光武紀。

1601 太原王　光武紀。馬援傳。齊武王傳，建武二年，立伯升長子章爲太原王，徙齊王。又試守平

齊王章　陰令，立二十一年薨，〔三〕謚哀。

1602 常山靖王章　孝明八王傳，側薨，無子，立兄防子章爲常山王。延平元年，就國，立二十五年薨，是爲靖王。

〔一〕「與」，手稿作「欲」，據後漢書改。
〔二〕「在」，手稿作「其」，據後漢書改。
〔三〕「二十一」，手稿作「二十」，據後漢書改。

1603 南鄉侯章　順陽懷侯傳，南鄉侯循卒，子章嗣。

1604 周　章　安帝紀，永初元年九月庚寅，太常周章爲司空，代尹勤。十一月丁亥，司空周章密謀廢立，自殺，張敏代之。本傳，字次叔，南陽隨人。初仕郡爲功曹，止太守不謁冠軍侯竇憲。舉孝廉，六遷爲五官中郎將。延平元年，爲光祿勳。永初元年，代魏霸爲太常。其冬，代尹勤爲司空。謀誅鄧騭及鄧衆、蔡倫等，廢太后於南宮，立平原王，〔一〕事覺自殺。劉愷傳，永初元年，代周章爲太常。

1605 王　章　質紀，盧江盜賊攻尋陽、盱眙，九江都尉滕撫遣司馬王章擊破之。

1606 王　章　黨錮序，廚，王章字伯儀，東萊曲城人，少府卿。

1607 侯　章　桓紀，延熹三年十一月，太山賊叔孫無忌攻殺都尉侯章。

1608 邊　章　靈帝紀。蓋勳傳，勳率兵救左昌。到，誚讓章等，〔二〕責以背叛之罪。皆曰：「左使君若早從君言，以兵臨我，庶可自改。今罪已重，不得降也。」乃解圍而去。皇甫嵩傳，會邊章、韓遂亂隴右，明年春，詔嵩迴鎮長安，衛園陵。章等入寇三輔，因討之。張玄傳。應劭傳。劉陶傳。傳燮傳。趙岐傳。竇武傳。

1609 邊　章　董卓傳，北宮伯玉等劫致金城人邊章。章本名允。三年，遂殺邊章。

1610 閻　章　安思閻后紀，祖父章，永平中爲尚書，以二妹爲貴人。久次，當遷，顯宗以後宮親屬，

〔一〕「平」，手稿脱，據後漢書補。

〔二〕「誚」，手稿作「詣」，據後漢書改。

出爲步兵校尉。匈奴傳，永平二年，左校尉閻章等將黎陽虎牙營士屯五原曼拍。互見張國下。

1611 哀　章　劉玄傳，莽使國將哀章守洛陽。

1612 汝　章　馮異傳，時汝章據槐里。

1613 竇　章　竇憲傳，萬全少子章字伯向。少好學，有文章，與馬融、崔瑗同好。永初中，避羌難家外黃，蓬戶蔬食云云。章女能屬文，以才貌入掖庭。擢章羽林郎，遷屯騎校尉。貴人早卒，帝詔史官樹碑頌德，章自爲之辭。永和五年，遷少府。漢安二年，轉大鴻臚。建康元年，梁后稱制，章自免，卒於家。王符傳，與竇章爲友。崔瑗傳，司農胡廣、少府竇章薦瑗。

1614 蘇　章　字孺文，扶風平陵人。〔二〕少博學，能屬文。安帝時，舉賢良方正，爲議郎。出爲五原令，歲饑，開倉，活之三千餘戶。遷冀州刺史。案故人清河太守，贓罪，換爲幷州刺史，以摧折權豪，免。矯愼傳，愼與鄉里蘇章並時，章以廉直爲稱。傅山曰：西漢有蘇章，見鮑宣傳，北海人，字游卿，不仕莽，較此章尤足稱。

1615 法　章　法雄傳。

1616 楊　章　張脯傳，部史楊章窮究緹騎侯海罪，徙海朔方。景移書辟章爲吏，欲報之。

1617 呂　章　韓稜傳，薦良吏呂章等。

1618 崔　章　崔瑗傳，瑗兄章爲人所殺，瑗報仇。

〔二〕「扶」，手稿作「茂」，據後漢書改。

1619 許　章　荀淑傳，註。見「淑」下。

1620 李　章　左慈傳，註：「典論曰：議郎安平李覃學郤儉辟穀，〔一〕食茯苓，飲寒水，寒中泄利，殆至殞命。」

1621 李　章　酷吏傳，字第公，河内懷人。〔二〕習嚴氏春秋，歷州郡吏。光武爲大司馬，召置東曹屬，拜陽平令，手劍斬清河大姓趙綱。遷千乘太守，攻夏長思於安丘，斬之。坐度田不實徵，論司寇，月餘病卒。

1622 李　章　西羌傳，章帝元和三年秋，號吾輕入寇隴西界，郡督烽掾李章追之，生得號吾。

1623 宋　章　楊仁傳，辟司徒桓虞府。掾有宋章者，貪奢不法，仁終不與交言同席。

1624 孫　章　郭躬傳，有兄弟共殺人，而罪未有所歸。帝以兄不訓弟，故報兄重而減弟死。中常侍孫章宣帝詔，誤言兩報重，尚書奏章矯制，罪當腰斬。帝召躬問之，對曰：「應罰金。」帝曰：「章矯詔殺人，何謂罰金？」躬曰：「法令有故、誤，章傳命之謬，於事爲誤。」帝曰：「章與囚同縣，疑其故也。」躬曰：「周道如砥，其直如矢。君子不逆詐。君王法天刑」云云。

1625 馮　彰　馮異傳，長子彰嗣侯。十三年，更封彰東緡侯，食三縣。永平中，徙封平鄉侯。

1626 偉　璋　蔡邕傳，對曰：「光祿勳偉璋有名貪濁。」

1627 張　璋　何進傳，進部曲將張璋。詳吳匡下。

〔一〕「覃」，手稿作「章」，據後漢書改。
〔二〕「内」，手稿作「南」，據後漢書改。

1628 孫璋　張讓傳，中常侍孫璋。

1629 劉璋　焉子，焉奉車都尉，從獻帝在長安，朝廷遣璋曉譬焉，焉留璋不遣。焉卒，趙韙立璋爲刺史。詔書因以璋爲監軍使者，益州牧，後曹操加璋振威將軍，勑諸闕戍勿復通備，備怒，擊之，進圍成都，璋降備，備遣璋於公安，後以病卒。董卓傳，註：「馬超聞備圍劉璋於成都，密書請降，漢中震怖，璋卽稽首。」

1630 劉張　明帝紀，永平十七年十一月，騎都尉劉張出敦煌昆侖山。齊武王傳，建武三十年，封石弟張爲下博侯。張以善論議。永平十六年，與竇固等並出擊匈奴，後進者多害其能。耿恭傳，永平十七年冬，騎都尉劉張出擊車師，請耿恭爲司馬。竇固傳，詔耿秉及騎都尉劉張皆去符傳，屬竇固。

1631 寇張　寇恂傳，兄子張。見谷崇下。

1632 劉子張　聖公父也。聖公弟爲人所殺，聖公結客欲報之。客犯法，聖公避吏於平林。吏繫子張。聖公詐死，使人持喪歸春陵，吏乃出子張。

1633 董子張　郅惲傳，惲友人董子張者，父先爲鄉人所害。及子張病，將終，惲往候之。子張垂歿，視惲，歔欷不能言。惲曰：「吾知子不怨天命，而痛讎不復也。子在，吾憂而不手；子亡，吾手而不憂也。」子張但目擊而已。惲卽起，將客遮仇人，取其頭示子張。子張見而氣絕。因而詣縣，以狀自首。傅山曰：事同何顒之于虞，偉高而更快。

1634 樊志張　段熲傳，夏，進軍擊當煎種於湟中，熲兵敗，被圍三日，用隱士樊志張策，潛師夜出，鳴鼓還戰，大破之，首虜數千人。熲遂窮追，展轉山谷間，至春及秋，無日不戰。方術傳，漢中南鄭人也。博學多通，隱身不仕。段熲征西羌，被圍數重，三日不得去。志張夜謂熲曰：「東南角無復羌，宜乘虛引出，住百里，還師攻之。」熲從之，果破賊。

1635 皇太子東海王彊

光武紀。郭后紀，建武元年，生皇子彊。光武十王傳，建武二年，爲皇太子。十七年郭后廢，彊不自安，數陳願備藩國。十九年，封爲東海王，二十八年，就國，兼食魯郡。永平元年，彊病，顯宗遣太醫視疾，詔沛王輔、濟南王康、淮陽王延詣魯。立十八年，薨。詔楚王英、趙王栩、北海王興、館陶公主、比陽公主及四姓夫人、小侯皆會葬。

1636 賈彊

光武紀，馮異、寇恂斬蘇茂之將賈彊。寇恂傳，朱鮪使賈彊等攻溫。恂馳赴，破之，遂斬賈彊。

1637 佼彊

劉永傳，永又遣使拜西防賊帥山陽佼彊爲横行將軍。註：「西防，縣名，故城在今宋州單父縣北。」彊等救永，爲蓋延所敗，彊與周健從永保湖陵。永敗，彊還保西防。建武五年，杜茂攻彊於西防，彊與紆奔董憲。憲破佼彊，將其衆降。杜茂傳，時西防復返，迎佼彊。茂率捕虜將軍馬武攻西防，數日拔之，彊奔董憲。

1638 弭彊

鄧禹傳，禹獲更始持節中郎將弭彊，斬之。

1639 呂彊

黨錮序，中平元年，黄巾賊起，中常侍呂彊言於帝曰：「黨錮久積，人情多怨。若久不赦宥，輕與張角合謀，爲變滋大。」帝懼其言，乃大赦黨人。本傳，字漢盛，河南成皋人。少以宦者爲小黄門，遷中常侍，清忠奉公。靈帝時，例封宦者，以彊爲都鄉侯。固讓不受，上疏言：「曹節、王甫、張讓及侍中許相等，並爲列侯。節等品平人賤云云。又疏諫多稸私藏，郡國貢獻，先輸中署，爲「導行費」等，不省。中平元年，黃巾起，帝問彊所宜施行。彊欲先誅左右貪濁，大赦黨人，簡刺史、二千石能否。帝納之。中常侍趙忠、夏惲等共搆彊「與黨人共議朝廷，數讀霍光傳」云云。帝使召彊，彊自殺。蔡邕傳，中常侍呂彊愍邕無罪，請之。段熲傳，上疏追訟熲功。

1640 靳彊

南蠻傳，漢興，南郡太守靳彊請一依秦時故事。秦惠王並巴中，以巴氏爲蠻夷君長，世尚秦女，其民爵比不更，有罪得以爵除。其君長歲出賦二千一十六錢，三歲一出義賦千八百錢。其民戶出幏布八丈二尺，雞羽三十鍭。

1641 王匡

光武紀，鄧禹擊更始定國公王匡於安邑，大破之。劉玄傳，新市人王匡爲平理諍訟，遂推爲渠帥，衆數百人，數月間至七八千人。地皇二年，迎擊莽荆州牧雲杜，大破牧軍云云。後匡等北入南陽，號新市兵。更始卽帝位，匡爲定國上公，又封匡爲比陽王。莽使太師王匡等守洛陽。更始遣定國上公王匡攻洛陽。更始三年，王匡等守河東，爲鄧禹所破，還奔長安。後張卬之變，更始東奔趙萌於新豐。後疑王匡等與卬同謀，乃並召入。成丹、陳牧先入，斬之。王匡懼，將兵入長安，與卬等合。赤眉至高陵，王匡迎降之。鄧禹傳，赤眉入關，更始遣定國上公王匡等分據河東、弘農拒之，匡等不能當。又禹破，更始將軍樊參、王匡等合軍十餘萬攻禹，禹軍不利。匡等以癸亥六甲窮日不出，禹因得理兵勒衆。明旦，匡悉軍出攻禹，禹令軍中無得妄動；既至營下，鼓而並進，大破之。匡等棄軍走，後詣宗廣降，廣斬之。見「廣」下。又見齊武王傳。又見常鳳下。竇融傳，莽末，青徐賊起，太師王匡請融爲助軍，共東征。傅山曰：守者攻者皆王匡。

1642 王　匡　獻紀，初平元年六月，吳修等安集關東，河内太守王匡執而殺之。註：「英雄記：匡字公節，太山人。輕財，任俠，爲袁紹河内太守。」何進傳，使府掾太山王匡東發其郡强弩。董卓傳，河内太守王匡屯兵河陽，將以圖卓。袁紹傳，初平元年，紹與河内太守王匡起兵討卓，屯河内。又註引山陽公載紀：「紹與王匡等並力入端門承明堂上格殺中常侍高望等。」〔一〕

1643 于　匡　光武紀，更始二年正月壬午，更始輔漢將軍于匡降，皆復爵位。鄧禹傳，禹遣輔漢將軍于匡，擊破延岑於鄧。〔二〕馮異傳，與輔漢將軍于匡等要擊延岑，大破之。

1644 趙　匡　光武紀，建武十年正月，馮異斬述將趙匡於天水。馮異傳，公孫述遣將趙匡救隗純。又來歙傳。

1645 趙　匡　馮異傳，異破延岑，岑走武關，詔拜南陽太守趙匡爲右扶風，將兵助異。

1646 吳　匡　靈紀，光熹元年，何進部曲將吳匡與車騎將軍何苗戰於朱雀闕下，斬苗。何進傳，進部曲將吳匡、張璋，在外聞進被害，欲將兵入宮，宮閤閉。袁紹與吳匡共斫攻之。匡等素怨何苗不與進同心，而又疑其與宦官同謀，乃令軍中曰：「殺大將軍卽車騎也。」遂引兵攻殺苗。

1647 郭　匡　郭后紀，后從兄竟弟匡爲發干侯，〔三〕官至大中大夫。

〔一〕「承」，手稿脱，據後漢書補。
〔二〕「鄧」，手稿作「鄴」，據後漢書改。
〔三〕「兄」，手稿作「弟」，據後漢書改。

1648 梁懷王匡　孝明八王傳，恭王蕘，子懷王匡嗣。立十一年薨，無子。

1649 宜春侯匡　泗水王傳，茂弟匡，亦與漢兵起。建武二年，〔一〕封宜春侯。爲人謙遜，永平中爲宗正。郭丹傳，顯宗因朝會問郭丹家今何如，宗正劉匡對曰：「丹出典州郡，入爲三公，家無遺産，子孫困匱。」

1650 劉　匡　馬援傳，率中郎將劉匡等征五溪。見耿舒下。南蠻傳，建武二十五年，中郎將劉匡等將兵至臨沅，擊精夫相單程。

1651 霍　匡　杜茂傳，雁門人。見郭涼下。

1652 魯　匡　魯恭傳，祖父匡，莽時爲義和，有權數，號曰「智囊」。

1653 徐　匡　吳良傳，永平中，車駕近出，信陽侯陰就干突禁衛，〔二〕車府令徐匡鉤就車，收御者送獄。詔書譴匡，良上書：「執法守正」云云。

1654 李　匡　馮衍傳，註。見張舒下。

1655 單　匡　第五種傳，單超弟匡爲濟陰太守，負勢貪放，種遣衛羽收之。單超傳，超、匡爲濟陰太守。陳蕃傳，朱震爲州從事，奏濟陰太守單匡贓罪。桓帝收匡下廷尉獄，匡兄超詣獄謝。

1656 張　匡　趙曄傳，時山陽張匡，字文通，亦習韓詩，作章句。後舉有道，不就，卒。

1657 楊　匡　杜喬傳，喬故掾陳留楊匡，號泣星行到洛陽，著故赤幘，託爲夏門亭吏，守衛尸喪，

〔一〕「二」，手稿作「三」，據後漢書改。
〔二〕「干」，手稿作「於」，據後漢書改。

積十二日，都官從事執之以聞。太后義而不罪，匡於是帶鈇鑕伏闕上書，乞李、杜二公骸骨。太后許之。成禮殯殮，送喬喪還家，隱匿不仕。匡初好學，常在外黃大澤教授。補蘄長，遷平原令。時國相徐曾，中常侍璜之兄，匡恥與接事，託疾牧豕云。〔一〕註：「袁山松書：一名章，字叔康。」

1658 馬適匡

樊曄傳，誅大姓馬適匡等。註：「馬適，姓也。」

1659 盧芳

光武紀，建武元年十二月，盧芳起安定。五年十二月，芳自稱天子於九原。本傳，字君期，安定三水人也。莽時，天下咸思漢德，芳由是詐稱武帝曾孫劉文伯。〔二〕莽末，與三水屬國羌胡舉兵。更始至長安，徵芳爲屬國都尉，使鎮撫安定以西。更始敗，三水豪傑以芳劉氏子孫，共立之爲上將軍、西平王，使使與西羌、匈奴和親。匈奴立芳爲漢帝。五年，入塞，都九原。註：「九原故城在勝州銀山縣也。」十二年，亡入匈奴。十六年，復入居高柳，與閔堪兄林使使請降。乃立芳爲代王，使和輯匈奴。〔三〕芳上疏謝云云。詔報芳朝明年正月。其冬，芳入朝，南及昌平，詔止，令更朝明歲。芳憂恐，復叛，與閔堪、林等相攻連月。匈奴數遣百騎迎出塞，留匈奴中十餘年，病死。郭伋傳。南匈奴傳，建武初，單于與彭寵連兵，因復權立盧芳，使入居五原。註：「東觀記：外倚匈奴，内因李興等，故能廣略邊。」匈奴數與共侵北邊，後匈奴聞漢購求盧

〔一〕「豕」，手稿作「逐」，據後漢書改。
〔二〕「文伯」，手稿作「伯文」，據後漢書改。
〔三〕「輯」，傅山全書初版本誤作「集」，據手稿改。

1660 馮芳　芳，貪得財物，乃遣芳還降，望得其賞。而盧芳以自歸爲功，不稱匈奴遣也。

1661 胡芳　靈紀，助軍右校尉。袁紹傳，註：「八校尉，馮芳爲助軍右校尉。」
皇甫規傳，規縞素越界迎王旻喪。因令客密告并州刺史胡芳，芳曰：「威明欲避第仕塗，故激發我耳。吾當爲朝廷愛才，何能申此子計耶！」

1662 馮魴　光武紀，中元元年六月辛卯，太僕馮魴爲司空，代張純。明紀，司空馮魴將校復土。〔一〕永平四年十月，司空魴免，伏恭代之。皇女姬，註：「馮柱，馮魴子。馮順，馮勤子。」本傳，字孝孫，南陽湖陽人。莽末，聚賓客，招豪傑，作營壍，以待所歸。有方略。光武聞而嘉之。建武三年，〔二〕徵詣行在，拜虞令。遙郟令。十三年，遷魏郡太守。二十七年，入代趙熹爲太僕。中元元年，從東封，〔三〕行衛尉事。還，代張純爲司空，賜爵關内侯。帝崩，使持節起原陵，更封楊邑鄉侯。永平四年，坐免。六年，顯宗幸魯，復行衛尉事。七年，代陰嵩爲執金吾。十四年，復爵。建初三年，乞身許之。冬，爲五更待詔賀，就列侯位。元和二年，卒，年八十六。

1663 阜陵王魴　光武十王傳，建初中，有告阜陵王延與子男魴告逆謀者，赦魴等罪勿驗。及殤王沖薨，無嗣，〔四〕和帝復封沖兄魴，是爲頃王。

1664 張魴　張興傳，子魴，傳興業，位張掖屬國都尉。

〔一〕「校」，手稿作「敕」，據後漢書改。
〔二〕「三」，手稿作「二」，據後漢書改。
〔三〕「東」，手稿作「車」，據後漢書改。
〔四〕「嗣」，手稿脫，據後漢書補。

1665 徐　防　和帝紀，永元十四年十一月癸卯，大司農徐防爲司空，代巢堪。十六年十月辛卯，司空防爲司徒，代張酺。殤帝紀，延平元年正月辛卯，司徒徐防爲太尉，參錄尚書事，代張禹，梁鮪代之。安帝紀，永初元年九月庚午，太尉防免，張禹代之。本傳，字謁卿，沛國銍人。少習祖父易學。永平中，舉孝廉，除爲郎，特補尚書郎。和帝時，遷司隸校尉，出爲魏郡太守。永元十年，遷少府，大司農。十四年，拜司空。防以五經宜爲章句，上疏言：「太學試博士弟子，皆以意說，不修家法」云云。以爲「博士及甲乙策試，宜從其家章句，開五十難以試。解釋多者爲上第，引文明者爲高說；若不依先師，義有相伐，皆正以爲非。五經各取上第六人，論語不宜射策。」從之。十六年，拜爲司徒。延平元年，遷太尉，與張禹參錄尚書事。安帝卽位，以定策封龍鄉侯。其年以災寇策免，就國，始自防也。陳忠傳，永元十六年，代徐防爲司空。張酺傳，酺代尹睦爲太尉，薦魏郡太守徐防自代，不許。又儒林傳序。

1666 馬　防　明德馬后紀。見「廖」下。律曆上，註引薛瑩書曰：「上以太常樂丞鮑鄴等上樂事，下車騎將軍馬防。」耿恭傳，恭副車騎將軍馬防討西羌。明年，防還，恭上言「竇固宜鎭涼州，令防屯軍漢陽」，忤防。馬援傳，援子，字江平，永平十二年，爲黃門侍郎。肅宗卽位，拜中郎將，遷城門校尉。建初二年，拜行車騎將軍，擊金城保塞羌，還，拜車騎將軍。四年，封潁陽侯。五年，爲光祿勳。六年，乞骸骨。八年，免就國，詔許思慺田廬。竇憲誅，後防及廖子遵皆坐徙封丹陽。防爲翟鄉侯，以江南下濕，乞歸本郡，許之，十三年卒。賈逵傳，逵母常有疾，特以錢二十萬，使潁陽侯馬防與之。

謂防曰：「賈逵母病，此子無人事於外，屢空則從孤竹之馬牛首陽山矣。」第五倫傳，聞城門校尉馬防以錢三百萬，〔一〕私贍三輔衣冠云云。〔二〕及防爲車騎將軍，征西羌，倫又上疏言不當任以職事。杜篤傳，建初三年，防請篤爲從事。傅毅傳，車騎將軍馬防，外戚尊重，請爲軍司馬。馬氏敗，毅免官歸。西羌傳，建初二年，遣行車騎將軍馬防等討布橋，破之，於是臨洮、索西、迷吾等悉降。防乃築索西城，徙隴西南部都尉戍之。

1667 景防　律曆中，上令景防等與楊岑課云。總見張盛下。

1668 黄防　鄧禹傳，馮愔殺宗歆，帝問使者曰：「愔所親愛爲誰」，對曰：「護軍黄防。」帝報禹曰：「縛馮愔，必黄防也」云云。

1669 劉防　劉永傳，永聞更始政亂，遂據國起兵，以弟防爲輔國大將軍。蓋延傳，劉永弟劉防舉城降。

1670 左防　臧宮傳，擊更始將左防等於沮陽酈，降之。

1671 張防　虞詡傳，中常侍張防特用權勢，每請託受取，詡不勝其忿，自繫廷尉，奏言云云。防流涕訴帝，詡坐論輸左較。

1672 周防　周舉傳，父防。儒林傳，字偉公，汝南汝陽人。年十六，仕郡小吏。世祖巡狩汝南，召掾史試經，防尤能誦讀，拜爲守丞。防以未冠，謁去。師蓋豫，受古文尚書。舉孝

〔一〕「三百」，手稿作「二十」，據後漢書改。
〔二〕「贍」，手稿作「賂」，據後漢書改。

廉，拜郎中。撰尚書雜記三十二篇，四十萬言。太尉張禹薦補博士，遷陳留太守。子舉。

1673 郭　防　羊陟傳，大鴻臚郭防。見張顥下。

1674 中常侍防　周舉傳。

1675 司馬防　西羌傳，章帝章和元年，迷吾入金城塞，張紆遣司馬防會戰於木乘谷，因請降。

1676 劉　方　和帝紀，永元四年十月己亥，宗正劉方爲司空，代任隗。六年二月丁未，司空劉方爲司徒，代丁鴻。九年九月庚申，司徒方策免。章德竇后紀。見張酺下。張奮傳，永元六年，代劉方爲司空。丁鴻傳，與司空劉方定議舉孝廉口率之科。桓榮傳，竇憲疏曰：「宗正劉方，宗室之表，善爲詩經。」袁安傳，宗正劉方議阿佟事同安。見「安」下。張酺傳，注「勑曰：司徒固疾」，註：「方也。」章和四年，爲司空。方，平原人。後免，自殺。

1677 劉　方　劉寵傳，弟方，官至山陽太守。

1678 夏　方　沖帝紀，南蠻夷攻燒城邑，交阯刺史夏方誘降之。南蠻傳，順帝建康元年，日南蠻夷扇動九眞，交阯刺史九江夏方開恩招誘，賊皆降服。時梁太后臨朝，美方之功，爲桂陽太守。桓帝延熹三年，〔二〕詔復拜方爲交阯刺史。方威惠素著，日南宿賊聞之，二萬餘人相率詣方降。

1679 陰　方　光烈后紀，注：「子公生方。」

〔二〕「熹」，手稿作「禧」，據後漢書改。

1680 王方　魯恭傳，詔百官舉賢良方正，恭薦中牟名士王方。〔一〕帝卽徵方詣公車，禮之與公卿所舉同。方致位侍中。

1681 馮方　袁術傳，注：「九州春秋曰：司隸馮方女，國色也。術登城，見而悅之，遂納焉。」

1682 馮方　桓彬傳，曹節女壻，亦爲郎，未嘗與共酒食之會。

1683 馮方　羊陟傳，大司農馮方。見張顥下。

1684 任方　楊秉傳，捕得方，囚繫洛陽，單匡慮秉窮竟其事，密令方等突獄亡走。

1685 陰子方　陰興傳，宣帝時，陰子方者，至孝有仁恩，臘日晨炊而竈神形見，子方再拜受慶。家有黃羊，因以祀之。暴富。

1686 費長房　五行志，注：「劉佗以父劉伯文書，請費長房讀之。」

1687 費長房　方術傳，汝南人，爲市掾，求道壺翁云云。能療病，鞭鬼，及驅使社公。後失其符，爲衆鬼所殺。

1688 李仲房　馮衍傳，注：「鮑永安集幷州，擁兵太原，與太原李仲房同心幷力。」

1689 眞定王揚　光武紀，更始二年正月，眞定王揚謀反，前將軍耿純誅之。劉植傳，眞定王揚起兵附王郎，衆十餘萬，遣植說降之。因留眞定，納郭后，后卽揚之甥也。耿純傳，時揚復造作讖記，與綿曼賊交通。遣純行赦令於幽、冀，密敕曰：「揚若見，因而收之。」純止傳舍。揚稱病不謁，遣使與純書。純報：「奉使見王侯牧守，不得詣，如欲面會，

〔一〕「牟」，手稿作「平」，據後漢書改。

宜出傳舍。」時揚自恃衆强，卽從官屬詣之。時揚弟林邑侯讓、從兄細各擁兵萬餘人，兄弟並將輕兵在門外。純接以禮敬，因延請兄弟，入，閉閣悉誅。帝憐揚、讓謀未發，並封其子，復故國。

1690 宋　楊〔一〕　清河王傳，宋貴人父楊，以恭孝稱於鄉閭，〔二〕不應州郡之命。楊姑卽明德馬后之外祖母也。建初四年，慶立爲皇太子，徵楊爲議郎，慶廢貴人自殺。楊免，歸本郡，憔悴，卒於家。後追封謚爲當陽穆侯。

1691 馮　揚　馮魴傳，注：「魴父名揚。」馮勤傳，曾祖父揚，宣帝時爲弘農太守。有八子，皆爲二千石，趙魏間號「萬石君」。

1692 閻　揚　馮勤傳，司徒侯霸薦前梁令閻揚。揚素有譏議，帝常嫌之，既見霸奏，疑其有姦，大怒，賜霸璽書曰：「崇山、幽都何可偶，黄鉞一下無處所。將以身試法耶？」

1693 周　揚　周防傳，防父揚，少孤微，〔三〕常修逆旅，以供過客，而不受其報。周舉傳，自勰曾祖揚至勰孫恂，六世一身，皆知名。

1694 張　揚　臧洪傳，洪與琳書：「張揚、飛燕旅力作難。」注：「魏志：張揚字稚叔，雲中人，以武勇給并州爲從事。何進令於本州募兵，得千餘人，因留上黨擊山賊。遂以所將兵攻上黨，仍略諸縣，衆致數千，又與袁紹合。」袁紹傳，紹上書曰：「黑山張揚蹈藉冀

〔一〕「楊」，手稿作「揚」，據後漢書改。下同。
〔二〕「恭」，手稿作「公」，據後漢書改。
〔三〕「微」，手稿作「徵」，據後漢書改。

域。」

1695 皮　揚　西羌傳，安帝元初元年，涼州刺史皮揚擊羌於狄道，大敗，死者八百餘人，揚坐徵免。

1696 張　楊　獻紀，建安元年八月，安國將軍張楊爲大司馬。三年十一月，盜賊殺大司馬張楊。董卓傳，帝既渡河，幸李樂營。百官饑餓，河內太守張楊使數千人負米貢餉，拜爲安國將軍。後楊遣董承繕修洛宮。揚以爲己功，因名殿爲楊安，遂還野王，乃以爲大司馬。後曹操奏張楊等之罪，帝不問。互見「暹」下。建安四年，爲其將楊醜所殺。呂布傳，布奔袁術，恣兵抄掠，不安，去從張楊於河內。

1697 張　楊　岑彭傳，潛兵渡沔水，擊其將張楊於阿頭山，〔二〕大破之。從川谷間伐木開道，直襲黎邱。

1698 許　楊　方術傳，字偉君，汝南平輿人。少好術數。王莽輔政，召爲郎，稍遷九泉都尉。及篡，楊變姓名爲巫醫，逃匿他界。建武中，太守鄧晨署爲都水掾，修復鴻卻陂，爲豪右所譖，晨收楊下獄，而械輒自解。晨出，時天大陽晦，道中若有火光炤之，時人異焉。

1699 東海公陽　光武紀。

1700 都　陽　光武紀，建武十九年，馬援擊破九眞賊都陽等，降之。馬援傳，援擊九眞賊徵側餘黨都陽等，自無功至居風，斬獲五千餘人，嶠南悉平。南蠻傳，建武十九年夏，馬援進擊九眞賊都陽等，破降之，徙其渠師三百餘口於零陵。

〔二〕「將」，手稿無「據後漢書補。

1701 夜陽　五行志，注：「風俗通曰：龍從兄陽求臘錢，龍假取繁數，頗厭之，陽與錢千，〔一〕龍意不滿」云云。

1702 方陽　劉盆子傳，方望弟方陽怨更始殺其兄，乃逆説樊崇等曰：「更始荒亂，政令不行，故使將軍得至於此。今將軍擁百萬之衆，西向帝城，而無稱號，名爲羣賊，不可以久。不如立宗室，挾義誅伐」云云。崇等以爲然。

1703 孫陽　陳俊傳，俊爲琅琊太守，破朐賊孫陽，平之。

1704 卜陽　度尚傳，桂陽宿賊卜陽等畏尚，徙入山谷。尚勑吏士大破平之。

1705 閻陽　王霸傳，司徒侯霸讓位于霸。閻陽毀之曰：「太原俗黨，儒仲頗有其風。」遂止。

1706 張闓陽　陳愍傳，注：「謝承書曰：袁術使部曲將張闓陽私行到陳，之駱駿所，俊從飲酒，因殺俊。」

1707 燕荔陽　鮮卑傳，安帝永初中，鮮卑大人燕荔陽詣闕朝賀，鄧太后賜燕荔陽王印綬，赤車參駕，令止烏桓校尉所，居甯城下，通胡市，因築南北兩部質館。

1708 太史令颺　賈逵論曆：「太史令颺上以馮恂術參弦、望。然而加時猶復先後天，〔二〕遠則十餘度。」

1709 單颺　蔡邕傳，與太史令颺等奏正定六經文字。光和元年，召邕與單颺等詣金商門外，引入崇德殿，問灾異。〔三〕方術傳，字武宣，山陽湖陸人。以孤特清苦自立，明天官、算術。

〔一〕「千」，手稿作「十」，據後漢書改。

〔二〕「復」，手稿作「後」，據後漢書改。

〔三〕「問」手稿作「門」，據後漢書改。

舉孝廉，稍遷太史令，侍中。出爲漢中太守。後拜尚書，卒於官。熹平末，黄龍見譙，橋玄問颺：「此何祥也？」颺曰：「其國當有王者興。不及五十年，龍當復見，此其應也。」

1710 應瑒

應劭傳，弟子瑒，注：「瑒字德璉。」

1711 東平王蒼

光武紀。明帝紀，以蒼爲驃騎將軍。永平五年二月庚戌，驃騎將軍東平王蒼罷歸藩。光武十王傳，建武十五年，封東平公。十七年，進爲王。少好經書，美鬚髯，腰帶十圍，顯宗卽位，拜驃騎將軍，置長史掾史員四十人，位在三公上。與公卿共議南北郊冠冕車服制度。永平五年，乃許歸國，立四十五年薨。光烈皇后封。吳良傳。薛漢傳。李育傳。班固傳，奏記東平王蒼，薦桓梁、晉馮、李育、郭基、王雍、殷肅六人，蒼納之。桓榮傳。朱暉傳。

1712 吳蒼

矯愼傳，汝南吳蒼遺書以觀其志曰：「仲彥足下：勤處隱約，雖乘雲行泥，棲宿不同，每有西風，何嘗不歎！蓋聞黄老之言，乘虛入冥，藏身遠遁，亦有理國養人，施于爲政。至如登山絶跡，神不著其證，人不覩其驗。吾欲先生從其可者」云云。愼不答。

1713 呂倉

安帝紀。見樊準下。

1714 劉倉

五行志，中平元年，洛陽男子劉倉妻生男，兩頭共身。

1715 孫倉

耿弇傳，弇奉奏詣更始，至宋子，會王郎起兵邯鄲，弇從吏孫倉、衛包於道共謀曰：「劉子輿成帝正統」云云。弇按劍云云，倉、包不從，遂亡降王郎。

1716 吴　倉　樊準傳，擢倉與議郎吕倉並受光祿大夫，倉使兖州。
1717 濟南王康　光武紀。宋意傳。
1718 濟南王康　光武十王傳，建武十五年，封濟南公。十七年，進爵爲王，二十八年就國。在國不循法度，招來顔忠、劉子產等，顯宗不忍窮竟，削五縣。建初八年，肅宗復還所削地，康遂多殖財貨，大修宫室，奴婢至千四百人，廐馬千二百匹，私田八百頃云云，立五十九年薨。郭后生。又何敞傳。
1719 濟南王康　河間王傳，熹平三年，〔一〕拜河間安王利子康爲濟南王，奉孝仁皇祀。
1720 劉　康　沖紀，零陵太守劉康坐殺無辜，下獄死。
1721 王　康　明帝紀，永平十二年十月，司隸校尉王康下獄死。
1722 王　康　孫程傳，中黄門王康，南陽人也。先爲太子府史，太子廢，常懷憤，後與立順帝，封華容侯，早卒。李固傳註。周舉傳註。
1723 山陽公康　獻紀，山陽公康立五十一年，晉太康六年，薨。
1724 公孫康　獻紀，建安十二年十一月，遼東太守公孫康殺袁尚、袁熙。袁紹傳，度之子，度死，康據遼東。建安十二年，尚、熙與烏桓逆操，戰敗走，與親兵數千人奔公孫康于遼東。康伏兵擒之。烏桓傳，建安十二年，袁尚與樓班、烏延等皆走遼東，公孫康並斬之。
1725 韋　康　獻紀，建安十七年八月，馬超破涼州，殺刺史韋康。

〔一〕「三」，手稿作「五」，據後漢書改。

1726 鄧　康　鄧后猛女紀，南頓侯演卒，子康嗣，改封沘陽侯。天文志，延熹八年，沘陽侯鄧康等係暴室。

1727 鄧　康　和熹鄧后紀，時康以太后久臨朝政，心懷懼，託病不朝云云。鄧禹傳，夷安侯珍子康，少有操行。兄良襲封，無後，永初六年，紹封康爲夷安侯。時紹封者皆食故國半租，康以皇太后戚屬，獨三分食二，以侍祠侯爲越騎校尉。康以太后久臨朝政，宗門盛滿，數上書長樂宮諫諍云云。永寧元年，謝病不朝。太后使内侍者問之云云。〔一〕遂免康官。及鄧騭誅，安帝徵康爲侍中。順帝立，爲太僕。陽嘉三年卒，嗣毅。竇章傳，太僕鄧康聞章名，請與交，章不肯，康遂薦章入東觀爲校書郎。

1728 蘇　康　竇后阿紀，后欲誅貴人，中常侍管霸、蘇康苦諫，乃止。五行志，見柳分下。又見管霸下。陳蕃傳。竇武傳。見「霸」下。曹節傳。

1729 東海王康　光武十王傳。

1730 陳　康　吳漢傳，謝躬使大將軍劉慶、魏郡太守陳康守鄴，吳漢令辨士說，陳康收慶及躬妻子，開門納漢兵。及躬從隆慮歸，不知康已反之，入城被收。

1731 張　康　朱祐傳，破秦豐將張康于蔡陽，斬之。

1732 馬　康　馬援傳，馬光子，黄門侍郎。永元二年，爲侍中。光免，歸本郡，本郡殺康。

1733 陸　康　字季寧，吳郡吳人也。祖父續。父褒，有志操，不仕。康少仕郡，以義烈稱，舉茂才，

〔一〕「侍」，手稿作「使」，據後漢書改。

除高城令。光和元年，遷武陵太守，轉桂陽、樂安二郡。時靈帝卽位，欲鑄銅人，詔
民田，畝斂十錢。康疏諫之，內倖譖康援引亡國，大不敬，檻車徵。免，拜廬江太守，
擊賊黃穰，餘黨降。獻帝卽位，天下大亂，康遣孝廉計吏，蒙險奉貢，加忠義將軍。
袁術屯兵壽春，求委輸兵甲。康以其叛逆，閉門不通。術遣孫策攻康。受敵二年，城
陷。發病卒。陸續傳，續之孫。南蠻傳，廬江太守陸康討黃穰，〔一〕破之。

1734 趙　康　朱穆傳，時同郡趙康叔盛者，隱居武當山，清靜不仕，以經傳教授。穆年五十，乃奉書稱弟子。及康沒，喪之如師。

1735 胡　康　胡廣傳，注：「廣父寵，更江陵黃氏，生康，字仲始。」

1736 亳　康〔二〕　李雲傳，注：「封亳氏爲后，后兄康爲比陽侯。」

1737 苑　康　荀淑傳，潁陰令苑康，改「西豪里」曰「高陽里」。

1738 苑　康　竇武傳，書言：尚書郎苑康等文質彬彬。

1739 苑　康〔三〕　黨序及傳言仲眞，勃海重合人。少受業太學，與郭林宗親善。舉孝廉，遷潁陰令，太山太守。郡豪先所請奪人田，皆遽還之。侯覽宗黨賓客，有迸匿太山界者，皆窮收掩，無遺脫。覽誣康與第五種、壺嘉詐上賊降，徵廷尉，減死一等，徙日南。潁陰人及太山羊陟訟康，還，卒於家。

〔一〕「討」，手稿作「破」，據後漢書改。
〔二〕「亳」，手稿作「毫」，據後漢書改。下同。
〔三〕「苑」，手稿作「范」，據後漢書改。

1740 韓　康　逸民傳，字伯休，京兆霸陵人，採藥賣長安市，口不二價。桓帝備玄纁，安車聘之。自乘柴車，先至，亭長奪牛脩橋，釋駕與之。

1741 許偉康　郭泰傳，出屠沽。

1742 莎車王康　西域傳，莎車王延死，子康代立。光武初，康率旁國拒匈奴，擁衛故都護吏士妻子千餘口，檄書問中國動靜，自陳思慕漢家。竇融承制立康爲莎車建功懷德王、西域大都護，五十五國皆屬焉。九年死，謚宣。

1743 郭　璜　和帝紀，永元四年六月庚申，捕憲黨射聲校尉郭璜，璜子侍中舉下獄死。郭后紀，后薨後，帝憐郭氏，詔況子璜尚淯陽公主，除爲郎。況卒，嗣侯。永元中，爲長樂少府，坐與竇憲謀反，誅。竇憲傳，憲以鄧疊、郭璜爲心腹。又曰，鄧疊與其弟磊及母元，憲女壻射聲校尉郭舉，舉父長樂少府璜，皆相交結。皇女禮劉，適陽安侯長樂少府郭璜。

1744 郭　璜　順帝紀，永和六年正月，安定太守郭璜下獄死。

1745 郭　璜　西羌傳，順帝永建四年，復朔方、河西、上郡三郡，使謁者郭璜督促徙者，各歸舊縣，繕城郭云云。

1746 陰　璜　陰識傳，原麗侯躬卒，子璜嗣，爲奴所殺。無子，國除。

1747 徐　璜　皇甫規傳，論功當封。徐璜、左悺等欲從求貨，遂遣客問功狀，規終不答。單超傳，璜下邳良城人。桓帝時，爲中常侍，冀誅，封武原侯。謂爲「徐臥虎」。延熹七年，璜死。梁冀傳。蔡邕傳。袁紹傳。九十三卷。

1748 程　璜　陳球傳，劉郃結謀陽球。球小妻，程璜之女，璜用事宫中，所爲程大人也。節等頗聞之，乃重賂於璜，脅之。璜懼迫，以球謀告節。〔一〕虞詡傳，虞詡爲司隸校尉，奉中常侍程璜等百官側。蔡邕傳，使人飛章言邕，數以私事請託劉郃。

1749 董　璜　董卓傳，卓以兄子璜爲侍中。

1750 劉子璜　臧洪傳，洪與陳琳書曰：劉子璜奉使踰時，辭不獲命，畏君懷親，以詐求歸，可謂有志忠孝，無損霸道，亦復僵尸麾下，不蒙虧除。

1751 長女黄　北海靖王傳，樊嫺都生長女黄，封爲湖陽長公主。

1752 李　黄　李通傳，定卒，子黄嗣。

1753 鄧　凰　鄧騭傳，注：「鳳弟凰。」

1754 張　江　折像傳，其先張江者，封折侯。

1755 姜季江　羌肱傳。

1756 李穆姜　列女傳，陳文炬妻，字穆姜。

1757 趙媛姜　列女傳，犍爲盛道之妻，同郡趙氏女，字媛姜。建安五年，益部亂，道聚衆起兵，事敗，夫妻執繫，當死。媛姜夜中解道桎梏，爲賫糧貨，遣去。

1758 唐　羌　和帝紀，元興元年，臨武長汝南唐羌，上書陳南海獻龍眼、茘枝阻險狀。注：「字伯游，章報，羌卽棄官還家，著唐子三十篇。」

〔一〕「以」，傅山全書初版本誤作「於」，據手稿改。

1759 孫　羌　桓帝紀，延熹六年七月，隴西太守孫羌討滇那羌，破之。西羌傳，桓帝延熹五年冬，滇那攻武威、張掖、酒泉，隴西太守孫羌擊破之。

1760 范　羌　耿恭傳，恭遣軍吏范羌迎兵士寒服，羌因隨王蒙軍出塞。固請迎恭，諸將不敢先，分兵二千人與羌，從山北迎恭，遇大雪丈餘，僅能至城，遥呼曰：「我范羌也。漢遣軍迎校尉耳。」明日，相隨歸，至玉門，餘十三人。後以羌爲共丞。

1761 呂　羌　范升傳，上書讓山陽太守呂羌。見梁恭下。

1762 朱　倀　順紀，永建元年正月丙戌，少府九江朱倀爲司徒，代李郃也。注：「倀字孫卿，壽春人。」二年七月壬午，日食，司徒倀罷，許敬代之。來歙傳，歷要結大中大夫朱倀。周舉傳，長樂少府朱倀爲司徒，舉猶爲吏。説倀令諫孫等不可遠徙，有殺功臣譏。倀表諫，帝果從之。

1763 解瀆侯萇　孝仁董后紀。

1764 臨湖侯萇　樂成王傳，隱王賓絕，復立濟北惠王子萇爲樂成王。驕淫不法，冀州刺史與國相舉奏，安帝詔，貶爲臨湖侯。

1765 龍　丘　萇　任延傳，吳有龍丘萇者，隱居太末。掾吏白請召之，〔二〕延曰：「龍邱先生有原憲、伯夷之節。都尉灑掃其門，猶懼辱焉。」

1766 解　瀆　亭　章帝八王河間王傳，侯淑卒，子長嗣。靈帝立，追尊爲孝仁皇，陵曰慎陵，廟曰奐廟。

〔二〕「白」，手稿作「自」，據後漢書改。

侯　長

1767 濟陰悼　孝明八王傳，永平十五年封立，十三年薨於京師。無子，國除。

王　長

1768 濮陽主　清河王傳，封女弟久長爲濮陽長公主。〔二〕

久　長

1769 趙稚長　禰衡傳。

1770 馬季長　蘇順傳注。見曹衆下。

1771 賈　長　賈復傳，膠東侯育卒，子長嗣。

1772 向　長　逸民傳，字子平，朝歌人。隱居不仕，好通老、易。貧無資食，好事者更饋焉，取足而反其餘。獨行傳。

1773 牟　長　儒林傳，字君高，樂安臨濟人也。其先封牟，因氏焉。習歐陽尚書，不仕莽。建武二年，拜博士，稍遷河内太守，坐墾田不實免。復徵爲中散大夫，賜告，卒。

1774 胡邪尸逐侯鞮單于　南匈奴單于適之弟長立，是爲胡邪尸逐侯鞮單于長，永平六年立。

長

1775 梁　商　順紀，陽嘉四年四月戊寅，執金吾梁商爲大將軍，六年八月丙辰，大將軍梁商薨，梁

〔二〕「女」，手稿作「久」，據後漢書改。

冀代之。又順烈梁后紀。王堂傳，大將軍梁商以求屬不行，恨堂。梁竦傳，雍子商字伯夏。少以外戚拜郎中，〔一〕遷黃門侍郎。永建元年，襲封乘氏侯。三年，順帝選商女及妹入掖庭，遷侍中、屯騎校尉。陽嘉元年，女爲皇后，妹爲貴人，加特進，拜執金吾。三年，爲大將軍。自以戚屬居大位，虛己進賢，辟漢陽巨覽、上黨陳龜爲掾屬，李固、周舉爲從事中郎云云。六年秋薨，賜謚忠侯。子冀。應劭傳。崔瑗傳。王龔傳，李固奏記于商，商言之于順帝，釋龔。馬融傳，大將軍梁商表爲從事中郎。周舉傳，表舉爲從事中郎。李固傳，黃尚請於梁商，〔二〕見「尚」下。又請固爲從事中郎，固奏記先正風化，退辭高滿，商不用。楊倫傳，大將軍梁商以倫爲長史，諫諍不合。又見「機」、「秉」下。南匈奴傳，順帝永和元年，大將軍梁商以羌胡新反，黨衆初合，難以兵服，宜招降云云。又移書馬續，宜務先所長，以觀其變，勿貪小功，以亂大謀云云。

1776 邯鄲商　獻紀。見張猛下。張奐傳，猛殺刺史邯鄲商。

1777 廣陵侯商　光武十王傳，侯元壽卒，子商嗣。

1778 頃王商　趙孝王傳，節王栩薨，子頃王商嗣，立二十三年薨。〔三〕

1779 白牛侯商　安成孝侯傳，閔卒，子商嗣，徙封白牛侯。

〔一〕「拜」，手稿脫，據後漢書補。
〔二〕「尚」，手稿作「向」，據後漢書改。下同。
〔三〕「薨」，傅山全書初版本誤作「夢」，據手稿改。

1780 趙王商　魯丕傳，丕爲趙相，趙王商欲避疾，〔二〕移住學官，〔三〕丕止不聽。韓稜傳。

1781 朱商　朱祐傳，祐卒，子商嗣。

1782 王商　王堂傳，堂曾祖商，益州牧劉焉以爲蜀郡太守。

1783 趙商　鄭玄傳，弟子河内趙商等。

1784 張綱　順紀，「八使」。周舉傳，「八使」。張皓傳，子綱，字文紀。少明經學。雖爲公子，而厲布衣之節。舉孝廉不就，辟爲御史。順帝委縱宦官，綱慨然上書，不省。漢安元年，八使之俊，惟綱年少，官次最微。埋車輪於洛陽都亭，曰：「豺狼當道，安問狐狸」云云，遂奏：「大將軍梁冀，有無君之心十五事。」時廣陵賊張嬰寇亂，冀乃諷尚書，以綱爲廣陵太守，欲以事中之。綱單車之職，慰降嬰部萬餘人，論功當封，梁冀遏絶之，乃止。在郡一年卒，年三十六。百姓赴哀不可勝數，嬰等五百餘人制服行喪，送到犍爲，負土成墳。傅山曰：惜哉壽之不永也，古來忠義士每令人抱此恨。

1785 陰綱　和帝陰后紀，父特進綱自殺。陰識傳，躬弟子綱女爲和帝皇后，封綱吴房侯，後坐巫蠱，綱自殺。

1786 趙綱　李章傳，起塢壁，繕甲兵，爲人害。章設饗，綱帶文劍，被羽衣來。

1787 黄綱　劉翊傳，陽翟黄綱恃程夫人權力，求占山澤以自營植。

1788 嚴綱　袁紹傳，槃河之戰，鞠義斬公孫瓚所置冀州刺史嚴綱。

〔二〕「商」，手稿作「常」，據後漢書改。

〔三〕「官」，手稿作「宫」，據後漢書改。

1789 利侯剛　齊武王傳，利侯剛與母宗更相誣告，削戶三千。竇憲傳，憲刺殺都鄉侯暢，歸罪於暢弟利侯剛，乃使侍御史與青州刺史雜考剛等。後事發覺。

1790 胡綱　胡廣傳，六世祖綱，平帝時，大司農馬宮辟之。值莽居攝，綱解衣冠，懸府門而去，遂亡命交阯，隱於屠肆之間。莽敗，歸鄉里。

1791 李剛　孫程傳，中黃門李剛封枝江侯。

1792 申屠剛　字巨卿，扶風茂陵人。仕郡功曹。平帝時，莽專政，隔絕外家馮衞二族，不得交宦，〔一〕剛常疾之。及舉賢良方正，封策「宜亟遣使者召中山太后，置之別宮。又召馮衞二族，裁與冗職，使得執戟，規奉宿衞」云云，罷歸田里。莽簒，避地河西。轉入巴蜀，往來二十餘年。說囂勿從述。建武七年，詔書徵剛。到，拜侍御史，遷尚書令。光武嘗欲出遊，〔二〕剛以頭軔乘輿輪，帝爲止。每極諫失旨，出爲平陰令。復徵拜大中大夫，以病去卒。隗囂傳，以申屠剛爲持書。〔三〕杜林傳，薦申屠剛等，皆擢用。

1793 袁湯　質紀，本初元年六月甲申，梁冀鴆殺。戊子，太僕袁湯爲司空，代趙戒也。桓紀，建和元年十月，司空袁湯爲司徒，代趙戒也。三年十月，司徒袁湯爲太尉，代趙戒。永興元年十月，太尉袁湯免，胡廣代之。王堂傳，尚書令袁湯以求屬不行，恨堂。廬江賊入弋陽界，堂勒兵擊散，而湯等猶風州奏堂無警策。袁安傳，彭弟湯，字仲河，桓

〔一〕「宦」，手稿作「官」，據後漢書改。
〔二〕「嘗」，手稿作「常」，據後漢書改。
〔三〕「持」，手稿作「特」，據後漢書改。

帝初爲司空，以與定策封安國亭侯，累遷司徒、太尉，謚康。崔寔傳，辟太尉袁湯府，不應。袁紹傳，紹祖父湯，司徒。

1794 邳　湯　邳彤傳，彤卒，子湯嗣。九年，徙封樂陵侯。十九年，湯卒，子嗣。後無子，國除。

1795 何　湯　桓榮傳，擢榮弟子豫章何湯爲虎賁中郎，以尚書授太子。世祖從容問湯本師爲誰，對曰：「沛國桓榮。」召榮，令說尚書。注：「謝承書曰：湯字仲弓，南昌人。榮年四十無子，湯乃去榮妻更娶，生三子云。後拜郎中，〔一〕守開陽門侯。上微行夜還，湯閉門不納，更從中東門入。建武十八年旱，〔二〕公卿暴露請雨，洛陽令著車蓋出門，湯將衞士鉤令車收案。」

1796 陳　湯　南蠻傳，安帝元初三年，零陵蠻羊孫、陳湯等千餘人，著赤幘，稱將軍，州郡討平之。

1797 袁　滂　靈紀，光和元年二月癸丑，光祿勳陳國袁滂爲司徒，代楊賜也。二年三月，司徒袁滂免。劉郃代之。

1798 袁　滂　董卓傳，執金吾袁滂副張温討邊章等。袁宏漢紀：滂字公熙。

1799 范　滂　黨錮傳，滂字孟博，汝南征羌人。舉孝廉、光祿四行。以清詔使，按察冀州。至州，臧污望風去。遷光祿勳主事。執公儀詣光祿勳陳蕃，蕃不止之，滂恨，投版棄官去。復爲太尉黄瓊辟。後詔三府掾舉謠言，滂奏刺史、二千石權豪之黨二十餘人。〔三〕覩時方

〔一〕「郎中」，手稿作「中郎」，據後漢書改。
〔二〕「十八」，手稿作「十六」，據後漢書改。
〔三〕「十」，手稿作「千」，據後漢書改。

艱，〔一〕知意不行，因投劾去。太守宗資請委功曹。後牢修誣言鉤黨，滂坐繫黃門北寺獄。與袁忠爭受楚毒，曰：「死之日，願埋於首陽山側，上不負皇天，下不愧夷、齊。」王甫愍然改容。後事釋，南歸。汝南、南陽士大夫迎者數千兩。建寧二年，〔二〕詔下急捕滂等，滂自詣獄，其母就與之訣。曰：「滂從龍舒君歸黃泉。」母曰：「汝今與李、杜齊名，死亦何恨！」時年三十三。郭泰傳，滂論泰「隱不違親，貞不絕俗。」〔三〕申屠蟠傳。陳蕃傳。

1800 孟璫

天文志，桓帝延熹八年，尚書郎孟璫坐受金漏言，棄市。

1801 張璫

西域傳，安帝延光二年，敦煌太守張璫上書陳三策，以爲「北虜呼衍王常展轉蒲類、秦海之間，專制西域，共爲寇抄。今以酒泉屬國吏士二千餘人集崑崙塞，〔四〕先擊呼衍王，絕其根本，因發鄯善兵五千人脅車師後部，此上計也。若不能出兵，可置軍司馬，〔五〕將士五百人，四郡供其犂牛、穀食，出據柳中，此中計也。如又不能，則宜棄交河，收鄯善等悉使入塞，下計也。」尚書陳忠議，從中計。

1802 玉當

馬光傳，注：「東觀記：憲奴名玉當。初，竇氏有事，玉當亡私從光乞，不與。恨去，懷挾欲中光。捕得玉當，因告言光與憲有惡謀也。光以被誣不能自明，遂自殺。

〔一〕「艱」，手稿作「嘆」，據後漢書改。
〔二〕「二」，手稿作「三」，據後漢書改。
〔三〕「貞」，手稿作「負」，據後漢書改。
〔四〕「塞」，手稿作「臺」，據後漢書改。
〔五〕「司」，手稿作「師」，據後漢書改。

後憲奴郭扈自出證明光、憲無惡言。」

1803 燒當　西羌傳，研十三世至燒當，復豪健，其子孫更以燒當爲種號。

1804 鄧香　鄧后猛女紀，追贈后父鄧香車騎將軍安陽侯。梁冀傳，掖庭人鄧香妻宣生女猛，香卒。鄧禹傳，曾孫香子女爲桓帝后。

1805 郭香　律曆中，熹平四年，五官郎中馮光等言：「太史治曆郎中郭香、劉固意造妄說。」

1806 濟南王香　光武十王傳，簡王錯薨，子孝王香嗣。永初四年，〔一〕封香弟四人爲列侯。香篤行，好經書。初，叔父篤有罪不得封，西平昌侯昱坐法失侯，香上書分爵土封篤子丸、昱子嵩，皆爲列侯。香二十薨，無子，國除。

1807 馬香　馬成傳，全椒侯衛卒，子香嗣，徙封棘陵侯。

1808 黄香　文苑傳，字文彊，江夏安陸人。〔二〕年九歲，〔三〕失母，殆不免喪。能文章，京師號曰：「天下無雙，江夏黄香」。〔四〕肅宗詔詣東觀，讀所未嘗見書。後召詣安福殿言政事，拜尚書郎。永元四年，拜左丞。後爲東郡太守，讓之。復留爲尚書令。延平元年，〔五〕爲魏郡太守。所著賦、牋、奏、書、令凡五篇。〔六〕魯丕傳，與黄香等論難數事，帝善丕言。

〔一〕「初」，手稿作「元」，據後漢書改。
〔二〕「夏」，手稿作「下」，據後漢書改。
〔三〕「九」，手稿作「幾」，據後漢書改。
〔四〕「香」，中華書局本後漢書作「童」。
〔五〕「平」，手稿作「光」，據後漢書改。
〔六〕「令」，手稿脫，據後漢書補。

1809 仇　香　欒成王傳注。黃瓊傳。循吏傳，覽，一名香。

1810 平原王　和熹后紀，帝崩，長子平原王有疾。

1811 弘農王　何后紀，卓酖殺之。後謚曰懷王。董卓傳，廢帝也，卓酖殺之。

1812 弘農王　王美人紀。

1813 皇女王　后紀，肅宗女平邑公主，適馮由。

1814 皇女義王　公主紀，光武皇女義王，封武陽長公主，適延陵鄉侯太僕梁松。

1815 張壽王　律曆志，熹平論曆，蔡邕引之。太史令張壽王挾甲寅元以非漢曆，雜候清台，課在下第。

1816 清河外祖母王　清河王傳，王慶上言，外祖母王年老遭憂，乞詣洛陽療疾。

1817 陳留王　董卓傳，即獻帝，段珪等劫走。

1818 馮野王　馮衍傳，祖野王，元帝時大鴻臚。

1819 句林王　盧芳傳，匈奴使句林王將數千騎迎芳。南匈奴傳，注：「屬國胡數千叛，在參蠻中，盧芳從之，詐稱劉氏，自稱西平王。〔二〕匈奴句林王將兵來降參蠻，盧芳因隨入匈奴。

1820 無樓且渠　盧芳傳。南匈奴傳，注：「匈奴以中國未定，欲輔立盧芳，遣無樓且渠王求入五原，

〔二〕自「蠻中」至「西平王」，手稿錯置於「隨入匈奴」後，據後漢書改。

王　與假號將軍李興等結謀。

1821 右温禺犢王　竇憲傳，單于遣弟右温禺犢王奉貢入侍。

1822 車諧儲王　竇憲傳，北單于以漢還待弟，復遣車諧儲王款居延塞。會北單于爲南匈奴所破，被創遁走。

1823 烏桓峭王　劉虞傳，張純又使烏桓峭王等步騎五萬，入青、冀二州，攻破清河、平原。明年，復拜虞幽州牧，虞廣開恩信，遣使告峭王等，以朝恩寬厚云。公孫瓚傳，烏桓峭王感劉虞恩德，率種人及鮮卑七千餘騎，共鮮于輔南迎虞子和，麴義合兵十萬，共攻瓚。興平二年，破瓚于鮑丘。

1824 奥鞬日逐王　梁慬傳，龐雄、耿夔共擊匈奴奥鞬日逐王，破之。後詣慬降。

1825 匈奴呼衍王　班勇傳。

1826 呼衍王　西域傳，順帝陽嘉四年春，北匈奴呼衍王率兵侵車師後部，漢兵救之，軍不利。桓帝元嘉元年，呼衍王將三千騎寇伊吾，遂攻伊吾屯城。夏，敦煌太守司馬達救之，呼衍王聞而引去。傅山曰：不著名。

1827 漸將王　南匈奴傳，比弟漸將王在單于帳下，聞兩骨都侯白單于，言奥鞬日逐欲爲不善，若不誅，且亂國。馳以報比。鮮卑傳，安帝延光三年，其至鞬寇高柳，殺南匈奴漸將王。

1828 張　卬

劉玄傳，王匡及其支黨張卬等北入南陽，號新市兵，皆自稱將軍。更始二年，封卬爲淮陽王。後守河東，爲鄧禹所敗，還奔長安。卬與諸將議曰：「赤眉近在鄭、華陰間，旦暮且至。今獨有長安，見滅不久，不如勒兵掠城中以自富，轉攻所在，東歸南陽，收宛王等兵。事若不集，復入湖池中爲盜耳。」及赤眉立盆子，卬與廖湛、胡殷、申屠建等與御史大夫隗囂合謀，欲以立秋日貙膢時共劫更始，俱成前計。侍中劉能卿知其謀，告之。更始不出，召張卬等，皆入，悉誅之，惟囂不至。更始狐疑，使卬等四人且待於外廬。卬與湛、殷勒兵掠東西市。昏時，燒門入，戰於宮中，更始大敗。赤眉至高陵，卬與王匡迎降之。後三輔苦赤眉暴虐，皆憐聖公，而卬等以爲慮，謂謝祿曰：「今諸營長多欲篡聖公者」云云。齊武王傳，張卬拔劍投地曰「疑事無功」云云。乃立聖公。王常傳。見常與成丹下。岑彭傳。傅山曰：張卬始主立聖公，終又主殺聖公，亂世如卬者不少。

1829 羌　卬

西羌傳，爰劍曾孫忍之季父卬畏秦之威，將其種南，出賜支河曲西數千里。後子孫或爲旄牛種，越巂羌是；或爲白馬種，廣漢羌是；或爲參狼羌，武都羌是。安帝永初元年，廣漢塞外參狼種羌内屬。桓帝建和二年，白馬羌寇廣漢屬國。

1830 鮑　昂

鮑昱傳，德子昂，字叔雅，有孝行。德被病數年，昂俯伏左右，衣不緩帶；及喪，毀瘠三年，抱負乃行；舉孝廉，辟公府，連徵不至，卒。

1831 楊　昂

楊震傳，楊奇誘李傕將楊昂反傕。

1832 劉　廧

順陽侯傳，封嘉子廧爲黃李侯。

1833 齊哀王襄　王景傳。

1834 段　襄　來歙傳，歙被刺，書奏「大中大夫段襄，骨鯁可任。」

1835 馬　襄　南匈奴傳，永平五年冬，北匈奴六七千騎入五原，南單于擊卻之，西河長史馬襄赴救，虜引去。

1836 郭　襄　西羌傳，永平元年，謁者郭襄代竇林領護羌校尉事，到隴西，聞涼州羌盛，還詣闕，抵罪，於是復省校尉官。

1837 陰　棠　梁節王傳，建初二年，梁王暢舅爲西陵侯。

1838 鄧　棠　鄧晨傳，晨卒，小子棠嗣，徙封武當。

1839 任　棠　龐參傳，參爲漢陽太守。郡人任棠，有奇節，隱居教授。參到，候之。棠不與言，但以薤一本，水一盂，置戶前，自抱孫兒於戶下云云。黃瓊傳，詳黃錯下。

1840 梁　棠　竇憲傳，初，竇后之譖梁氏，憲等與有謀。永元十年，梁棠兄弟徙九眞還，路由長沙，逼羅侯竇瓌令自殺。注：「羅屬長沙郡也。」梁竦傳，封子棠爲樂平侯，官至大鴻臚。

1841 吳　棠　竇固傳，太僕祭肜，〔一〕度遼將軍吳棠將河東北地、西河羌胡及南單于兵萬一千騎出高闕塞，坐不至涿邪山，免爲庶人。西羌傳，肅宗建初，拜故度遼將軍吳棠領護羌校尉，居安夷。二年，迷吾叛出塞，諸種及屬國盧水胡悉與相應，吳棠不能制，坐徵免。匈奴傳，永平六年，防二虜交通，始置度遼將軍，以中郎將吳棠行度遼將軍事。十六年，

〔一〕「肜」，手稿作「彤」，據後漢書改。

以不至涿邪山，免。

1842 王堂　岑彭傳，武陵太守王堂等遣使貢獻。

1843 王堂　字敬伯，廣漢郪人也。舉光祿茂才，遷穀城令。拜巴郡太守。馳兵赴賊，斬虜千餘級，遷右扶風。安帝西巡，王聖、江京請屬堂，堂不爲用。會帝崩，京等誅。永建二年，徵入爲將作大匠，坐公事轉議郎。復拜魯相，遷汝南太守，教掾史曰：「憲章朝右，簡覈才職，委功曹陳蕃。匡理政務，拾遺補闕，任主簿應嗣」云云。免歸家。年八十六卒。瓦棺以葬。循吏傳序。

1844 竇唐　竇章中子唐，唐有俊才，官至虎賁中郎將。

1845 郭唐　任光傳，與五官掾郭唐等同心固守，後唐事河南。

1846 迷唐　鄧訓傳，時迷吾子唐，與武威種羌合兵萬餘，來至塞下。西羌傳，章和元年，張紆斬迷吾，子迷唐率其種人向塞號泣，與燒何、當煎、當闐等相結，寇隴西塞，太守寇盱與戰於白石，迷唐不利，引還大、小榆谷，北招屬國諸胡，種衆熾盛。校尉鄧訓遣兵擊迷唐，迷唐去大、小榆谷，徙居頗巖谷。和帝永元四年，聶尚爲校尉。遣譯使招呼迷唐，使還居大、小榆谷。迷唐還，尋復反叛，寇金城。都尉貫友遣譯使搆離諸種，〔一〕由是解散。友遣迷唐攻大、小榆谷，收麥數萬斛，夾逢留大河築城塢，作大航，造河橋，欲擊迷唐。迷唐乃率部落遠依賜支河曲。八年，寇隴西，乘勢深入，脅塞内諸種羌共爲寇盜，征西將軍劉尚等兵三萬，四面並會。迷唐棄老弱奔入臨洮南。尚等追至

〔一〕「都」，手稿作「校」，據後漢書改。

高山，迷唐窮迫，戰敗。迷唐引去。明年，謁者耿譚設購，諸種頗來内附。迷唐詣降，詣闕，遣居金城。和帝令迷唐將種人還大、小榆谷。迷唐以爲漢作河橋，兵來無常，故地不可復居，不肯遠出。種人懷猜驚，復叛脅湟中諸胡，寇鈔而去。明年，復還賜支河曲。怨累姐等附漢，擊殺其酋豪，與諸種爲讎，黨援益疎。秋，復向塞，金城太守侯霸出塞戰於允川，迷唐敗而遂弱，種衆不滿千人，遠踰賜支河首，依發羌居。失衆病死。

1847 鄧　閶　鄧訓傳，訓子閶，和熹后立閶等皆黄門侍郎。延平元年，閶爲侍中。永初元年，封閶西華侯。

1848 黄　穰　隆康傳，廬江賊黄穰等與江夏蠻連十餘萬，攻沒四縣，拜康廬江太守。南蠻傳，靈帝光和二年，江夏蠻復與廬江賊黄穰相連結十餘萬人，攻沒四縣。

1849 荀　汪　荀淑傳，八龍五注。

1850 韋仲將　張奂傳注。

1851 雒　將　南蠻傳，交阯女子徵側者，麊泠縣雒將之女也。〔二〕

1852 陳　翔　黨序及傳，字子麟，汝南邵陵人。少知名，察孝廉，太尉周景辟舉高第，拜侍御史。正旦朝賀，奏梁冀特貴不敬，請收案罪，〔三〕遷定襄太守，徵拜議郎，遷揚州刺史。有威名，徵拜議郎，補御史丞。坐黨事考黄門北寺獄，以無驗原，卒於家。又見王永、徐

〔二〕「泠」，手稿作「令」，據後漢書改。

〔三〕「收」，手稿作「將」，據後漢書改。

1853 高翔

參下。

1854 盛翔

袁紹傳，袁尚之將也，畔歸曹操，譚私刻將軍印假之。

列女傳，盛道妻媛姜之子，五歲，姜使道攜持而走。

1855 樂詳

謝該傳。

1856 閻詳

西域傳，桓帝永興元年，戊己校尉閻詳慮阿羅多招引北虜，將亂西域，乃開信告示，許羅多復爲王，阿羅多詣閻詳降。